U0920864

2016

中国农村贫困监测报告

POVERTY MONITORING REPORT OF RURAL CHINA

国家统计局住户调查办公室

COMPILED BY
Department of Household Surveys
National Bureau of Statistics of China

© 中国统计出版社 2016
版权所有。未经许可，本书的任何部分不得以任何方式在世界任何地区以任何文字翻印、拷贝、仿制或转载。

© 2016 China Statistics Press
All rights reserved. No part of the publication may be reproduced or transmitted in any form or by any means, electronic or mechanical, including photocopying, recording, or any information storage and retrieval system, without written permission from the publisher.

图书在版编目（CIP）数据

中国农村贫困监测报告. 2016 / 国家统计局住户调查办公室编. -- 北京 : 中国统计出版社, 2016.12
ISBN 978-7-5037-8091-2

Ⅰ. ①中… Ⅱ. ①国… Ⅲ. ①农村－贫困－调查报告－中国－2016 Ⅳ. ①F323.8

中国版本图书馆 CIP 数据核字（2016）第 311714 号

中国农村贫困监测报告-2016

作　　者 / 国家统计局住户调查办公室
责任编辑 / 冯燕玲
装帧设计 / 黄　晨　李雪燕
出版发行 / 中国统计出版社
通信地址 / 北京市丰台区西三环南路甲 6 号　邮政编码 /100073
电　　话 / 邮购（010）63376909　书店（010）68783171
网　　址 /http://www.zgtjcbs.com/
印　　刷 / 河北鑫宏源印刷包装有限责任公司
经　　销 / 新华书店
开　　本 /880mm×1230mm　1/16
字　　数 /505 千字
印　　张 /17
版　　别 /2016 年 12 月第 1 版
版　　次 /2016 年 12 月第 1 次印刷
定　　价 /175.00 元

如有印装差错，由本社发行部调换。

《中国农村贫困监测报告—2016》
编委会成员

编 委 会

主　　任／王萍萍

副 主 任／张　毅　阳俊雄　黄秉信

编审人员／刘昌亚　侯立宏　刘树苹　张慧星　刘喜堂
刘　晞　于胜英　朱闵丰　刘北桦　刘　贝
杨　冬　郭建军　邰烈虹　解宏德　章　杰
张俊峰

编辑人员／（按姓名笔划排序）
马　倩　王　婷　王瑜洁　刘　伟　刘　博
连佳佳　吴延磊　余　平　汪传敬　汪　忠
尚　东　周　岩　郑子敬　郝大鹏　柏先红
钟一涵　袁　彦　徐　鑫　符　鸽　靳宏强
蓝希龙　熊晓斐　霍季春　戴飞翔

执行编辑／吴　伟　徐　鑫　马　倩

前　言

消除贫困、改善民生、逐步实现共同富裕，是社会主义的本质要求，是我们党的重要使命。改革开放以来，我国实施大规模扶贫开发，使7亿多农村贫困人口摆脱贫困，取得了举世瞩目的伟大成就，谱写了人类反贫困历史上的辉煌篇章。

十八大以来，在全面建成小康社会、实现中华民族复兴的伟大进程中，以习近平同志为核心的党中央，坚持以人民为中心的发展思想，把扶贫开发工作摆在更加突出的位置，大力实施精准扶贫、精准脱贫基本方略，不断丰富和拓展中国特色扶贫开发道路，不断开创扶贫开发事业新局面。2015年，党中央国务院作出了关于打赢脱贫攻坚战的决定，全党全国进一步加大扶贫力度，脱贫攻坚进入新阶段。

按照《中共中央国务院关于打赢脱贫攻坚战的决定》要求，国家统计局切实加强农村贫困监测体系建设，围绕脱贫攻坚总目标完善监测调查制度，进一步提高监测能力和数据质量，加强数据共享。为全面反映稳定实现农村人口“两不愁、三保障”情况，客观评估扶贫整体成效、分析致贫原因、制定相关扶贫政策提供可靠依据。

本报告共包括八个方面的内容，分别是中国农村贫困标准与贫困测量方法、全国农村贫困状况、贫困地区农村贫困状况、区域性贫困状况、农村经济运行综述、部门扶贫情况、扶贫政策汇编、统计资料等。主题涵盖农村贫困人口、居民收入消费、农户生产生活、性别平等、劳动力外出、医疗保健、公共服务等多个维度。

在此，特别感谢国家发改委、教育部、科技部、工业和信息化部、国家民委、民政部、财政部、国土资源部、住房城乡建设部、交通运输部、水利部、农业部、卫生计生委、审计署、林业局、国务院扶贫办、国家铁路局、全国妇联、中国残联、中国铁路总公司、农业银行等有关部门对本报告编写给予的大力支持，也衷心感谢统计局相关司局的热情帮助。

限于水平和经验，本报告难免有不足之处，真诚欢迎大家提出批评和建议。

编　者

概　述

党的十八大以来，党中央把扶贫开发摆到治国理政的重要位置，提升到事关全面建成小康社会、实现第一个百年奋斗目标的新高度。2015 年，在复杂严峻的国内外环境下，党中央国务院保持战略定力，主动适应引领新常态，不断创新宏观调控，我国经济保持了总体平稳、稳中有进、稳中有好的发展态势。坚持统筹兼顾、综合平衡，加大财政转移支付和政策支持力度，城乡统筹力度加大，逐步补齐发展短板，城乡差距进一步缩小，农业基础更趋于稳固，农业综合生产能力稳步提高，粮食等主要农产品产量保持增长态势。坚持共享发展理念，紧扣增进民生福祉，千方百计增加就业和居民收入，保障民生力度持续加大，人民生活不断改善，减贫工作取得新成绩。

一、贫困人口大幅下降。

2015 年，按照现行农村贫困标准每人每年 2300 元（2010 年不变价）测算，全国农村贫困人口 5575 万人，比上年减少 1442 万人，下降 20.6%；贫困发生率 5.7%，比上年下降 1.5 个百分点。

2015 年贫困地区农村贫困人口 3490 万人，比上年减少 827 万人，下降 19.2%；贫困发生率 13.3%，比上年下降 3.3 个百分点。贫困地区农村贫困人口占全国农村贫困人口的比重为 62.6%；贫困发生率比全国农村平均水平高 7.6 个百分点。

二、农村居民收入快速增长，城乡收入差距缩小。

2015 年全国农村居民人均可支配收入 11422 元，同比名义增长 8.9%，扣除价格因素影响，实际增长 7.5%。2011-2015 年年均实际增长 9.6%，按可比价格计算，2015 年农村居民收入是 2010 年的 1.58 倍，为收入翻番打下良好基础。1978-2015 年全国农村居民人均收入实际增长 14 倍，年均增长 7.6%。城乡居民人均可支配收入比从 2010 年的 2.99 下降到 2.73。农民工收入稳定增加为城乡收入差距缩小做出积极贡献。2015 年，农民工总量为 27747 万人，比上年增加 352 万人，增长 1.3%；农民工人均月收入 3072 元，增长 7.2%。

贫困地区农村居民收入增长快于全国农村平均水平。2015 年，贫困地区农村居民人均收入为 7653 元，2013-2015 三年年均名义增长 13.7%，比全国农村居民平均水平快 2.9 个百分点。贫困地区农村居民与全国农村居民的收入差距不断缩小，2015 年贫困地区农村居民人均收入相当于全国农村居民人均收入的 67%。

三、全国和贫困地区农村居民生活条件不断改善。

2015年全国农村居住竹草土坯房的农户比重为3.3%，比2013年低0.7个百分点；饮用水无困难的农户比重为88.1%，比2013年高2.5个百分点。每百户汽车拥有量为13.3辆，比2013年增加3.4辆；洗衣机78.8台，增加7.6台；电冰箱82.6台，增加9.7台；移动电话226.1部，增加26.6部；计算机25.7台，增加5.7台。

贫困地区与全国农村平均水平的差异明显缩小。2015年，贫困地区农村居民百户拥有汽车、洗衣机、电冰箱、移动电话、计算机分别为8.3辆、75.6台、67.9台、209部和13.2台，比2013年分别增加2.8辆、9.8台、15.3台、36部和5.3台。

四、农村特别是贫困地区基础设施和基本公共服务明显改善。

全国农村通电、通路、通电话接近全覆盖。2015年，所在自然村主干道路硬化的户占94.1%，所在自然村垃圾集中处理的户占60.4%，所在自然村上幼儿园较便利的户占79.7%，所在自然村上小学较便利的户占83.4%，分别比2013年提高3.6、11.4、3.6和2.1个百分点。

贫困地区基础设施和公共服务条件不断改善，与全国农村平均水平差距缩小。与2013年相比，2015年贫困地区所在自然村道路硬化的户比重提高6.1个百分点；所在自然村垃圾集中处理的户比重提高12.4个百分点；所在自然村上幼儿园便利的户比重提高5.4个百分点；所在自然村上小学便利的户比重提高2.5个百分点。

五、贫困地区学前教育和高中教育得到加强。

2013－2015年，中央财政累计投入资金约44亿元，支持连片特困地区对乡村教师发放生活补助，惠及约600个县的100多万名乡村教师。实施面向贫困地区定向招生专项计划，面向832个贫困县4年累计录取学生18.3万人，贫困地区农村学生上重点高校人数连续三年增长10%以上。连续实施学前教育三年行动计划，全国学前三年毛入园率由2011年的62.3%提高到2015年的75%，中西部地区在园幼儿数由2011年的2153万增加到2015年的2789万，增长了30%。

六、贫困地区医疗保障基本做到全覆盖。

新型农村合作医疗制度逐步完善，覆盖97%以上的农村居民。2015年，新农合人均补助标准提高到 380 元，政策范围内门诊和住院费用报销比例分别达到 50% 和 75% 左右。全面实施城乡居民大病保险，覆盖超过 10 亿参保居民，报销比例不低于 50%。全面建立疾病应急救助制度，开展重特大疾病医疗救助，全民医保制度防大病、兜底线的能力进一步增强，农村居民看病负担大大减轻。

2012 年以来，中央专项投资共安排 794 亿元支持贫困地区 11 万个卫生机构基础设施建设，改善贫困地区卫生服务条件。实施农村妇女增补叶酸预防神经管缺陷、贫困地区儿童营养改善等项目，加强疾病预防控制和健康促进，贫困地区群众健康状况逐步改善。

七、社会保障政策保证困难群众基本生活。

2015 年，全国保障农村低保对象 2846 万户、共 4904 万人，农村低保标准从 2011 年的平均每人每月 143 元提高到 265 元。2015 年，全国救助供养农村特困人员 516.7 万人，比上年下降 2.3%。与 2012 年相比，农村特困人口集中和分散供养年人均标准分别增长 48.4% 和 49.3%。加强低保制度和扶贫政策有效衔接，确保无法就业，无力脱贫的困难群众获得基本生活保障。

八、易地搬迁和危房改造工程大幅改善生产生活条件。

2012 年以来，国家累计安排中央预算内投资 404 亿元，撬动各类投资近 1412 亿元，搬迁贫困人口 591 万人，地方各级统筹中央和省级财政专项扶贫资金 380 亿元，搬迁 580 多万贫困人口，有效拓展贫困地区发展空间，建设了一大批安置住房和安置区水、电、路、气、网等基础设施，以及教育、卫生、文化等公共服务设施，大幅改善了贫困地区生产生活条件，有力推动了贫困地区人口脱贫、产业集聚和城镇化进程，产生了良好的经济、社会和生态效益。在农村危房改造工程中，中央补助标准从户均 5000 元提高到 7500 元，对贫困地区再增加 1000 元，帮助住房最危险、经济最贫困农户解决最基本住房安全。截至 2015 年底，全国累计安排 1556.7 亿元支持 1997.4 万户贫困农户改造危房。

目录

Contents

第四部分　区域性贫困状况

第五部分　农村经济运行综述

第六部分　部门扶贫

目录

Contents

目录

Contents

第一部分　中国农村贫困标准与贫困监测方法

一、贫困与标准定义的发展[①]

贫困标准是测量贫困人口规模和贫困程度的重要基础和工具。贫困现象自古有之，中外有之。从直观来看，贫困通常表现为缺衣少食、家徒四壁、上不起学、看不了病等现象。什么是贫困，如何定义贫困标准，如何测量贫困，长期以来引起了学者、机构的广泛研究和讨论。

（一）学者对贫困的解释

经济学之父、英国亚当·斯密（1776）在《国富论》中认为："一个人是富还是穷，依照他所能享受的生活必需品、便利品和娱乐品的多少和品质而定"。英国的朗特里（1901）在《贫穷：对城市生活的研究》中提出："一定数量的货物和服务对于个人和家庭的生存和福利是必需的，缺乏获得这些物品和服务的经济资源或经济能力的人和家庭的生活状况，即为贫困"。英国的汤森（1979）在《英国的贫困：家庭财产和生活标准的测量》中认为："所有居民中那些缺乏获得各种食物、参加社会活动和最起码的生活和社交条件的资源的个人、家庭和群体就是所谓贫困"。美国的劳埃德·雷诺兹（1973）在《微观经济学：分析和政策》中认为："所谓贫困问题，是说在美国有许多家庭，没有足够的收入可以使之有起码的生活水平"。诺贝尔经济学奖获得者印度的阿玛蒂亚·森（1981）在《贫困与饥荒》中提出从权利的角度分析贫困问题，他认为："贫困必须被认为是对权利的剥夺，而不仅仅是收入低下"。英国的奥本海默（1988）在《贫困真相》中认为："贫困是指物质上的、社会上的和情感上的匮乏。它意味着在食物、保暖和衣着方面的开支要少于平均水平"。

（二）国际机构关于贫困的观点

欧共体（1989）在《向贫困开战的共同体特别行动计划的中期报告》中定义："贫

①本文第一至第四部分节选自《中国农村贫困标准与贫困监测》一文，《统计研究》（2016 年第 9 期），作者为国家统计局鲜祖德、王萍萍、吴伟。

困应该被理解为个人、家庭和人的群体的资源（物质的、文化的和社会的）如此有限，以致他们被排除在他们所在的成员国的可以接受的最低限度的生活方式之外”。世界银行（1990）在以“贫困问题”为主题的《1990年世界发展报告》中，将贫困界定为“缺少达到最低生活水准的能力”。这里的最低生活水准就是指贫困标准，也称贫困线。世界银行在《2000/2001年世界发展报告》中将对贫困的理解从狭义推向广义：“贫困除了物质上的匮乏、低水平的教育和健康外，还包括风险和面临风险时的脆弱性，以及不能表达自身的需求和缺乏影响力。”联合国开发计划署在《2010年人类发展报告》中引入了多维贫困指数，对基于收入的贫困度量标准进行了扩展，“用来识别家庭在健康、教育和生活标准等方面遭受的剥夺”。

（三）贫困及标准定义的发展

长期以来，对于贫困的认识主要限于饥饿或基本生活不能得到保障，这是贫困的绝对内涵，在实际操作中，一般以收入（或消费支出）来测算贫困标准和贫困人口，一般称之为收入贫困（有的也称为经济贫困）。例如，在1901年，英国用“获得维持体力的最低需要的购物篮子”计算贫困线，其中包括了基本食物、住房、衣着、燃料和其他杂物支出。1965年，美国开始计算最低生活需求，包括食品和非食品两个部分，其中食品约占三分之一。世界银行的国际贫困标准也是满足基本生活的标准，即用消费支出指标来测算发展中国家的贫困状况。

近年来，贫困的概念逐步从绝对贫困转向相对贫困，贫困标准从绝对标准转向相对标准。绝对贫困是指不能达到维持某一特定基本生活需求（包括食物和非食物）的状况，一般是用收入或消费支出来衡量。相对贫困是指一部分人相对于另一部分人更加贫困，或者一部分人的收入远低于平均水平的现象。随着经济社会的发展，一些国家逐步消除了难以维持最低基本生活需求的绝对贫困，开始采用相对标准衡量贫困。例如，1979年英国学者开始提出相对贫困的概念，目前用“家庭收入中位数的60%”的标准来测算贫困。欧盟国家普遍用家庭收入低于中位数的50%或60%衡量贫困。发展中国家主要采用绝对标准来制定贫困标准和测算贫困人口规模。

目前，普遍认为贫困不仅仅是单一收入贫困问题，而是一个多维贫困问题，包括住房、财产、资源、能力、权利不足和抵抗风险能力低、脆弱容易返贫等多维贫困因素，需要用多个方面不达标或综合加权指数不达标来衡量。联合国《2030年可持续发展议程》（2015）提出除了要实现消除生活在国际极端贫困标准以下的贫困现象的目标外，还要实现包括社会保障制度大规模覆盖穷人和弱势群体、平等享有资源和基本社会公共服务、减少风险等目标。联合国发展计划署等则使用“健康、教育和生活标准”等三方面的10个指标加权计算多维贫困指数。

精准扶贫、“两不愁、三保障”是反贫困理论的最新发展。习近平总书记指出：“扶贫开发贵在精准，重在精准，成败之举在于精准”，明确要求各地切实做到“六个精准”。这“六个精准”充分考虑了贫困的多维性和复杂性，指出了贫困个体致贫原因具有特殊性和差异性，要“因户施策，因人施策，扶到点上，扶到根上”，提出到2020年实现“两不愁、三保障”，“两不愁”就是稳定实现农村贫困人口不愁吃、不愁穿；“三保障”就是农村贫困人口义务教育、基本医疗和住房安全有保障。“两不愁、三保障”既考虑了基本生活需求，又兼顾了长远发展需求，科学概括了稳定消除多维贫困的目标。“精准扶贫”和“两不愁、三保障”是对反贫困理论的最新发展，为统计工作特别是贫困标准和贫困监测工作指明了方向。

二、我国农村贫困标准测算方法

贫困标准也称贫困线。我国农村贫困标准定义，是指在一定的时间、空间和社会发展阶段的条件下，维持人们的基本生活所必需消费的食物、非食物（包括服务）的基本费用。这一定义与通常用于国际比较的世界银行标准的定义基本一致。

根据这一定义，并采用世界银行推荐的方法并结合我国农村实际测算农村贫困标准，测算的基本逻辑和方法就是通过住户调查，测算满足基本生活必需的食物需求，通过建立食物需求模型，测算非食物需求线（包括最低非食物需求线和较高食物需求线），从而测算出贫困线，也就是食物需求与非食物需求之和。

测算贫困线基本步骤如下：

一是确定基本食物需求。基本食物需求是满足每天 2100 大卡热量以维持人体基本需要的食物支出，由一篮子基本食物消费量和相应价格计算并加总而成，达到这一需求解决的是短期内的“裹腹”问题。现行贫困标准的基本食物篮子如表 1-2-1 所示，主要是每人每天 1 斤大米或面粉、1 斤蔬菜、1 两肉或 1 个鸡蛋，用以提供维持人体健康生存所需要的每天 2100 大卡热量和 60 克左右的蛋白质。按 2014 年农户出售和购买综合平均价计算，上述基本食品需要每人每天 3.924 元，再加上必需的食用油、调味品等，为每天 4.104 元，每年就是 1498 元。

表 1-2-1　1985 年和 2014 年农村居民基本食品消费支出需求

项目		单位	1985	2014
综合平均价	粮食（原粮）	元 / 公斤	0.43	2.48
	平均价	元 / 公斤	0.2	2.96
	猪肉	元 / 公斤	3.44	18.39
	鸡蛋	元 / 公斤	2.52	9.53
基本食品消费所需支出	每天 1 斤商品粮	元	0.288	1.653
	每天 1 斤蔬菜	元	0.098	1.478
	每天 1 两肉或者 1 个鸡蛋	元	0.174	0.794
	合计	元	0.561	3.924

注：数据来源：全国农村住户调查和居民收支和生活状况调查。其中综合平均价是住户调查中农户出售和购买价格的简单平均。原粮对商品粮的折算系数是 0.75。

二是确定最低非食物需求线，测算低贫困线。最低非食物需求是指“宁可挨饿也要换取的非食物需求”，比如基本衣着和取暖。低贫困线是基本食物需求线 + 最低非食物需求线，代表基本温饱水平，其中，食物的比重占 70-80%，甚至更高。

三是确定较高非食物需求线，测算高贫困线，也就是现行的贫困标准。较高非食物需求线是指“与食物需求同等重要的非食物需求”，包括必要吃穿住支出，也包括必要的教育、健康、交通通信等支出。高贫困线是基本食物需求 + 较高非食物需求，基本上代表着稳定温饱水平。其中，食物的比重占 40-50%。

综合起来看，测算农村贫困标准时，我们可以根据农村住户调查数据，将食物消费支出表示为家庭总消费支出、家庭特征和地区特征的函数。用 FE 表示食物消费支出，TE 表示总消费支出，H 表示家庭特征，D 表示地区特征。

图 1-2-1　用于测量贫困线的食物需求模型

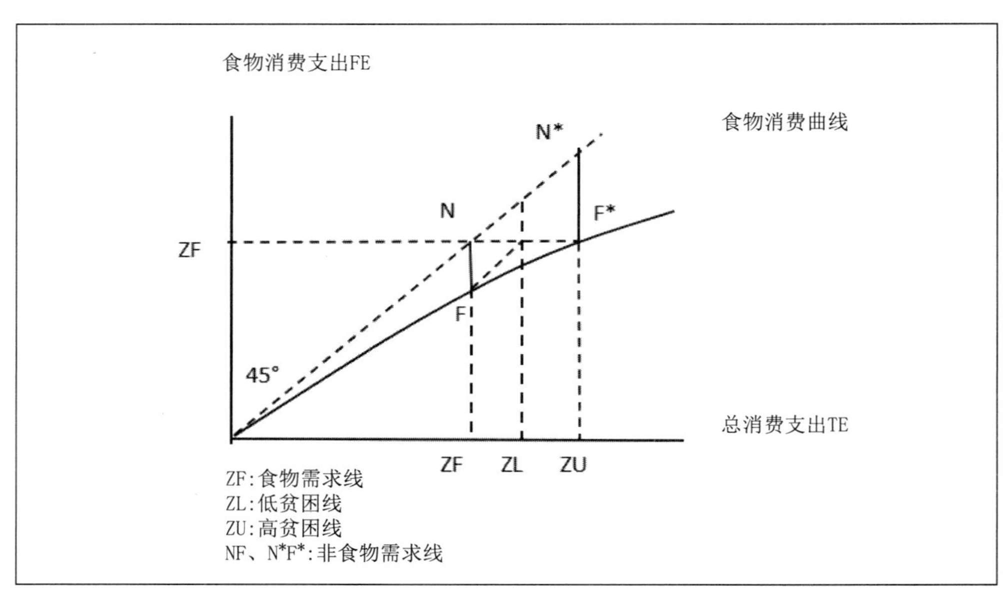

根据食物消费支出模型可以建立如图 1-2-1 所示的食物需求曲线。横轴是总消费支出，纵轴是食物消费支出水平，基本食物需求以 ZF 表示，也就是保证每人每天 2100 大卡热量和 60 克蛋白质的支出，计算出每人每年 1498 元；用 NF 表示最低非食物支出，低贫困线就是 ZF+NF。按现行贫困标准要求计算高非食物需求线 N^*F^*，通过食物需求曲线，在保证基本食物需求的情况下，可以得出 N^*F^* 为每人每天是 3.567 元，一年是 1302 元。于是贫困线就等于食物需求线 ZF 与非食物需求线 N^*F^* 之和，也就是 2800 元。

具体形式如下所示：

FE=f(TE, H, D)

当 TE=ZF 时， NF=TE-FE，低贫困线 ZL=ZF+NF

当 FE=ZF 时，N^*F^*=TE-FE，高贫困线 ZU=ZF+ N^*F^*=TE

也有一些国际组织或国家采用其他方法测算贫困标准。比如，粮农组织和一些研究人员认为食品支出占全部消费支出（即恩格尔系数）60% 以上为贫困。美国在测算贫困线时采用恩格尔系数为 30% 的假设。欧盟和经合组织采用相对贫困标准，是指各国收入中位数的 50% 或 60%。这里所指的“标准”一般是经验性的或用于比较研究为目的。

三、我国农村贫困标准的调整

（一）贫困标准的两种调整

贫困标准的调整包括两种情况。一是不同时期根据经济社会发展和生活水平提高而采用更高的满足基本生活需求的贫困标准；二是保持生活水平不变的同一标准，用不同年度的物价水平进行调整，保证其可比性。

1. 第一种调整。

对应于第一种调整，我国自改革开放以来共采用过三条不同生活水平的贫困标准。分别是“1978 年标准”、“2008 年标准”和“2010 年标准”。

“1978 年标准”指的是按 1978 年价格每人每年 100 元。这是一条低水平的生存标准，是保证每人每天 2100 大卡热量的食物支出，食物支出比重约 85%。基于测算时的农村实际情况，基本食物需求质量较差，比如主食中粗粮比重较高，副食中肉蛋比重很低，且标准中的食物支出比重过高，因而只能勉强裹腹。

“2008 年标准”实际上是从 2000 年开始使用的，由于在 2008 年正式作为扶贫标准使用，因而也称“2008 年标准”。按 2000 年价格每人每年 865 元，这是一条基本温饱标准，保证每人每天 2100 大卡热量的食物支出，是在“1978 年标准”基础上，适当扩展非食物部分，将食物支出比重降低到 60%。可基本保证实现“有吃、有穿”，基本满足温饱。

“2010 年标准”，即现行农村贫困标准。按 2010 价格每人每年 2300 元，按 2014 年和 2015 年价格每人分别为每年 2800 元和 2855 元，这是结合“两不愁，三保障”测定的基本稳定温饱标准。根据对全国居民家庭的直接调查结果测算，在义务教育、基本医疗和住房安全有保障（即三保障）的情况下，现行贫困标准包括的食物支出，可按农村住户农产品出售和购买综合平均价，每天消费 1 斤米面、1 斤蔬菜和 1 两肉或 1 个鸡蛋，获得每天 2100 大卡热量和 60 克左右的蛋白质，以满足基本维持稳定温饱的需要，同时，现行贫困标准中还包括较高的非食物支出，2014 年实际食物支出比重为 53.5%。此外，在实际测算过程中，对高寒地区采用 1.1 倍贫困线。

2. 第二种调整。

对于第二种调整，根据“农村贫困人口生活消费价格指数”对农村贫困标准进行年度调整，保证可比性。由于农村贫困人口的生活消费支出中食物支出比重较高，因而在计算贫困人口生活消费价格指数时，对农村居民食品消费价格指数和农村居民消费价格指数进行了加权，按实际情况提高了食物支出权重。按柜应年份的价格水平，现行贫困标准在 2010 年是每人每年 2300 元，2011 年是 2536 元、2012 年是 2625 元、2013 年是 2736 元、2014 年是 2800 元和 2015 年是 2855 元。同一条标准在不同年份，虽然数值不同，但都代表了同一种生活水平，年度间是可比的。表 1-3-1 是三条贫困线及不同年度间的调整。

表 1-3-1　我国农村贫困标准

单位：元 / 人 · 年

年份	1978 年标准	2008 年标准	2010 年标准
1978	100		366
1980	130		403
1985	206		482
1990	300		807
1995	530		1511
2000	625	865	1528
2005	683	944	1742
2008		1196	2172
2010		1274	2300
2011			2536
2012			2625
2013			2736
2014			2800
2015			2855

注 1：数据来源：国家统计局历年农村贫困监测报告。
注 2：同一标准，不同年份之间的数值虽然不同，但代表了同一生活水平，是可比的。而不同标准代表了不同的生活水平，是不可比的，是"不同"的标准。

（二）不同标准测算的贫困人口数据

不同标准测算的贫困人口统计数据属于不同的序列，相互之间没有可比性。图 1-3-1 显示了按照不同贫困标准测算的农村贫困人口数据。我国目前已基本消除"1978 年标准"和"2008 年标准"下的农村贫困人口，现行标准以下的农村贫困人口自 2010 年以来减少 1.1 亿，2015 年还有 5575 万人，比 2014 年减少 1442 万人。

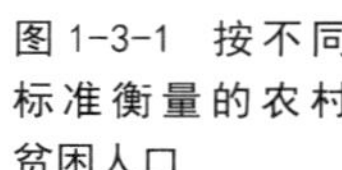

图 1-3-1　按不同标准衡量的农村贫困人口

数据来源：国家统计局住户收支与生活状况调查、农村住户调查。

注：浅色立柱代表以 1978 年标准衡量的贫困人口，从 1978 年的 2.5 亿下降到 2007 年的 1479 万人。深色立柱代表以 2008 年标准衡量的贫困人口从 2000 年的 9422 万人下降到 2010 年的 2688 万人。黑色立柱代表的是以 2010 年标准衡量的贫困人口，2015 年尚有 5575 万人。

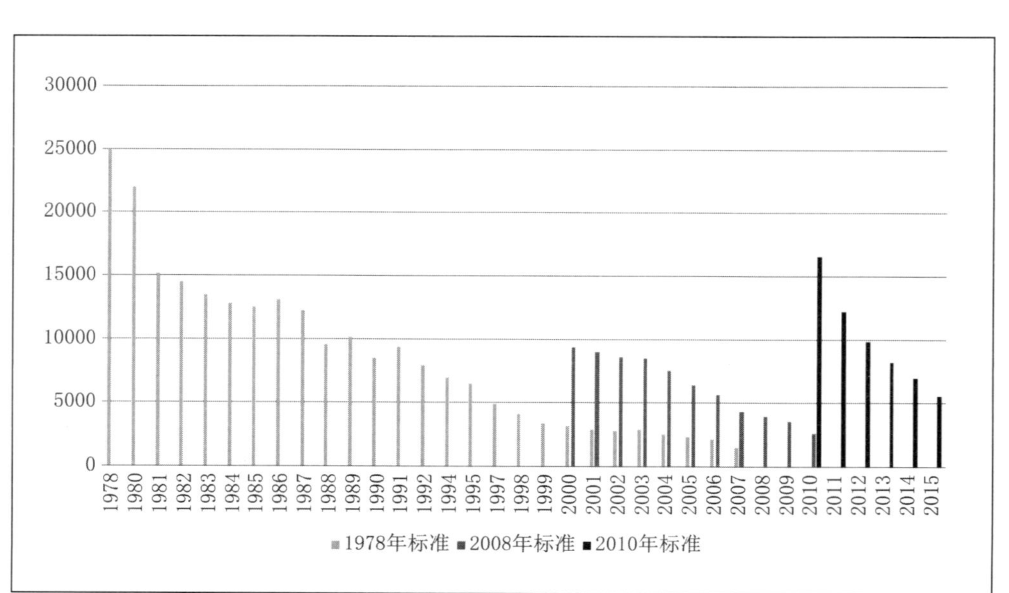

总之，现行农村贫困标准符合我国国情和当前发展阶段，是科学合理的。一是测算方法科学规范，采用了国际上通用的基于食物、非食物需求测算的贫困标准测算方法。二是测算所用的基础数据准确可靠，是根据对全国农村居民家庭直接调查得到的。三是现行农村贫困标准是与“两不愁、三保障”相结合的基本上达到稳定温饱的标准，基本能满足与稳定温饱生活相适应的食物需求，“吃饱、适当吃好”，还能基本满足衣、住、用、行以及义务教育、基本医疗等非食物需求，从而基本上实现“不愁吃、不愁穿”的稳定温饱要求。四是符合农村居民对于小康的基本期待，是农村居民跨入小康的门槛。贫困人口摆脱贫困后的生活，是一种能安稳度日、不愁吃穿的比较宽裕的生活状态。五是现行标准基本符合国际标准。

四、中国农村贫困标准与国际贫困标准的比较

（一）世界银行发布的国际贫困标准

世界银行是国际社会研究贫困问题的主要机构，通常说的国际贫困标准一般就是指世界银行发布的贫困标准。目前，世界银行主要用每天 1.9 美元和每天 3.1 美元标准衡量发展中国家贫困状况。这两个标准都以 2011 年为价格基期。前者是国际极端贫困标准，是全球 15 个最穷国家的国家标准的平均值；后者是其他发展中国家贫困线的中位数。

国际贫困标准按价格基期不同，数值也有所不同。以国际极端贫困标准为例，世行在《1990 年世界发展报告》中采用了按 1985 的价格计算的标准，为每人每天 1.01 美元，这就是全球熟知的“1 天 1 美元”标准。世行后来更新了价格基期年份，按 1993 年价格为 1.08 美元，按 2005 年价格为 1.25 美元，按 2011 年价格为 1.9 美元，年份不同，标准的数值不同，但其仍为“1 天 1 美元”标准。2008 年开始，世界银行发布“1 天 2 美元”标准，这是用 2005 年价格计算的，如用 2011 年价格计算则为“1 天 3.1 美元”。为区别于极端贫困标准，有时也将此标准称为“一般贫困标准”。世界银行发布的有关贫困标准如表 1-4-1。

表 1-4-1　世界银行采用的国际贫困标准

极端贫困标准				一般贫困标准	
数值（美元 / 天 · 人）	发布年份	价格基期年份	测算方法	数值（美元 / 天 · 人）	测算方法
1.01	1990	1985	12 个最穷国的最高标准		
1.08	1994	1993	10 个最穷国的平均标准		
1.25	2008	2005	15 个最穷国的平均标准	2	发展中国家贫困标准中位数
1.9	2015	2011	同上	3.1	同上

数据来源：世界银行相关年度《世界发展报告》。

（二）我国农村贫困标准与国际贫困标准的比较方法

以每天 1.9 美元的国际极端标准为例。世界银行（2015）按 1 美元 =3.696 人民币的购买力平价指数换算，每天 1.9 美元贫困标准以人民币表示为 2011 年每年 2564 元，对应了我国城乡平均物价水平。考虑到中国城乡有 30% 左右的物价差异，农村贫困标准的人民币表示为 2100 元。2011 年我国现行农村贫困标准是 2536 元，按上述购买力平价指数计算约相当于每天 2.3 美元。因此，我国现行农村贫困标准是每天 1.9 美元标准的 1.21 倍，是每天 3.1 美元标准的 74.2%。若考虑“保障基本住房”，将农村居民自有住房折算租金算进来，我国现有标准比 2.3 美元要高 20%。若将“三保障”内容全部考虑在内，则代表的标准还要高。

在使用国际贫困标准过程中，要注意的是：一是国际贫困标准主要用于国际比较。反映我国扶贫成就、制定相关政策，应主要使用我国现行农村贫困标准及测算的相关指标和数据。二是采用国际标准进行国际比较时，要说明所用的是哪条标准、是哪年的数据以及数据来源。三是采用不同的标准，不仅要同时采用其标准值，还要采用根据该标准测算的贫困人口、贫困发生率等指标数据。标准值与其对应的指标及数据是完整统一的。

五、贫困监测方法

我国贫困监测以国际上通行的住户调查为基础。农村住户调查从 1954 年开始实施，60 年代中断，改革开放后恢复。国家统计局采用科学系统的抽样调查方法，直接向调查户收集生产消费、出售购买、人口就业、住房条件、基础设施和基本公共服务等详细信息，用于分析计算农民收入、消费等宏观经济指标，测算贫困标准和贫困人口，同时，通过对分户数据的挖掘、各种交叉分组，可以深入分析影响收入、贫困的各种因素。

（一）贫困监测调查

调查范围。贫困监测包括两项调查：一是全国住户收支与生活状况调查，调查范围覆盖全国，目的是反映全国和分省农村贫困状况，样本分布在所有市区以及三分之一的县。二是国家农村贫困监测专项调查，调查范围为贫困地区，目的是反映连片特困贫困地区和国家扶贫开发工作重点县的贫困状况，比较贫困地区农村与全国农村居民收入增长、基础设施和基本公共服务情况。样本分布在所有国家扶贫开发工作重点县、四省藏区及南疆三地州的所有地州，以及其他片区的所有县。

调查内容。现有农村贫困监测从住户、个人和村级层面收集基础资料，调查内容包括住户收支、住房和生活设施，家庭成员的受教育程度、健康和就医情况、社保覆盖情况、劳动力就业与儿童入学情况，村级基础设施与基本公共服务的情况以及到村到户的扶贫项目开展情况。

抽样方法。采用分层多阶段等距随机抽样方法，两项调查从全国共抽取 20 万个调查户，调查结果对全国、分省、分片区有代表性。具体方法是：以省为单位，先按市区和县域分层：对所有市区开展调查；县域按社会经济发展水平排队，按人口规模等距抽取三分之一的县开展调查。在每个区县，采用全国人口普查资料建立的抽样框，采用入样概率与人口规模成正比的抽样方法，抽取普查小区（自然村）。根据小区内住宅分布图，等距抽取住宅和住户。

直接调查。住户收支与生活状况调查由国家统计局分布在各地的直属调查队根据统一方案和工作流程，组织调查户记账，年末季末入户访问调查。调查户每天要及时记录收入、支出、生产、出售、购买等情况。年末季末由调查员入户收集调查户住房和生活设施，家庭成员的人口特征、社保、教育、健康、就业状况，以及所在社区的基础设施与基本公共服务等情况。国家统计局在每个调查村聘请辅助调查员，督促帮助调查户记账。县级调查队和统计局直接将记账和访问调查数据上报国家统计局。国家统计局根据对 20 万调查户的分户数据汇总全国、分省、分片区调查结果。

严格审查。根据各地社会、经济、气候、扶贫的背景资料，对调查资料进行分析，防止漏报和虚报。国家统计局对各地上报的所有分户数据进行认真审核，每年对一半的省直接进行现场抽查，每个季度随机抽选 6000 个调查户进行电话回访，确保调查质量。

（二）主要监测内容和指标

1. 贫困发生率。贫困发生率也称贫困人口比重指数，指生活在贫困标准以下的人口占全部人口的比重。世界银行用人均消费衡量贫困，欧盟用人均收入衡量贫困。本报告主要用人均基本生活消费支出衡量农村贫困状况。

2. 贫困人口规模。指贫困人口总数。贫困人口规模测算方法如下：首先，使用分户收入和消费数据，计算出生活在贫困标准之下的人口比重，即贫困发生率，再用各省（区）贫困发生率乘以相应的乡村人口，得到分省（区）贫困人口规模。分省（区）贫困人口规模加总即得到全国农村贫困人口规模。

3. 人均可支配收入。指可用于最终消费支出和储蓄的总和，即包括现金也包括实物收入。按照收入来源，可支配收入包括工资性收入、经营净收入、财产净收入和转移净收入。

4. 人均消费支出。指用于满足日常生活消费需要的全部支出，包括用于消费品的支出和用于服务性消费的支出。根据用途不同，可划分为食品烟酒、衣着、居住、生活用品及服务、交通通信、教育文化娱乐、医疗保健、其他用品及服务八大类。根据来源不同，可划分为现金消费支出和实物消费支出。

5. 百户耐用消费品拥有量。指平均每百户家庭拥有某种耐用消费品的数量，包括百户汽车拥有量、百户计算机拥有量、百户冰箱拥有量、百户洗衣机拥有量等。

6. 居住条件指标。包括住房面积、居住竹草土坯房的农户比重、使用管道供水的农户比重、使用净化自来水的农户比重、饮水无困难的农户比重等。

7. 农村卫生教育条件。包括享受医疗保障的人口比重、有卫生站的行政村比重、不同年龄段儿童的在校比重等。

8. 农村基础设施条件。包括所在自然村通公路的农户比重、所在自然村有卫生室的农户比重，所在自然村上小学较便利的农户比重等。

（国家统计局 鲜祖德等）

第二部分　全国农村贫困状况

2011 年，我国开始实施《中国农村扶贫开发纲要（2011-2020 年）》，按照“两不愁、三保障”的扶贫开发工作目标，将国家农村扶贫标准大幅提高到 2300 元（2010 年不变价），以下简称现行国家农村贫困标准。自此以后，扶贫开发工作进入巩固温饱成果、加快脱贫致富、改善生态环境、提高发展能力、缩小发展差距的新阶段，从解决基本的生存和温饱问题转向解决可持续的发展问题。本文据对全国 31 个省（自治区、直辖市）16 万户居民家庭的抽样调查，从多元角度对农村贫困状况进行了分析。

一、农村贫困人口规模与分布

（一）贫困人口规模

1. 2015 年全国农村贫困人口减少 1442 万人。

按现行国家农村贫困标准测算， 2015 年全国农村贫困人口 5575 万人，比上年减少 1442 万人，下降 20.6%；农村贫困发生率 5.7%，比上年下降 1.5 个百分点。

图 2-1-1　2010-2015 年全国农村贫困状况

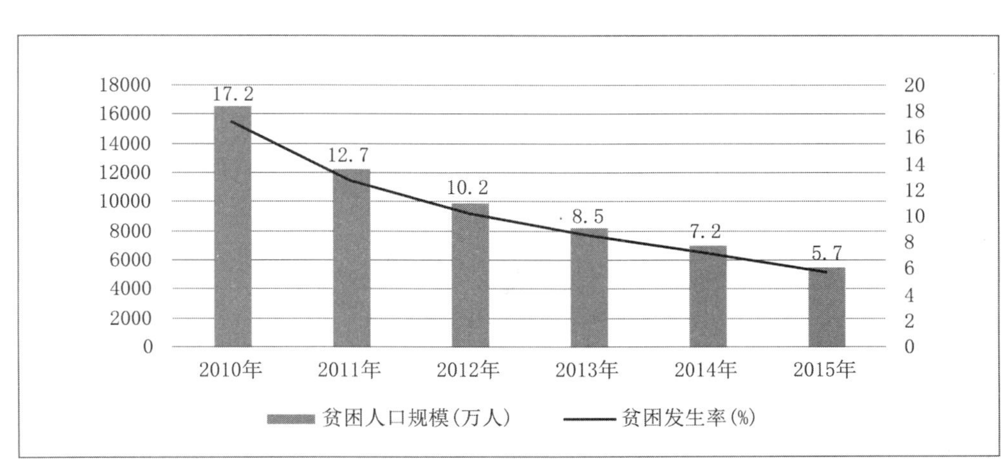

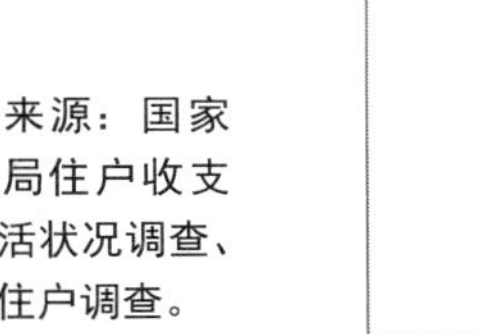

数据来源：国家统计局住户收支与生活状况调查、农村住户调查。

2. 五年来全国农村贫困人口共减少 1.1 亿。

按现行国家农村贫困标准测算，2010 年全国农村贫困人口规模为 1.66 亿，农村贫困发生率为 17.2%。与 2010 年相比，5 年来全国农村贫困人口共减少 1.1 亿，年均减贫人口规模 2198 万人；农村贫困发生率下降 11.5 个百分点，年均下降 2.3 个百分点。

3. 改革开放以来全国农村贫困人口减少 7.1 亿人。

改革开放以来我国农村贫困人口减少 7.1 亿人，贫困发生率下降近 92 个百分点。其中，本世纪以来我国农村贫困人口减少 4.1 亿人。

（二）区域分布

1. 一半以上的农村贫困人口仍集中在西部地区。

2015 年，按现行国家农村贫困标准测算，一半以上的农村贫困人口仍集中在西部地区①。2015 年，东部地区农村贫困人口 653 万，贫困发生率为 1.8%，贫困人口占全国农村贫困人口的比重为 11.7%；中部地区农村贫困人口 2007 万，贫困发生率为 6.2%，贫困人口占全国农村贫困人口的比重为 36.0%；西部地区农村贫困人口 2914 万，贫困发生率为 10%，贫困人口占全国农村贫困人口的比重为 52.3%。

图 2-1-2 2015 年农村贫困人口的地区分布

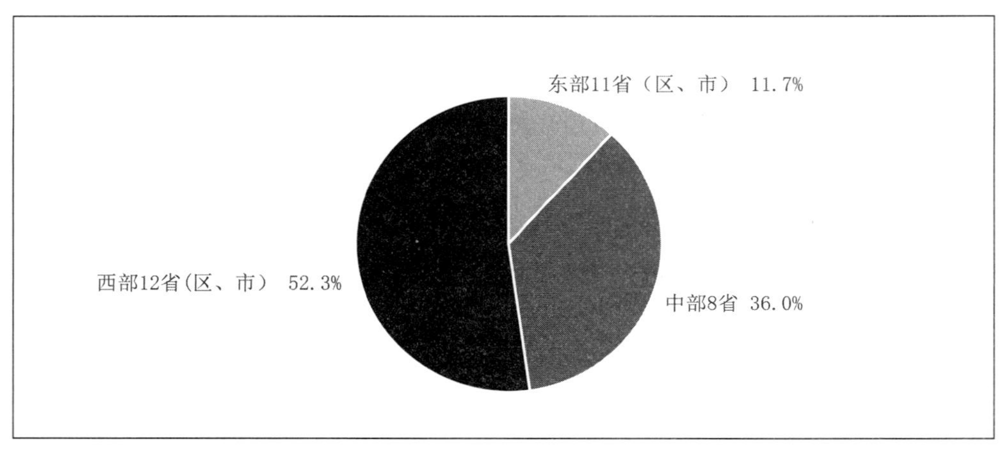

数据来源：国家统计局住户收支与生活状况调查。

与上年相比，2015 年东、中、西部地区农村贫困人口全面减少。其中，西部地区农村贫困人口减少数量最多，东部地区农村贫困人口减少速度最快，西部地区贫困人口占全国农村贫困人口的比重上升。具体来看：2015 年东、中、西部地区贫困人口分别比上年减少 303 万，454 万和 686 万人，分别减少 31.7%，18.5% 和 19.1%，贫困发生率分别下降 0.9，1.3 和 2.4 个百分点。全国农村贫困人口中，东部地区贫困人口比重比上年下降 1.9 个百分点，中部地区贫困人口比重比上年上升 0.9 个百分点，西部地区贫困人口比重比上年上升 1 个百分点。

与 2010 年相比，2015 年东、中、西部地区农村贫困人口分别减少 1934 万人，

①东部地区：包括北京、天津、河北、辽宁、上海、江苏、浙江、福建、山东、广东、海南 11 省区市。
中部地区：包括山西、吉林、黑龙江、安徽、江西、河南、湖北、湖南 8 省份。
西部地区：包括内蒙古、广西、重庆、四川、贵州、云南、西藏、陕西、甘肃、青海、宁夏、新疆 12 省区市。

3544 万人和 5515 万人，分别减少 74.7%，63.8% 和 65.4%，贫困发生率分别下降 5.6，11.0 和 19.2 个百分点。2010 年西部地区农村贫困人口占全国农村贫困人口的比重为 50.9%，2015 年这一比重上升为 52.3%。

表 2-1-1　2010-2015 年分地区农村贫困人口情况

地区	农村贫困人口规模（万人）			农村贫困发生率（%）		
	东部	中部	西部	东部	中部	西部
2010 年	2587	5551	8429	7.4	17.2	29.2
2011 年	1655	4238	6345	4.7	13.1	21.9
2012 年	1367	3446	5086	3.9	10.6	17.5
2013 年	1171	2869	4209	3.3	8.8	14.5
2014 年	956	2461	3600	2.7	7.5	12.4
2015 年	653	2007	2914	1.8	6.2	10.0

数据来源：国家统计局住户收支与生活状况调查、农村住户调查。

2. 有 8 个省农村贫困人口在 300 万以上，8 个省农村贫困发生率在 10% 以上。

2015 年，按现行国家农村贫困标准测算，农村贫困人口在 300 万以上的省份有 8 个；在 100 万 -300 万之间的省份有 7 个；贫困人口在 100 万以下的省份有 16 个。

2015 年，按现行国家农村贫困标准测算，农村贫困发生率在 10% 以上的省份有 8 个；贫困发生率在 5%-10% 的省份有 10 个；贫困发生率在 3%-5% 的省份有 5 个；贫困发生率在 3% 以下的省份有 8 个。

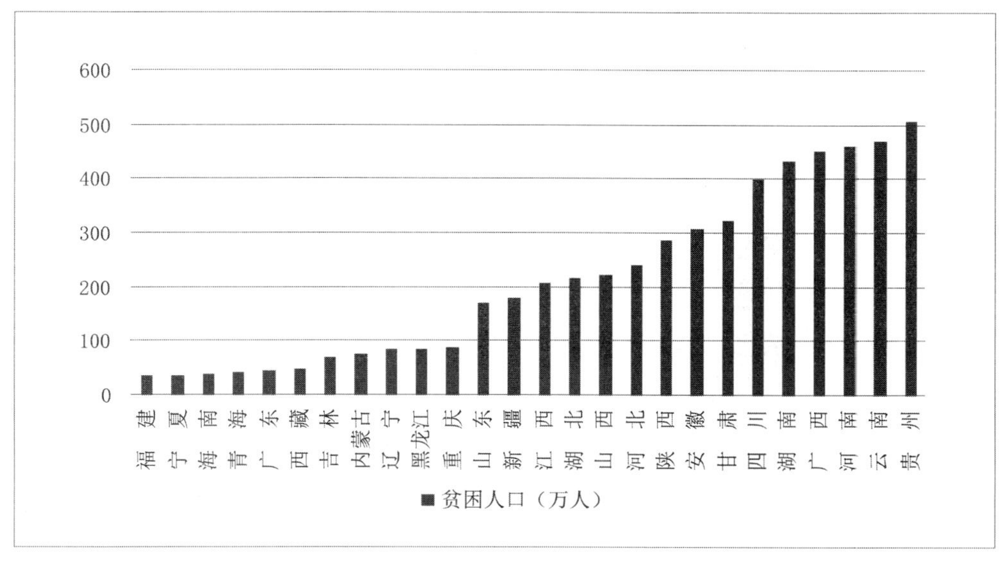

图 2-1-3　2015 年分省农村贫困人口情况

数据来源：国家统计局住户收支与生活状况调查。

（三）群体分布

1. 分年龄段贫困发生率两边高中间低。

将所有人按每 20 岁为一组分组，分年龄组农村贫困发生率分布总体呈现两边高中间低的特点。2015 年 0-20 岁，21-40 岁，41-60 岁，61-80 岁，81 岁及以上农村人口贫困发生率分别为 6.8%，6.3%，3.9%，7.0%，8.1%。其中，17 岁及以下青少年儿童贫困发生率为 7.1%，60 岁以上老人贫困发生率为 7.1%。

图 2-1-4　2015 年分年龄段农村贫困发生率

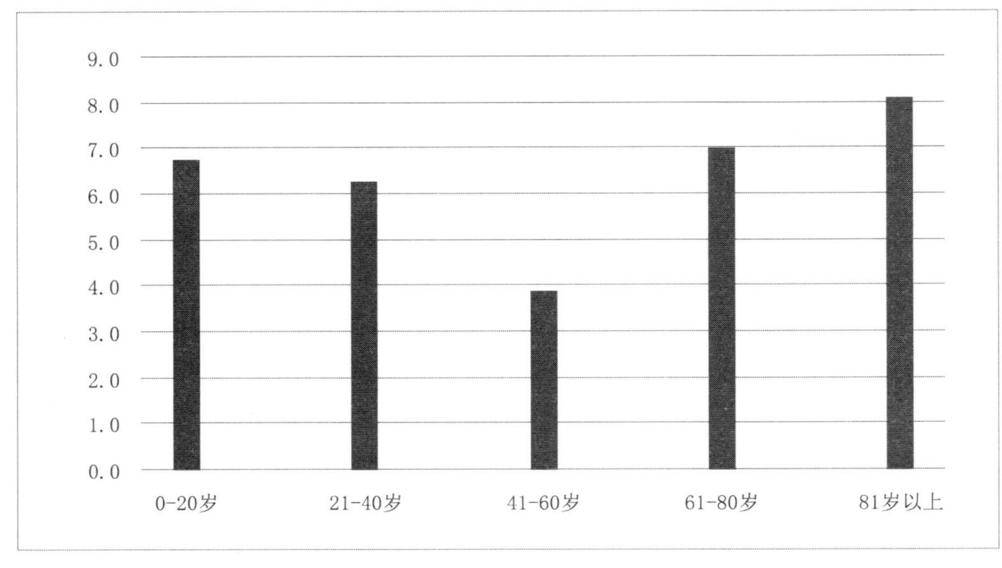

数据来源：国家统计局住户收支与生活状况调查。

2. 受教育程度较低的群体农村贫困发生率相对较高。

按户主受教育程度分组看，农村贫困发生率与户主受教育程度成反比，户主受教育程度较低的群体贫困发生率相对较高。2015 年户主受教育程度为文盲的群体中贫困发生率为 11.9%，户主受教育程度为小学的群体中贫困发生率为 8.2%，户主受教育程度为初中的群体中贫困发生率为 4.7%，户主受教育程度为高中及以上的群体中贫困发生率为 3.1%。

图 2-1-5　2015 年按户主受教育程度分组农村贫困发生率

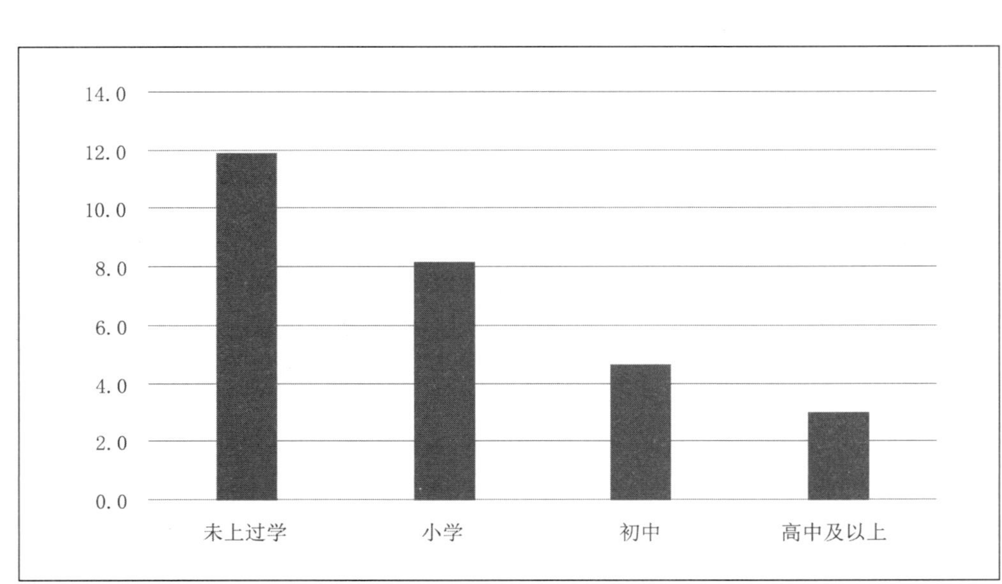

数据来源：国家统计局住户收支与生活状况调查。

3. 健康程度较差的人群农村贫困发生率相对较高。

从健康状况分组看，身体健康程度与农村贫困发生率呈反比。2015 年身体健康的人群贫困发生率为 5.5%；身体基本健康的人群贫困发生率为 7.0%，身体健康状况较差①的人群贫困发生率为 9.8%。其中，身体不健康但生活能自理的人群发生率为 9.7%，生活不能自理人群的贫困发生率为 10.8%。

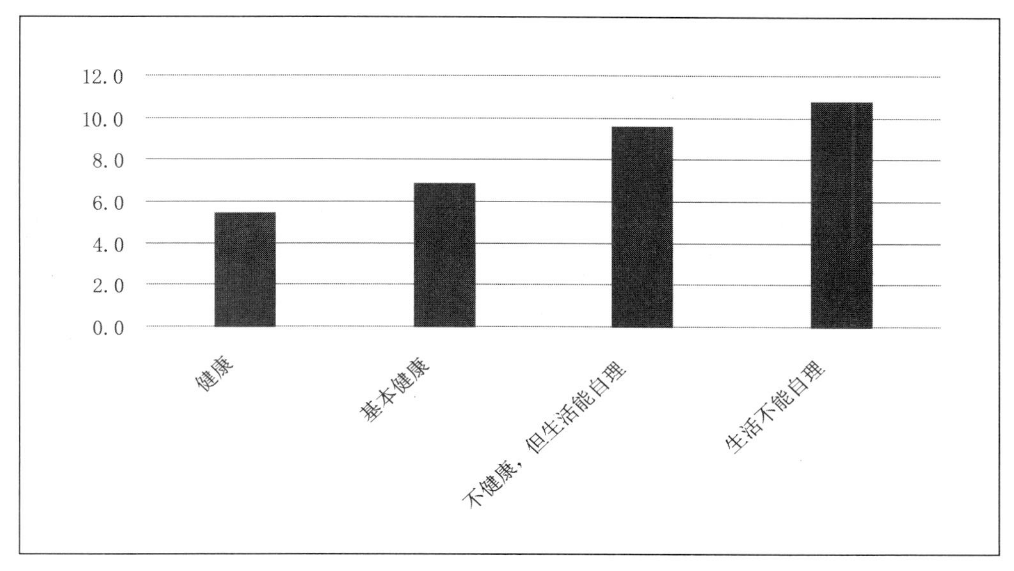

图 2-1-6　2015 年按健康程度分组的农村贫困发生率

数据来源：国家统计局住户收支与生活状况调查。

4. 女性群体贫困发生率与男性差异不明显。

按性别分组看，2015 年女性群体农村贫困发生率 5.7%，男性群体贫困发生率 5.7%。女性与男性群体贫困发生率没有明显差异。

二、农村居民收支状况

（一）2015 年农村居民收入实际增长 7.5%

2015 年全国农村居民人均可支配收入 11422 元，同比名义增长 8.9%，扣除价格因素影响，实际增长 7.5%。

1. 2015 年工资性收入、财产净收入、转移净收入三项增速均保持在 10% 以上。

2015 年全国农村居民人均工资性收入、转移净收入、财产净收入分别为 4600 元，2066 元和 252 元，与上年相比分别增长 10.8%，10.1% 和 13.3%；农村居民人均经营净收入 4504 元，比上年增长 6.3%。其中，人均第一产业经营净收入增长 5.2%；人均二三产业经营净收入增长 9%。

农民收入继续增长，一是由于农民工人数继续增加，尤其是本地务工人员增多，同时农民工工资水平保持增长。二是 2015 年粮食丰收，农民出售粮食数量增加，同时蔬菜等农产品价格上涨，使得种植业净收入继续实现增长。但受到玉米、棉花、小麦等价格同比下跌的影响，种植业增速同比回落。三是生猪价格同比大幅回

①身体健康状况较差，包括身体不健康但生活能自理和生活不能自理两类。

升，使得人均牧业净收入增速由上年的减少3.7%转为增长10.3%。四是国家大力推进精准扶贫，加大对低收入群体帮扶力度，各地陆续提高低保、合作医疗等社保标准，推动低收入群体收入较快增长，同时农村最低基础养老金标准提高，带动农村居民转移净收入继续较快增长。

表 2-2-1　2015 年全国农村居民收入增长情况

指标	水平（元）	名义增长率（%）
人均可支配收入	11422	8.9
1. 工资性收入	4600	10.8
2. 经营净收入	4504	6.3
（1）一产净收入	3154	5.2
# 农业	2412	4.6
牧业	489	10.3
（2）二三产净收入	1350	9.0
3. 财产净收入	252	13.3
4. 转移净收入	2066	10.1

数据来源：国家统计局住户收支与生活状况调查。

2. 2015 年四成以上收入来自于工资性收入，其对全年农民增收的贡献率也最大。

2015 年全国农村居民人均可支配收入中，工资性收入占比为40.3%，对全年农民增收的贡献率为48%，拉动可支配收入增长4.3个百分点；经营净收入占人均可支配收入的比重为39.4%，对全年农民增收的贡献率为28.5%，拉动可支配收入增长2.5个百分点；转移净收入占比为18.1%，对全年农民增收的贡献率为20.3%，拉动可支配收入增长1.8个百分点；财产净收入占比为2.2%，对全年农民增收的贡献率为3.2%，拉动可支配收入增长0.3个百分点。

图 2-2-1　2015 年农村居民收入构成和各项收入增长贡献率

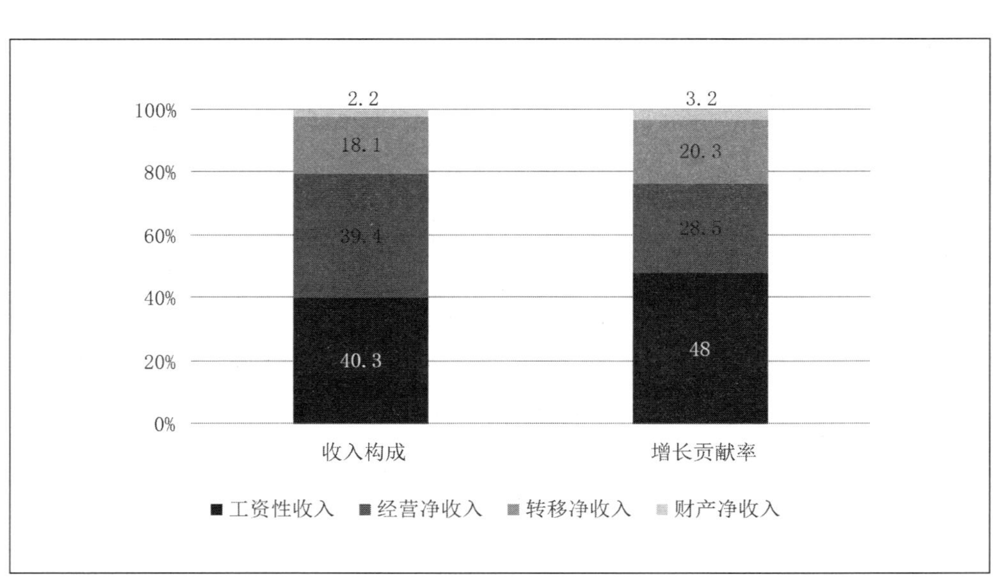

数据来源：国家统计局住户收支与生活状况调查。

3. 五年来农村居民收入年均实际增长 9. 6%。

2011-2015 年，农村居民收入保持较快的增长速度，人均名义分别增长 17. 9%，13. 5%，12. 4%，11. 2% 和 8. 9%，实际分别增长 11. 4%，10. 7%，9. 3%，9. 2% 和 7. 5%。五年来收入累计实际增长 58. 2%，年均实际增长 9. 6%，为新一轮脱贫攻坚任务的完成打下了坚实的基础。

表 2-2-2　2011-2015 年农村居民可支配收入情况

年份	农村居民人均可支配收入（元）	名义增长（%）	实际增长（%）
2011 年	7394	17. 9	11. 4
2012 年	8389	13. 5	10. 7
2013 年	9430	12. 4	9. 3
2014 年	10489	11. 2	9. 2
2015 年	11422	8. 9	7. 5

（二）农村居民人均消费支出实际增长 8.6%

2015 年全国农村居民人均消费支出 9223 元，名义增长 10. 0%，实际增长 8. 6%。总体来看，全国居民人均消费支出保持平稳增长，农村居民消费支出增速快于城镇居民，居民消费结构继续改善。

1. 八大项消费支出均实现增长，交通通信、教育文化娱乐、医疗保健消费支出增速在 10% 以上。

从消费结构来看，2015 年农村居民人均食品烟酒支出 3048 元，增长 8. 3%；人均衣着支出 550 元，增长 7. 9%；人均居住支出 1926 元，同比增长 9. 3%；人均生活用品及服务支出 546 元，增长 7. 7%；人均交通通信支出 1163 元，增长 14. 9%；人均教育文化娱乐支出 969 元，增长 12. 8%；人均医疗保健支出 846 元，增长 12. 2%；人均其他用品和服务支出 174 元，增长 6. 8%。

表 2-2-3　2015 年全国农村居民消费支出增长情况

指标	水平（元）	增速（%）
人均消费支出	9223	10. 0
1. 食品烟酒	3048	8. 3
2. 衣着	550	7. 9
3. 居住	1926	9. 3
4. 生活用品及服务	546	7. 7
5. 交通通信	1163	14. 9
6. 教育文化娱乐	969	12. 8
7. 医疗保健	846	12. 2
8. 其他用品和服务	174	6. 8

数据来源：国家统计局住户收支与生活状况调查。

2. 消费结构不断优化升级，发展型消费占消费支出比重提高。

2015 年农村居民人均消费支出中，吃、穿、住等生存型消费占比下降。2015 年农村居民人均消费支出中，食品烟酒支出占比为 33%，比上年下降 0.6 个百分点；衣着支出占比为 6%，比上年下降 0.1 个百分点；居住支出占比为 20.9%，比上年下降 0.1 个百分点。交通通信、教育文化娱乐、医疗保健等发展型消费占比提高。2015 年农村居民人均消费支出中，人均交通通信支出占比为 12.6%，比上年上升 0.5 个百分点；教育文化娱乐支出占比为 10.5%，比上年上升 0.2 个百分点；医疗保健支出占比为 9.2%，比上年上升 0.2 个百分点。

图 2-2-2　2015 年全国农村居民消费支出结构

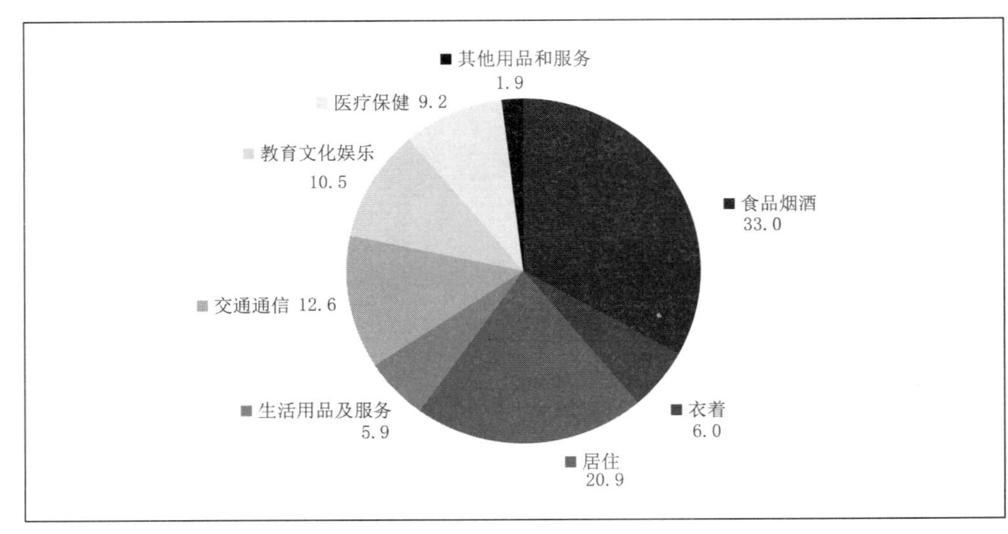

数据来源：国家统计局住户收支与生活状况调查。

三、收入差距

2015 年农村居民人均可支配收入名义增速高于城镇居民 0.7 个百分点，收入最低 20% 的农村居民家庭人均收入增长 11.5%，西部地区农村居民收入增长最快，城乡居民收入相对差距、农村居民高低收入组收入比、东西部地区农村居民相对收入差距、收入最高与最低省相对收入差距均比上年有所缩小。

（一）城乡居民相对收入差距缩小

2015 年，城镇居民人均可支配收入 31195 元，同比名义增长 8.2%，农村居民人均可支配收入 11422 元，同比名义增长 8.9%。农村居民人均可支配收入名义增速快于城镇居民收入增速 0.7 个百分点。2015 年城乡居民人均收入之比为 2.73：1，比上年下降 0.02。

（二）农村居民高低收入组收入差距缩小

2015 年，农村居民低收入户收入增长最快，中高收入户增长最慢。按人均可支配收入从低到高进行五等份分组，全国农村居民低收入户人均可支配收入为 3086 元，增长 11.5%；中低收入户人均可支配收入为 7221 元，增长 9.3%；中等收入户人均可支配收入为 10311 元，增长 8.5%；中高收入户人均可支配收入为 14537 元，增长 8.1%；

高收入户人均可支配收入为26014元，增长8.6%。高低收入户人均收入比由上年的8.65缩小为8.43。

表2-3-1　2015年全国农村居民人均可支配收入分组情况

组别		增长率（%）	增速（%）
平均数	合计	11422	8.9
	低收入组	3086	11.5
	中等偏下组	7221	9.3
	中等收入组	10311	8.5
	中等偏上组	14537	8.1
	高收入组	26014	8.6

数据来源：国家统计局住户收支与生活状况调查。

（三）农村居民地区间相对收入差距缩小

分区域[①]看，2015年收入水平较低的中部、西部地区农村居民收入增速较快，在9%以上；收入水平较高的东部、东北地区农村居民收入增速相对较慢，低于9%。2015年东部、中部、西部、东北地区农村居民人均可支配收入分别为14297元、10919元、9093元、11490元，增速分别为8.8%、9.1%、9.6%、6.4%。西部地区农村居民人均可支配收入增速为比中部地区高0.5个百分点，比东部地区高0.8个百分点，比东北地区高3.2个百分点。2015年东部地区与西部地区农村居民人均可支配收入之比为1.57:1；东北地区与西部地区农村居民人均可支配收入之比为1.26:1；中部地区与西部地区农村居民人均可支配收入之比为1.20:1，均比2014年有所缩小。

表2-3-2　2014-2015年农村居民地区间人均可支配收入差距

年份	东部地区（元）	中部地区（元）	西部地区（元）	东北地区（元）	东西部地区收入之北（西部=1）
2014年	13145	10011	8295	10802	1.58
2015年	14297	10919	9093	11490	1.57
2015年比2014年名义增长（%）	8.8	9.1	9.6	6.4	——

数据来源：国家统计局住户收支与生活状况调查。

四、多元生活状况

（一）居住条件

2015年，农村居民住房结构、住宅外道路、卫生等生活居住条件进一步改善。

①这里的东、中、西、东北地区是按照《中国统计年鉴》发布的四个地区的划分标准。其中，东部地区包括北京、天津、河北、上海、江苏、浙江、福建、山东、广东、海南10省份；中部地区包括山西、安徽、江西、河南、湖北、湖南6省；西部地区包括内蒙古、广西、重庆、四川、贵州、云南、西藏、陕西、甘肃、青海、宁夏、新疆12省份；东北地区包括辽宁、吉林、黑龙江3省。文中其余部分为按照东中西分组。

从住房面积和结构看，2015 年农村居民人均居住住房面积 43.9 平方米，居住钢筋混凝土和砖混材料结构住房的农户占 60%，比上年上升 3.3 个百分点。从住宅外道路条件看，2015 年农村地区住宅外为水泥或柏油路面的农户比重为 58%，比上年上升 4.9 个百分点。从卫生设备看，2015 年农村地区有水冲式卫生厕所的农户比重为 26.3%，比上年上升 3.1 个百分点；无洗澡设施的农户比重为 41.3%，比上年下降 4.7 个百分点。从能源使用情况看，2015 年农村地区炊事用主要能源为柴草的农户比重为 43.8%，比上年下降 3.2 个百分点。

表 2-4-1　2014-2015 年全国农村居民居住条件

单位：%

指标名称	2014 年	2015 年
居住钢筋混凝土和砖混材料结构住房的农户比重	56.7	60
住宅外为水泥或柏油路面的农户比重	53.1	58
有水冲式卫生厕所的农户比重	23.2	26.3
无洗澡设施的农户比重	46	41.3
炊事用主要能源为柴草的农户比重	47.1	43.8

数据来源：国家统计局住户收支与生活状况调查。

分地区来看，东部地区农村居民居住条件总体好于中、西部地区。2015 年东部、中部、西部①地区居住钢筋混凝土和砖混材料结构住房的农户比重分别为 61.8%，64.8% 和 52.5%；住宅外为水泥或柏油路面的农户比重分别为 67.3%，56.9% 和 48.8%；有水冲式卫生厕所的农户比重分别为 41.3%，17.8% 和 19.4%；无洗澡设施的农户比重分别为 24.7%，48.3% 和 51.7%；炊事用主要能源为柴草的农户比重分别为 32.0%，48.8% 和 51.4%。

图 2-4-1　2015 年分地区农村居民居住条件

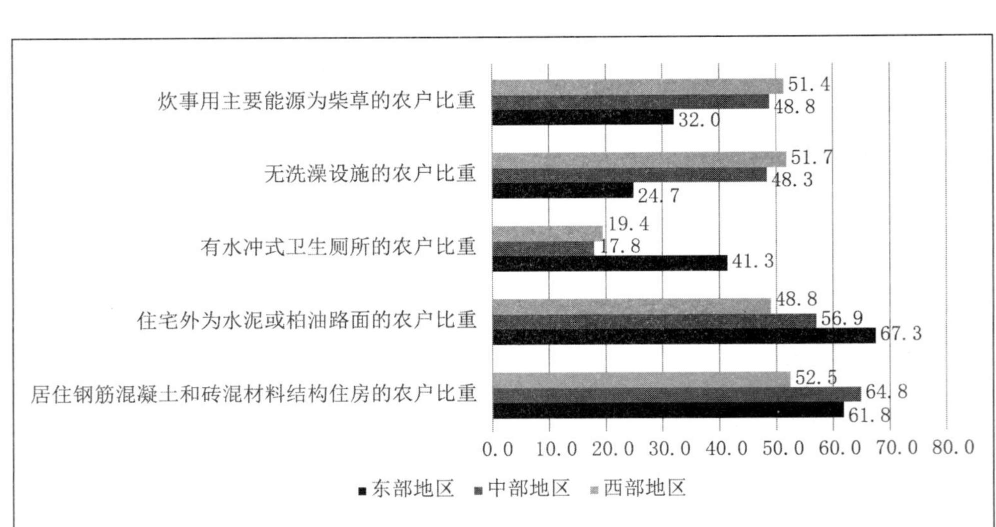

数据来源：国家统计局住户收支与生活状况调查。

①东部地区：包括北京、天津、河北、辽宁、上海、江苏、浙江、福建、山东、广东、海南。
中部地区：包括山西、吉林、黑龙江、安徽、江西、河南、湖北、湖南。
西部地区：包括内蒙古、广西、重庆、四川、贵州、云南、西藏、陕西、甘肃、青海、宁夏、新疆。

（二）耐用消费品拥有情况

2015 年，农村居民家庭年末拥有的主要传统耐用消费品稳定增加，新型耐用消费品需求较旺。一是交通类耐用消费品较快增加。2015 年全国农村居民每百户拥有的家用汽车、助力车分别比上年增长 20.9% 和 10.3%。二是空调、计算机等普及度相对较低的新式家电较快增加。2015 年全国农村居民每百户拥有空调 38.8 台，热水器 52.5 台，排油烟机 15.3 台，计算机 25.7 台，分别比上年增加 13.5%，8.9%，10.1% 和 9.4%。三是彩色电视机等普及度相对较高的传统家电及移动电话拥有量继续增加。2015 年全国农村居民每百户拥有洗衣机 78.8 台，电冰箱 82.6 台，彩色电视机 116.9 台，移动电话 226.1 台，分别比上年增长 5.4 %，6.4%，1.1% 和 5.1%。

表 2-4-2　2014-2015 年全国农村居民百户耐用消费品拥有情况

指标	单位	2014 年	2015 年
家用汽车	辆 / 百户	11	13.3
摩托车	辆 / 百户	67.6	67.5
助力车	台 / 百户	45.4	50.1
洗衣机	台 / 百户	74.8	78.8
电冰箱（柜）	台 / 百户	77.6	82.6
彩色电视机	台 / 百户	115.6	116.9
空调	台 / 百户	34.2	38.8
热水器	台 / 百户	48.2	52.5
排油烟机	台 / 百户	13.9	15.3
移动电话	部 / 百户	215.1	226.1
计算机	台 / 百户	23.5	25.7

数据来源：国家统计局住户收支与生活状况调查。

分地区来看，东中西部地区在传统家电、移动电话以及摩托车等传统交通工具等拥有量水平上差距较小，在各类新式家电及汽车等新式交通工具拥有量水平上差距相对较大。

一是移动电话、彩色电视机、电冰箱等物品拥有量方面地区差距较小。2015 年东部地区农户每百户上述物品的拥有量分别为 223.9 部，126.6 台和 89.2 台。以东部地区水平为 1，2015 年西部地区农户每百户上述耐用消费品的拥有量水平分别相当于 0.84-1.04；中部地区农户拥有量水平分别相当于 0.91-0.99。

二是空调，计算机、排油烟机、热水器等物品的拥有量方面地区差距较明显。2015 年东部地区农户每百户上述物品的拥有量分别为 62.1、37.3、46.3 和 69.5 台。以东部地区水平为 1，2015 年西部地区农户每百户上述耐用消费品的拥有量水平分别相当于 0.22、0.39、0.41 和 0.61；中部地区上述耐用消费品的拥有量水平分别相当于 0.61、0.65、0.56 和 0.64。

三是在交通工具方面，摩托车拥有量的地区差距相对较小，2015 年东、中、西部地区农户每百户摩托车拥有量分别为 67.4，66.3 和 69.1 辆；助力车、家用汽车拥有量的地区差距相对较大，2015 年东、中、西部地区农户每百户助力车拥有量分别为 78，47 和 22.3 辆；家用汽车拥有量分别为 19.3，9.9 和 10.5 辆。

表 2-4-3　2015 年分地区农村居民百户耐用消费品拥有情况

指标	单位	东部地区	中部地区	西部地区
家用汽车	辆／百户	19.3	9.9	10.5
摩托车	辆／百户	67.4	66.3	69.1
助力车	台／百户	78	47	22.3
电冰箱（柜）	台／百户	89.2	82.8	74.8
彩色电视机	台／百户	126.6	114.8	108.4
空调	台／百户	62.1	37.9	13.7
热水器	台／百户	69.5	44.8	42.4
排油烟机	台／百户	46.3	26	18.8
移动电话	部／百户	223.9	222.2	233.2
计算机	台／百户	37.3	24.2	14.5

数据来源：国家统计局住户收支与生活状况调查。

（三）交通通信条件

从交通通信条件看，农村社区“四通”覆盖面不断扩大。2015 年农村地区“四通”情况大幅改善，通路、通电、通电话基本接近全覆盖，同时，农村信息化程度快速提高。2015 年，所在自然村能接收有线电视信号的农户比重达 96.4%，比上年上升 1.3 个百分点；平均每百户农村居民家庭拥有接入互联网的移动电话 69.2 部，比上年增长 21%；平均每百户农村居民家庭拥有接入互联网的计算机 18.8 台，比上年增长 14.4%。

表 2-4-4　2015 年全国农村地区基础设施情况

指标	单位	2014 年	2015 年
所在自然村能接收有线电视信号的户比重	%	95.1	96.4
百户家庭拥有接入互联网的移动电话	部	57.2	69.2
百户家庭拥有接入互联网的计算机	台	16.4	18.8

数据来源：国家统计局住户收支与生活状况调查。

分地区来看，2015 年东、中、西部地区所在自然村能接收有线电视信号的农户比重分别为 98.7%，95.5% 和 94.8%；东、中、西部平均每百户农村居民家庭拥有接入互联网的移动电话分别为 77.4，69.6 和 59.6 部；平均每百户农村居民家庭拥有接入互联网的计算机分别为 29.6，16.7 和 9.1 台。

（四）教育卫生条件

从教育卫生条件看，农村地区社区卫生、医疗及教育服务水平提升。79% 的农户所在自然村内主要道路路面为水泥或柏油路面，60.4% 的农户所在自然村内垃圾能够做到集中处理，比上年分别上升 4.1、6.9 个百分点。有 85.9% 的农户所在自然村有卫生站，比上年上升 1.5 个百分点。有 79.7% 的农户所在自然村上幼儿园或学前班较便利，比上年上升 1.1 个百分点。有 83.4% 的农户所在自然村上小学较便利，比上年上升 1 个百分点。

表 2-4-5　2015 年全国农村地区卫生教育条件

单位：%

指标	2014 年	2015 年
所在自然村社区内主要道路路面为水泥或柏油路面的户比重	74.9	79
所在自然村垃圾集中处理的户比重	53.5	60.4
所在自然村有卫生站（室）的户比重	84.4	85.9
所在自然村上幼儿园或学前班较便利的户比重	78.6	79.7
所在自然村上小学较便利的户比重	82.4	83.4

数据来源：国家统计局住户收支与生活状况调查。

分地区来看，东部地区在道路硬化、入学就医便利性等方面的基础条件普遍好于西部地区，在垃圾集中处理程度方面的优势尤为明显。2015 年东、中、西部地区所在自然村内主要道路路面为水泥或柏油路面的农户比重分别为 87.3%，78.9% 和 69.8%；所在自然村内垃圾能够做到集中处理的农户比重分别为 80.4%，50.3% 和 49.7%；所在自然村有卫生站的农户比重分别为 86.0%，86.5% 和 85.2%；所在自然村上幼儿园或学前班较便利的农户比重分别为 84.0%，82.3% 和 71.9%；所在自然村上小学较便利的农户比重分别为 86.4%，84.8% 和 78.4%。

表 2-4-6　2015 年分地区农村地区卫生教育条件

单位：%

指标	东部地区	中部地区	西部地区
所在自然村社区内主要道路路面为水泥或柏油路面的户比重	87.3	78.9	69.8
所在自然村垃圾集中处理的户比重	80.4	50.3	49.7
所在自然村有卫生站（室）的户比重	86.0	86.5	85.2
所在自然村上幼儿园或学前班较便利的户比重	84.0	82.3	71.9
所在自然村上小学较便利的户比重	86.4	84.8	78.4

数据来源：国家统计局住户收支与生活状况调查。

（五）劳动力受教育程度

从劳动力受教育程度看，2015 年全国农村常住劳动力中，未上过学的人占比 5.6%，小学文化程度的人占 30.4%，初中文化程度的人占 50.5%，高中文化程度的人占 10.5%，大专及以上文化程度的人占 3%。

图 2-4-2　2015 年全国农村常住劳动力文化程度

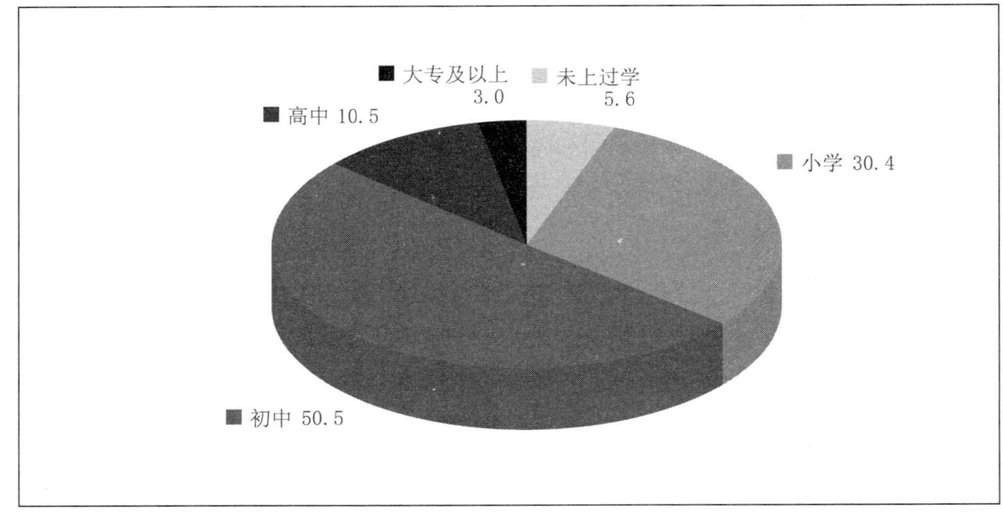

数据来源：国家统计局住户收支与生活状况调查。

2015 年全国农村 16-24 岁常住青壮年中，小学及以下的文化程度的人占 3.2%，初中文化程度的人占 32.6%，高中文化程度的人占 36.2%，大专及以上文化程度的人占 27.9%。

图 2-4-3　2015 年全国农村 16-24 岁常住青壮年文化程度

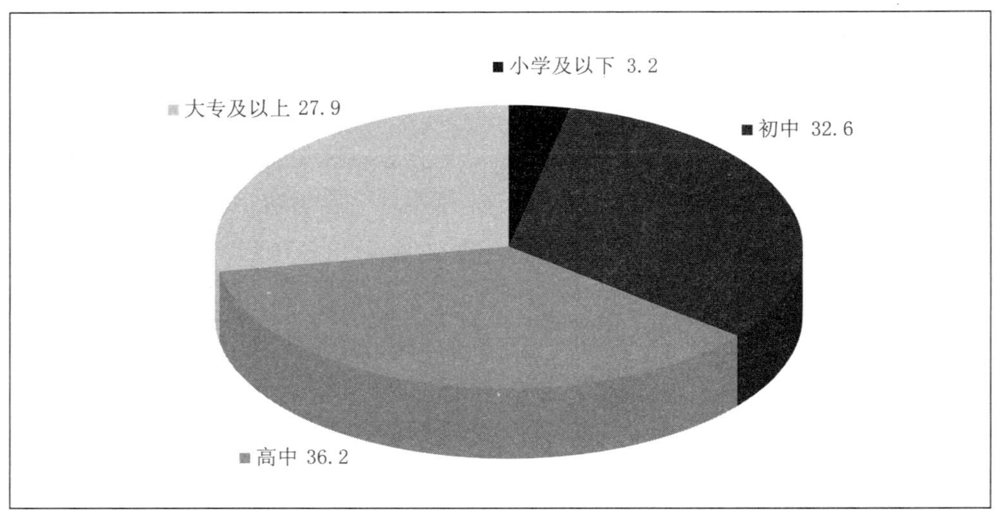

（六）社会保障情况

2015 年农村常住劳动力中，没有参加任何医疗保险的人不足 1%；92.5% 的人参加新型农村合作医疗保险，比上年上升 0.3 个百分点；其余人参加城镇职工基本医疗保险、居民基本医疗保险或商业医疗保险等。

2015 年农村常住劳动力中，11.5% 的人没有参加任何养老保险，比上年下降 1.4 个百分点；80% 的人参加新型农村社会养老保险，比上年上升 0.4 个百分点。

（国家统计局住户调查办公室　连佳佳）

第三部分：贫困地区农村贫困状况

3

十八大以来，中央高度重视扶贫开发工作，动员全党全社会力量，加大对贫困地区投入和倾斜力度，加快精准扶贫、精准脱贫步伐。尤其是《中共中央国务院关于打赢脱贫攻坚战的决定》实施以来，各项政策相继出台，政策效果初步显现。2012-2015 年，贫困地区①居民收入持续增长，贫困人口明显下降，基础设施不断改善，生活水平日益提高。

一、经济运行情况

（一）地区生产总值增长与结构

贫困地区地区生产总值实现较快增长。2011-2014 年贫困地区地区生产总值分别为 3.7 万亿、4.2 万亿、4.8 万亿和 5.2 万亿，2012 年 -2014 年按现价计算分别比上年增长 16%、12.4% 和 9.6%，平均增速为 12.6%。

图 3-1-1 2011-2014 年贫困地区三大产业分布

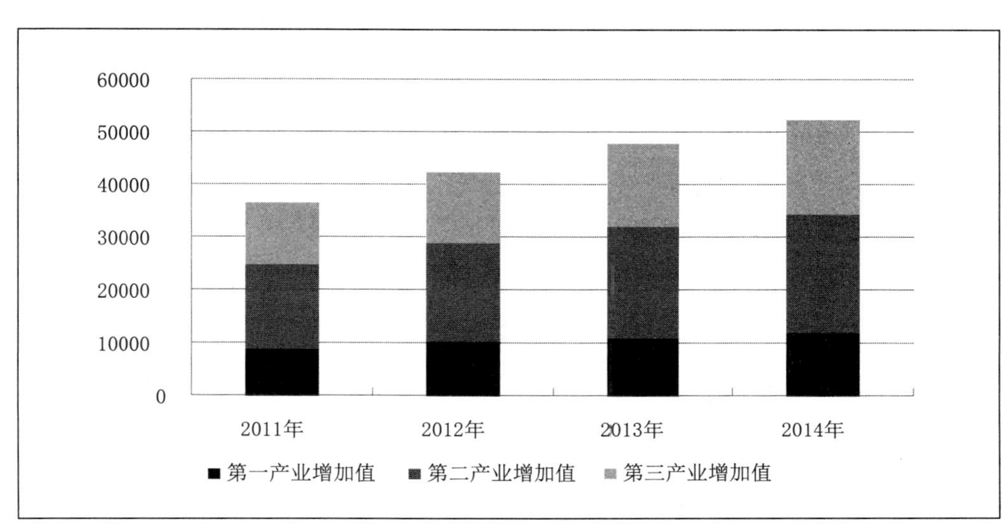

数据来源：国家统计局县（市）社会经济基本情况统计。

①包括 14 个集中连片特殊困难地区和 592 个国家扶贫开发工作重点县。

贫困地区地区生产总值中第三产业占比增加。其中，2014 年第一产业增加值 1.2 万亿元，增长 7.2%；第二产业增加值 2.3 万亿元，增长 7.0%；第三产业增加值 1.8 万亿元，增长 14.8%。2014 年贫困地区第一产业、第二产业、第三产业增加值占地区生产总值的比重分别为 22.7%、43.1% 和 34.2%。与 2011 年相比，第一产业比重下降 1.8 个百分点；第二产业增加值占比下降 0.6 个百分点；第三产业增加值占比上升 2.4 个百分点。

（二）财政金融

公共财政收入增速快于财政支出。2014 年贫困地区实现公共财政收入 3348 亿元，比上年增长 12.1%；公共财政支出 16172 亿，比上年增长 10.7%。2012-2014 年，贫困地区公共财政收入三年年均增长 22.2%，财政支出年均增长 15.8%。公共财政收入增速比财政支出增速高 6.4 个百分点。

金融机构存贷款平稳增长。2014 年年末贫困地区居民储蓄存款余额达到 38771 亿，较上年增长 15%；年末金融机构贷款余额 30557 亿，较上年增长 18.1%。

二、贫困变化

（一）贫困人口规模和减贫情况

按照现行国家农村贫困标准每人每年 2300 元（2010 年不变价）测算，2015 年贫困地区农村贫困人口 3490 万人，比上年减少 827 万人，下降 19.2%；贫困发生率 13.3%，比上年下降 3.3 个百分点。占全国农村贫困人口的比重为 62.6%；贫困发生率比全国农村平均水平高 7.6 个百分点。

表 3-2-1　2012-2015 年贫困地区贫困状况

地区	农村贫困人口（万人）				贫困发生率（%）			
	2012 年	2013 年	2014 年	2015 年	2012 年	2013 年	2014 年	2015 年
贫困地区	6039	5070	4317	3490	23.2	19.3	16.6	13.3
#东部	364	313	277	208	23.2	20.0	18.9	14.2
中部	2097	1755	1482	1226	20.6	16.9	14.3	11.6
西部	3579	3002	2558	2054	25.0	21.0	18.0	14.6

数据来源：国家统计局农村贫困监测调查。

贫困地区农村贫困人口由 2012 年的 6039 万下降至 2015 年的 3490 万，三年累计下降 2549 万人，平均每年贫困人口减少 850 万。三年来，贫困地区农村减贫规模占全国农村减贫总规模的 59%。

（二）贫困人口地区分布

2015 年贫困地区农村贫困人口在 400 万以上的省份有 2 个，包括云南 448 万、贵州 444 万；在 200-300 万的省份有 5 个，包括甘肃 296 万、河南 287 万、湖南 279 万、安徽 209 万、四川 203 万；贫困人口在 100-200 万的省份有 6 个，包括河北 197 万、陕西 180 万、湖北 148 万、江西 141 万、广西 135 万、新疆 101 万。

2015 年贫困地区农村贫困发生率在 15% 以上的省份有 5 个，分别是西藏 18.6%、甘肃 18.3%、云南 17.4%、新疆 15.8%、贵州 15.3%；贫困发生率在 10-15% 的省份有 14 个，分别是山西 14.6%、海南 14.4%、河北 14.2%、湖南 14%、陕西 13.6%、广西 13.1%、黑龙江 12.7%、湖北 12.2%、四川 12.1%、江西 11.6%、宁夏 11.1%、青海 10.9%、吉林 10.8%、安徽 10.7%。

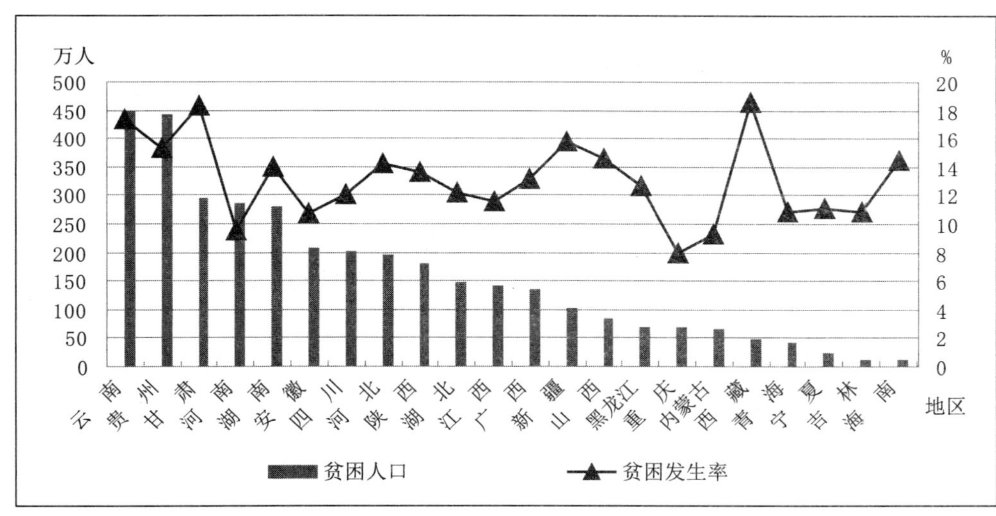

图 3-2-1　贫困地区分地区贫困人口和贫困发生率

数据来源：国家统计局农村贫困监测调查。

三、农村居民收入

（一）农村居民收入增速

2015 年贫困地区农村居民人均可支配收入 7653 元，比上年增加 801 元，增长 11.7%，扣除价格因素，实际增长 10.3%，实际增速比全国农村平均水平高 2.8 个百分点。贫困地区农村居民人均可支配收入达到全国农村居民人均水平的 67%，比上年提高 1.7 个百分点。

贫困地区农村居民收入增速快于全国农村平均水平，与全国农村平均水平差距缩小。2015 年，贫困地区农村居民人均收入占全国农村居民人均收入的比重比 2012 年上升 4.8 个百分点。

2013-2015 年贫困地区农村居民人均收入三年累计增长 46.8%，年均名义增长 13.7%，扣除价格因素，年均实际增长 11.5%，比全国农村平均水平高 2.9 个百分点。

（二）农村居民收入结构

2015 年贫困地区农村居民可支配收入中，工资性收入、经营净收入、财产净收入、转移净收入分别为 2556 元、3282 元、93 元和 1722 元，占可支配收入的比重分别为 33.4%、42.9%、1.2% 和 22.5%。2015 年，工资性收入实现较快增长，增速为 14.1%，比全国农村平均水平高 3.6 个百分点。

图 3-3-1 2015 年贫困地区农村居民收入结构

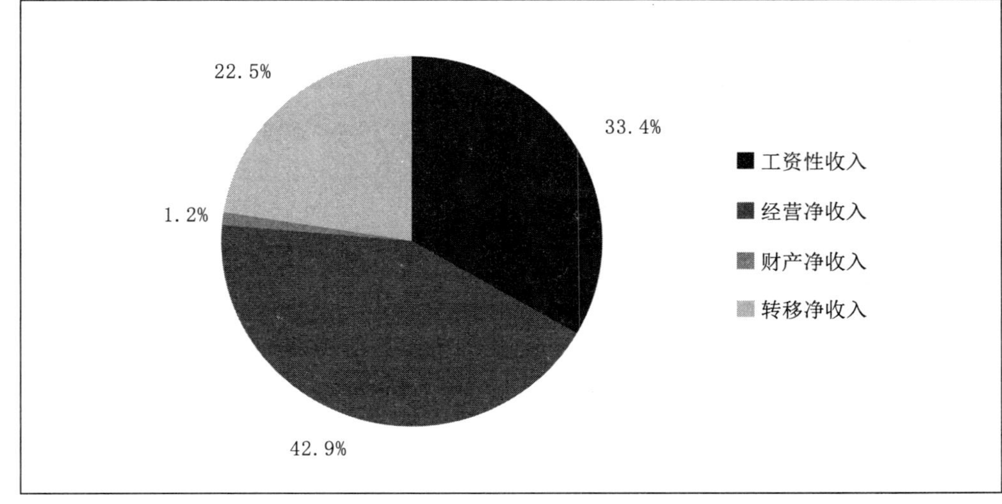

数据来源：国家统计局农村贫困监测调查。

贫困地区农村居民各项收入比重呈现“两低两高”的特点。与全国农村平均水平对比，贫困地区农村居民工资性收入占比低 6.9 个百分点，财产净收入低 1.0 个百分点；经营净收入占比高 3.5 个百分点，转移净收入高 4.4 个百分点。

表 3-3-1 2015 年贫困地区与全国农村收入对比

指标	贫困地区水平（元）	全国农村水平（元）	贫困地区相当于全国农村平均水平（%）	贫困地区收入构成（%）	全国农村收入构成（%）
人均可支配收入	7653	11422	67.0	100.0	100.0
1. 工资性收入	2556	4600	55.6	33.4	40.3
2. 经营净收入	3282	4504	72.9	42.9	39.4
3. 财产净收入	93	252	36.9	1.2	2.2
4. 转移净收入	1722	2066	83.3	22.5	18.1

数据来源：国家统计局全国住户收支与生活状况调查、农村贫困监测调查。

（三）贫困地区分项收入

从分项收入来看，2015 年贫困地区农村居民人均工资性收入为全国农村平均水平 55.6%，人均经营净收入为全国农村平均水平的 72.9%，人均财产净收入为全国农村平均水平的 36.9%，人均转移净收入为全国农村平均水平的 83.3%。

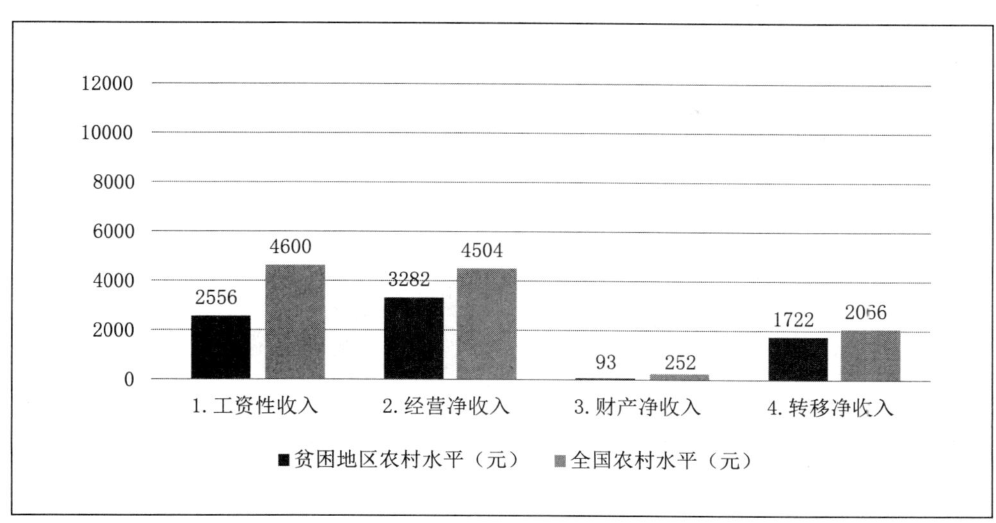

图 3-3-2　2015 年贫困地区和全国农村分项收入对比

数据来源：国家统计局农村贫困监测调查。

四、农村居民消费

（一）农村居民消费支出增长

2015 年贫困地区农村居民人均消费支出 6656 元，比上年增长 10.8%，扣除价格因素，实际增长 9.4%。贫困地区农村居民人均消费支出达到全国农村居民人均消费支出的 72.2%。

2013-2015 年贫困地区农村居民人均消费累计增长 41.6%，年均名义增长 12.3%，扣除价格因素，年均实际增速 10.1%，比全国农村平均水平快了 0.9 个百分点。

（二）农村居民消费结构

2015 年贫困地区农村居民消费支出中，人均食品支出 2411 元、衣着支出 405 元、居住支出 1376 元、生活用品及服务支出 411 元、交通通信支出 693 元、教育文化娱乐支出 680 元、医疗保健支出 567 元、其他商品和服务支出 114 元，占消费支出的比重分别为：36.2%、6.1%、20.7%、6.2%、10.4%、10.2%、8.5% 和 1.7%。其中，贫困地区农村居民食品占消费支出的比重比全国农村平均水平高 3.2 个百分点。

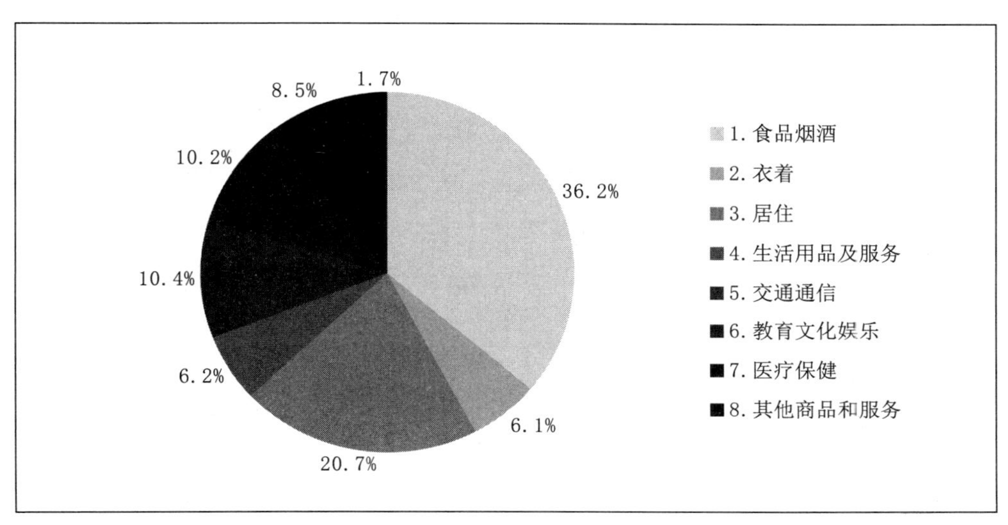

图 3-4-1　2015 年贫困地区农村居民消费支出结构

数据来源：国家统计局农村贫困监测调查。

（三）贫困地区农村居民消费与全国农村对比

2015 年贫困地区食品烟酒支出、衣着支出、居住支出、生活用品及服务支出、交通通信支出、教育文化娱乐支出、医疗保健、其他用品和服务支出分别为全国农村平均水平的 79.1%、73.6%、71.4%、75.3%、59.6%、70.2%、67% 和 65.5%。

表 3-3-2　2015 年贫困地区与全国农村消费水平和结构对比

指标	贫困地区人均消费支出（元）	全国农村人均消费支出（元）	贫困地区相当于全国农村平均水平（%）	贫困地区地区消费构成（%）	全国农村居民消费构成（%）
人均消费支出	6656	9223	72.2	100.0	100.0
1. 食品烟酒	2411	3048	79.1	36.2	33.0
2. 衣着	405	550	73.6	6.1	6.0
3. 居住	1376	1926	71.4	20.7	20.9
4. 生活用品及服务	411	546	75.3	6.2	5.9
5. 交通通信	693	1163	59.6	10.4	12.6
6. 教育文化娱乐	680	969	70.2	10.2	10.5
7. 医疗保健	567	846	67.0	8.5	9.2
8. 其他用品和服务	114	174	65.5	1.7	1.9

数据来源：国家统计局农村贫困监测调查、住户收支与生活状况调查。

五、高低收入组收入差距

高收入组人均可支配收入是低收入组的 6.8 倍。按照人均可支配收入从低到高进行五等分分组，2015 年，贫困地区高收入组、中高收入组、中等收入组、中低收入组、低收入组农村居民人均可支配收入分别为 15450 元、9000 元、6687 元、4853 元和 2273 元，高低收入组之比值为 6.8。

表 3-5-1　2015 年贫困地区农户五等份分项收入情况

指标	合计	低收入组（元）	中低收入组（元）	中等收入组（元）	中高收入组（元）	高收入组（元）
可支配收入	7653	2273	4853	6687	9000	15450
1. 工资性收入	2556	975	1713	2416	3212	4462
2. 经营净收入	3282	641	2022	2728	3769	7250
3. 财产净收入	93	26	47	72	101	222
4. 转移净收入	1722	630	1072	1471	1919	3516

数据来源：国家统计局农村贫困监测调查。

高低收入组的差距有所扩大。与 2013 年相比，贫困地区农村居民高低收入组的比值由 6.27 扩大到 6.8，扩大了 0.53。高低收入组收入差距的扩大主要是收入增速不同造成的。2014-2015 年，贫困地区高收入组增速平均增长 12.8%，比低收入组增速高 4.5 个百分点。

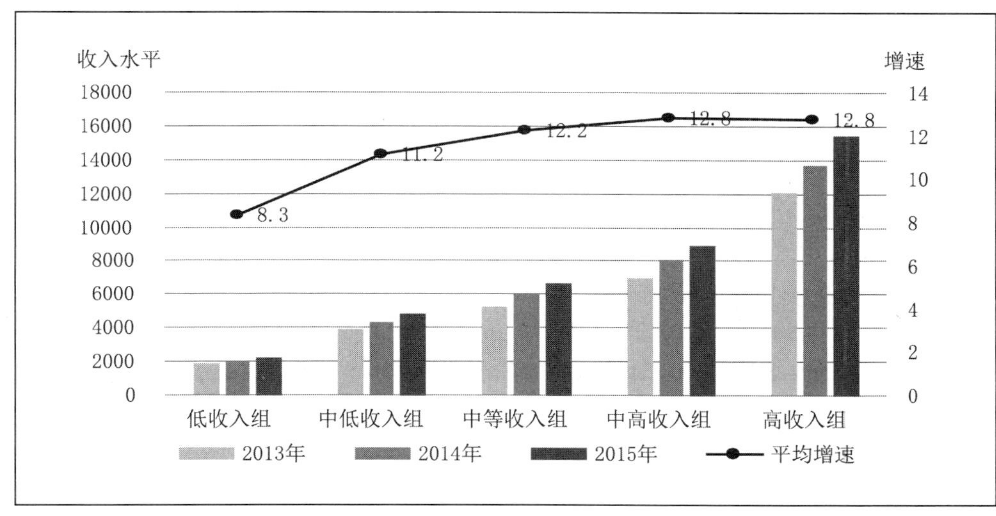

图 3-5-1 2013-2015 年贫困地区五等份收入及增长情况

数据来源：国家统计局农村贫困监测调查。

六、农户生活条件

（一）住房条件

贫困地区住房条件不断改善。2015 年贫困地区农村居民住房建筑面积户均为 131.5 平方米，比上年提高 4.7 平方米。居住在钢筋混凝土结构住房的农户比重为 13.3%，居住砖混材料住房的农户比重为 39.2%，居住砖瓦砖木住房的农户比重为 35.7%，居住竹草土坯房的农户比重为 5.7%。与 2012 年相比，居住竹草土坯房的农户比重下降 2.1 个百分点。2015 年，贫困地区农户中，住宅外道路为水泥或柏油路面的比重为 49.5%，为沙石或石板等硬质路面的比重为 21.6%，为其他路面的占 29%。

2015 年贫困地区农村居民户均住房建筑面积比全国农村平均水平低 11.2 平方米；居住竹草土坯房的农户比重比全国农村平均水平高 2.9 个百分点；住宅外道路为水泥或柏油路面的农户比重比全国农村平均水平低 8.5 个百分点。

表 3-6-1 2015 年全国和贫困地区农村居住条件

指标	单位	贫困地区	全国农村
户均住房建筑面积	平方米	131.5	142.7
居住竹草土坯房农户比重	%	5.7	2.9
住宅外道路为水泥或柏油路面的农户比重	%	49.5	58

数据来源：国家统计局农村贫困监测调查。

（二）饮用水

饮水困难有所缓解。2015 年，贫困地区 85.3% 的农户不存在饮水困难，3% 的农户单次取水往返时间超过半小时，5.5% 的农户存在间断或定时供水，6.2% 的农户当年连续缺水时间超过 15 天。与 2013 年相比，饮水无困难的农户比重提高了 4.3 个百分点。

饮水质量提高。2015 年，贫困地区 64.5% 的农户使用管道水。饮水来源中，36.4% 的农户使用经过净化处理的自来水，34.8% 的农户使用受保护的井水和泉水，19.4% 的农户使用不受保护的井水和泉水，1.7% 的农户使用江河湖泊水，1.9% 的农户使用收集的雨水，0.4% 使用桶装水，5.4% 使用其他水源。

（三）厕所

独用厕所的农户比重不断上升。2015 年，贫困地区使用水冲厕所的农户比重为 17.4%，使用卫生旱厕的农户比重为 12.1%，使用普通旱厕的农户比重为 67.4%，无厕所的比重为 3.1%。与 2012 年相比，独用厕所的农户比重上升了 2.6 个百分点。

（四）炊用燃料

一半以上农户使用柴草作为主要炊用燃料。2015 年，贫困地区 54.9% 的农户使用柴草为主要炊用燃料，16.3% 的农户使用煤炭，16% 的农户使用电，8.8% 的农户使用灌装液化石油气。与 2012 年相比，使用柴草的农户比重下降 6.2 个百分点。

（五）耐用消费品拥有量

耐用消费品拥有情况明显改善。2015 年，贫困地区百户汽车拥有量为 8.3 辆，比 2012 年增加 5.6 辆；百户洗衣机拥有量 75.6 台，比 2012 年增加 23.3 台；百户电冰箱拥有量 67.9 台，比 2012 年增加 20.4 台；百户移动电话拥有量 208.9 部，比 2012 年增加 50.6 部；百户计算机拥有量 13.2 台，比 2012 年增加 7.8 台。

表 3-6-2　2012-2015 年贫困地区每百户农户耐用消费品拥有量

指标	单位	2012 年	2013 年	2014 年	2015 年
1. 汽车拥有量	辆	2.7	5.5	6.7	8.3
2. 洗衣机拥有量	台	52.3	65.8	71.1	75.6
3. 电冰箱拥有量	台	47.5	52.6	60.9	67.9
4. 移动电话拥有量	部	158.3	172.9	194.8	208.9
5. 计算机拥有量	台	5.4	7.9	11.1	13.2

数据来源：国家统计局农村贫困监测调查。

七、农村基础设施

（一）自然村通达情况

基础设施持续改善，网络覆盖大幅度提高。2015 年，贫困地区通电的自然村比重达到 99.7%，比 2012 年提高 1.2 个百分点；通电话的自然村比重为 95.2%，比 2012 年提高 4.3 个百分点；通有线电视信号的自然村比重为 79.3%，比 2012 年提高 10.3 个百分点；通宽带的自然村比重为 56.3%，比 2012 年提高 18 个百分点。2015 年，贫困地区主干道路经过硬化处理的自然村比重为 73%，比上年提高 8.3 个百分点；通客运班车的自然村比重为 47.8%，比上年提高 5.1 个百分点。

表 3-7-1　2012-2015 年贫困地区自然村通达情况

指标	单位	2012 年	2015 年
通电话的自然村比重	%	93.3	97.6
通有线电视信号的自然村比重	%	69.0	79.3
通宽带的自然村比重	%	38.3	56.3
主干道路经过硬化处理的自然村比重	%	--	73.0
通客运班车的自然村比重	%	--	47.8

数据来源：国家统计局农村贫困监测调查。

（二）行政村文化教育卫生机构拥有比重

2015 年，贫困地区行政村中，有文化活动室的比重为 83.8%，比 2012 年提高 9.3 个百分点；有卫生站的比重为 95.2%，比 2012 年提高 8.4 个百分点；拥有合法行医证医生的比重为 91.2%，比 2012 年提高 7.8 个百分点；有幼儿园或学前班的比重为 56.7%，比 2012 年提高 13.5 个百分点；有小学且就学便利的比重为 63.6%，比 2012 年提高 5.5 个百分点。

表 3-7-2　贫困地区农村文化教育机构分布

指标	2012 年	2015 年
1. 有文化活动室的村比重	74.5	83.8
2. 有卫生站（室）的村比重	86.8	95.2
3. 拥有合法行医证医生 / 卫生员的村比重	83.4	91.2
4. 有幼儿园或学前班的村比重	43.2	56.7
5. 有小学且就学便利的村比重	58.1	63.6
6. 拥有畜禽集中饲养区的村比重	16.0	26.9

数据来源：国家统计局农村贫困监测调查。

（三）乡镇基础设施

2015 年，贫困地区有综合文化站的乡镇占 98.4%，比 2012 年提高 11.4 个百分点；

有政府办卫生院的乡镇比重为 99.4%，比 2012 年提高 7.3 个百分点；有全科医生的乡镇比重为 87.1%，比 2012 年提高 18.1 个百分点。

八、农村居民医疗健康

（一）健康及就医

据农村贫困监测调查对调查户的访问，2015 年贫困地区农村居民中，身体状况为健康的人数占 89.4%，基本健康占 6.5%，不健康但生活能自理占 3.6%，生活不能自理占 0.5%。生病之后，能及时就医的比重为 95.2%，比上年提高 0.8 个百分点。在不能及时就医的主要原因中，经济困难和医院距离太远所占比重分别为 18.8% 和 74.6%。

（二）残疾状况

2015 年，贫困地区农村居民中 4.1% 存在身体不同部位的残疾。其中，肢体残疾占 1.1%，视力残疾占 1.0%，听力残疾占 0.3%。

（三）预防接种

2015 年，贫困地区 5 岁以下儿童中，99.1% 接受免费计划免疫，比上年提高 0.3 个百分点。

九、劳动力就业及外出从业

（一）劳动力比重

2015 年贫困地区农村常住劳动力占全部常住成员的比重为 66.1%，比 2012 年下降 3.2 个百分点。劳动力比重下降是人口老龄化和农村外出人口比重不断提高共同作用的结果。

（二）劳动力文化程度

2015 年贫困地区常住劳动力中，不识字或识字不多所占比重为 8.3%，小学文化程度占 34.7%，初中占 45.7%，高中及以上文化程度占 11.3%。与 2014 年相比，小学及以下文化程度所占比重下降 0.7 个百分点。

与全国农村平均水平相比，贫困地区常住劳动力中小学及以下文化程度占比高 8.7 个百分点，初中文化程度低 4.7 个百分点，高中及以上文化程度低 4.0 个百分点。

（三）劳动力外出就业情况

2015 年，贫困地区农村外出劳动力中，7.4% 从事第一产业，70% 从事第二产业，22.6% 从事第三产业。六成以上外出劳动力当年外出时间超出半年，37.8% 外出劳动力外出时间在半年之内。

贫困地区农村劳动力外出主要以自发和亲戚朋友介绍为主，2015 年，以自发形式外出的劳动力占全部外出劳动力的比重为 55.1%，亲戚朋友介绍外出占 38.5%。劳动力外出地区中，县内乡外占 26.8%，省内县外占 30.6%，省外占 42.5%。

十、儿童就学及生活状况

（一）在校就读率及对师资的评价

据农村贫困监测调查，2015 年贫困地区农村 7-12 岁儿童中，在校就读的比重为 96.6%。在义务教育阶段，对学校师资条件的评价普遍较高，其中，认为达到非常好的占 22.9%，比较好占 48.9%，一般占 27.4%。

普通高中阶段，对学校师资条件的评价较高，其中，达到非常好的占 30%，比较好占 51.4%，一般占 17.5%。

与义务教育和普通高中教育相比，中等职业学校师资力量有待于进一步加强。2015 年，对中职学校师资评价为“一般”的比重为 33.7%，比义务教育阶段和普通高中分别高 6.4 和 16.2 个百分点。

（二）个人因素是辍学首要原因

2015 年贫困地区 17 岁以下儿童中，中途辍学的比例为 1.1%。主要原因是孩子不愿意读书，占 80.3%；家庭缺少劳动力占 3.9%；生病残疾等健康问题占 6.1%。在中途辍学儿童中，小学阶段辍学的儿童占 15.2%，初中阶段占 73.1%，高中阶段占 11.7%。

（三）上学花费时间多数在半小时以内

2015 年，贫困地区儿童在义务教育阶段，超过八成上学花费时间在半小时以内。具体是：56.3% 在 15 分钟以内，31.4% 在 15-30 分钟之间，12.3% 在半小时以上。普通高中阶段，超过七成儿童上学花费时间在半小时以内。具体是：49.4% 在 15 分钟以内，25.4% 在 15-30 分钟之间，25.2% 在半小时以上。

（四）儿童生活状况

2015 年，参加调查的 3 岁以下儿童中，出生体重在 5 斤以内的占 7.6%，5-8 斤占 83.5%，8 市斤以上占 8.9%；孩子主要由父母养育，其中由母亲养育的占 79.9%，由父亲养育的占 3.4%，由奶奶或外祖母养育的占 16.7%。3 岁以下儿童 82% 喂过母乳；95% 在出生 24 小时内接种乙肝疫苗；97.9% 拥有预防接种证。

（五）超过一半儿童和父母共同居住

2015 年，贫困地区 16 岁以下儿童中，和父母共同居住的占 57.6%，和父亲一起居住的占 3.8%，和母亲一起居住的占 14.3%，和（外）祖父母共同居住的占 15.6%，独自居住的占 3.9%。

十一、性别平等

（一）女性劳动力就业行业结构

2015 年，贫困地区常住人口中，农村女性劳动力在第一产业就业的比重为 83%，比男性劳动力在第一产业就业比重高 20.3 个百分点；在第二产业就业的女性劳动力比重为 6.8%，比男性劳动力低 12.7 个百分点；在第三产业就业的女性劳动力比重为 10.2%，比男性劳动力低 7.6 个百分点。

表 3-11-1　2015 年贫困地区男性女性从业劳动力在不同产业分布对比

产业	女性从业劳动力（%）	男性从业劳动力（%）	女性比男性劳动力高（百分点）
第一产业	83.0	62.6	20.3
第二产业	6.8	19.6	-12.7
第三产业	10.2	17.8	-7.6
合计	100.0	100.0	--

数据来源：国家统计局农村贫困监测调查。

（二）女性劳动力文化程度

2015 年贫困地区常住女性劳动力中，高中以上文化程度所占比重为 7.9%，初中文化程度占 40.2%，小学文化程度为 39.4%，不识字或识字不多的比重为 12.6%。

表 3-11-2　2015 年贫困地区劳动力文化程度分布

单位：%

受教育程度	全部劳动力	女性	男性
1. 未上过学	8.3	12.6	4.2
2. 小学	34.7	39.4	30.1
3. 初中	45.7	40.2	51.0
4. 高中	8.5	6.0	11.0
5. 大专及以上	2.8	1.9	3.7

数据来源：国家统计局农村贫困监测调查。

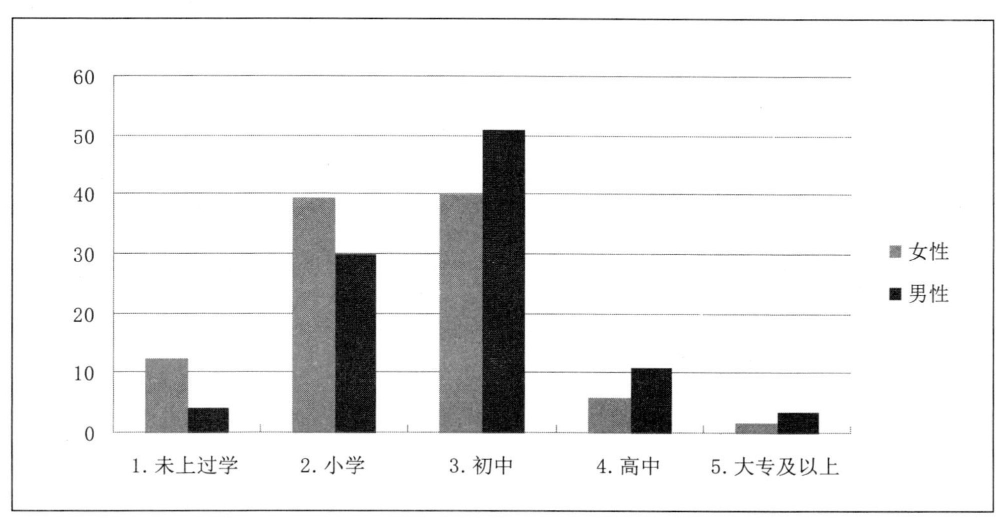

图 3-11-1 2015年贫困地区女性劳动力与男性劳动力文化程度对比

数据来源：国家统计局农村贫困监测调查。

（四）外出就业情况。

2015 年贫困地区农村女性劳动力外出就业主要集中在制造业、建筑业、批发零售业、居民服务业，所占比重分别为：25.5%、18.2%、12.9% 和 12.2%。男性劳动力主要集中在建筑业、制造业、居民服务业，所占比重分别为 48%、17% 和 7.8%。从贫困地区全部外出劳动力的分布来看，建筑业占 40.4%，制造业占 20.6%，居民服务业占 8.6%。

女性劳动力到省外就业的比重占 48.3%，比男性劳动力高 6.3 个百分点。从外出方式来看，女性劳动力外出以自发和亲戚朋友介绍为主，占比为 94.8%，与男性劳动力基本一致。

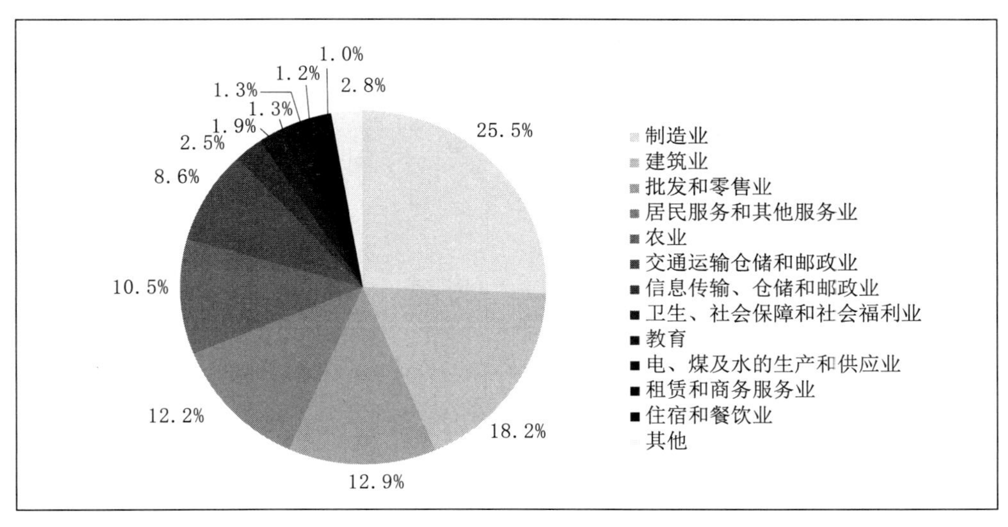

图 3-11-2 2015年贫困地区女性劳动力外出就业行业分布

数据来源：国家统计局农村贫困监测调查。

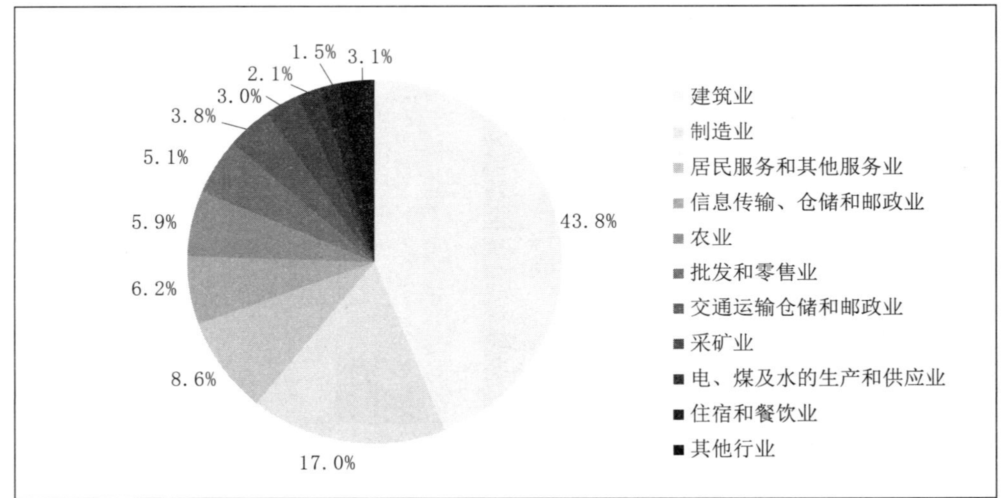

图 3-11-3 2015年贫困地区男性劳动力外出就业行业分布

数据来源：国家统计局农村贫困监测调查。

十二、灾害分布

（一）六成以上行政村经历自然灾害

2015年贫困地区62.1%的村经历了自然灾害，主要以旱灾、水灾、植物病虫害为主，分别占27.6%、15.5%和6.5%；37.9%的村没有经历灾害。与上年相比，没有经历灾害的村比重上升了5.3个百分点。

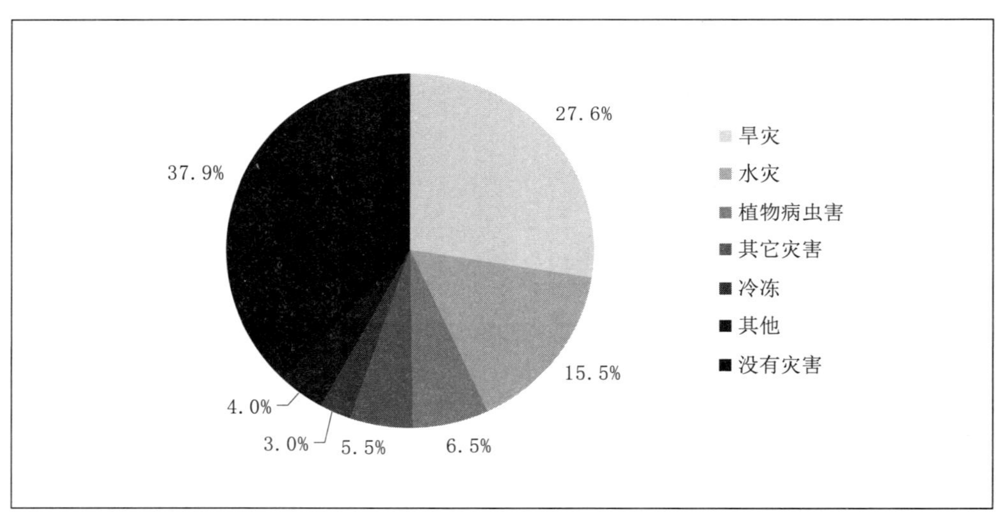

图 3-12-1 2015年贫困地区行政村经历自然灾害的比重

数据来源：国家统计局农村贫困监测调查。

（二）地方病

2015年，贫困地区农村中85.1%的村不存在地方病，7.0%的村存在肺结核，1.2%的村存在艾滋病，0.9%的村存在大骨节病，0.7%的村存在地方氟中毒，0.7%的村存在布氏杆菌病，0.6%的村存在血吸虫病。

十三、扶贫资金使用

（一）县级扶贫资金来源

2015 年，贫困地区县级扶贫资金共 1902.6 亿元，比上年增长 35.6%。其中，中央扶贫贴息贷款累计发放 290.2 亿元，中央财政专项扶贫资金 441 亿元，中央专项退耕还林还草工程补贴 102.3 亿元，中央拨付的低保资金 344 亿元，省级财政安排的扶贫资金 171.3 亿元，国际资金 2.1 亿元，其他资金 551.7 亿元。

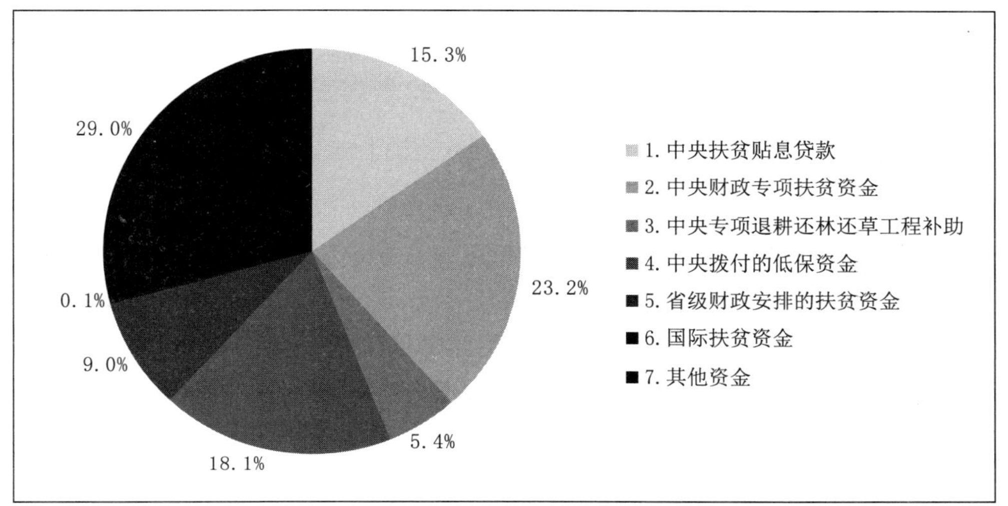

图 3-13-1 2015 年贫困地区县级扶贫资金主要来源占比

数据来源：国家统计局农村贫困监测调查。

表 3-13-1 2015 年贫困地区县级扶贫资金增长情况

扶贫资金来源	2015（亿元）	2014（亿元）	增长（%）
1. 中央扶贫贴息贷款累计发放额	290.2	153.3	89.3
2. 中央财政专项扶贫资金	441.0	379.0	16.4
3. 中央专项退耕还林还草工程补助	102.3	66.7	53.4
4. 中央拨付的低保资金	344.0	263.7	30.5
5. 省级财政安排的扶贫资金	171.3	125.2	36.9
6. 国际扶贫资金	2.1	3.6	-42.7
7. 其他资金	551.7	429.5	28.4

数据来源：国家统计局农村贫困监测调查。

（二）县级扶贫资金投向。

2015 年，贫困地区县级扶贫资金主要投入到村通公路、农村中小学建设、农业生产、危房改造等项目。其中村通公路占扶贫资金的比重为 14.6%，农村中小学建设占 10%，农业占 9.1%，农村危房改造 7.6%。

图 3-13-2 2015 年贫困地区县级扶贫资金主要投向

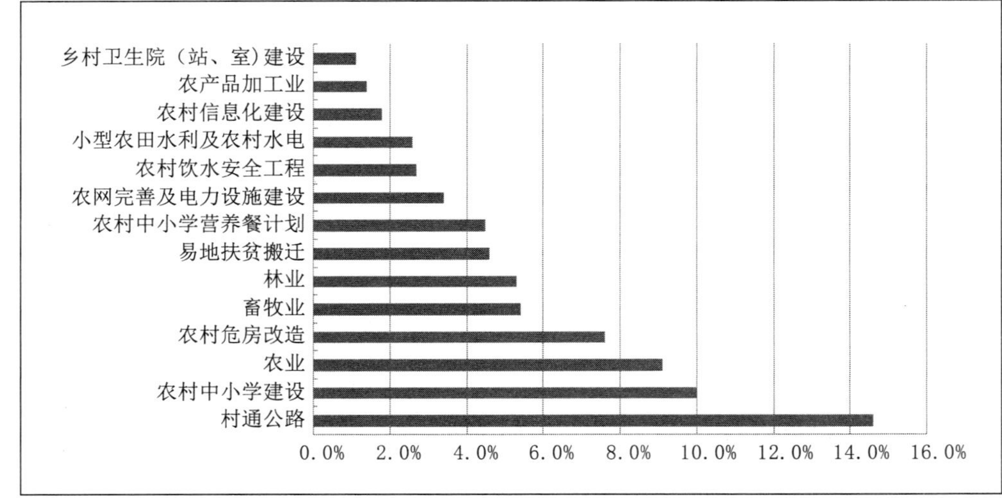

数据来源：国家统计局农村贫困监测调查。

（三）村级扶贫资金使用。

2015 年，贫困地区村级扶贫资金投向主要集中在农村危房改造、村通公路、农村饮水安全工程、农业等领域，扶贫资金占比分别为：30.3%、21.3%、11.4%、6.4%。

表 3-13-2 2015 年村级扶贫资金投向

村级扶贫资金投向	占比（%）
1. 农村危房改造	30.3%
2. 村通公路（通畅、通达工程等）	21.3%
3. 农村饮水安全工程	11.4%
4. 农业	6.4%
5. 畜牧业	5.2%
6. 农村中小学建设	3.7%
7. 易地扶贫搬迁	3.4%
8. 小型农田水利及农村水电	3.3%
9. 中低产田改造、土地开发整理	3.3%
10. 农网完善及无电地区电力设施建设	2.5%
11. 林业	1.7%
12. 病险水库除险加固	1.4%
13. 其他	6.1%

数据来源：国家统计局农村贫困监测调查。

（国家统计局住户调查办公室 徐鑫）

第四部分：区域性贫困状况

第一章　连片特困地区贫困状况

“十二五”期间，各地各部门积极贯彻落实《中国农村扶贫开发纲要（2011-2020年）》，把连片特困地区作为主战场，集中力量开展扶贫攻坚，“十二五”期间，中央向连片特困地区投入农业基本建设资金和财政专项资金1220亿元，安排林业基本建设资金和财政专项资金1160多亿元。经过政府及社会各界的共同努力，在系列政策的实施带动下，连片特困地区农村贫困人口不断减少，发展条件不断改善，农民收入不断增加。

一、连片特困地区基本情况

14个连片特困地区覆盖全国21个省（自治区、直辖市）680个县，10179个乡镇。2014年行政区划面积390万平方公里，约占全国行政区划总面积的40%；户籍人口数24243万人，占全国总人口的17.7%。

据国家统计局县（市）社会经济基本情况统计，2014年，14个连片特困地区生产总值38968亿元，占全国GDP的6.1%，其中，第一产业增加值9035亿元，占全国第一产业增加值的15.5%，第二产业增加值16077亿元，占全国第二产业增加值的5.8%，第三产业增加值13856亿元，占全国第三产业增加值的4.5%。公共财政收入2572亿元，占全国公共财政收入1.8%；公共财政支出13088亿元，占全国公共财政支出8.6%。全社会固定资产投资总额41655亿元，占全国全社会固定资产投资总额的8.1%。

2014年，连片特困地区农业增加值5377亿元，占全国农林牧渔业生产总值的8.9%；粮食总产量10055万吨，占全国粮食总产量的16.6%；棉花总产量86万吨，占全国棉花总产量的13.9%；油料总产量676万吨，占全国油料总产量的19.3%；肉类总产量 1934 万吨，占全国肉类总产量的 22.2%。

2014 年，连片特困地区普通小学在校学生数 1772 万人，占全国的 18.7%；普通中学在校学生数 1185 万人，占全国的 17.5%；医疗卫生机构床位数 77 万张，占全国的 11.7%。

二、连片特困地区减贫情况

（一）农村贫困人口 2875 万人。

据全国农村贫困监测调查，按现行国家农村贫困标准（每人每年 2300 元，2010 年不变价）测算，2015 年连片特困地区农村贫困人口 2875 万人，贫困发生率 13.9%。

其中，农村贫困人口规模在 300 万以上的连片特困地区有 5 个，分别是滇黔桂石漠化区 398 万人，贫困发生率 15.1%；武陵山区 379 万人，贫困发生率 12.9%；乌蒙山区 373 万人，贫困发生率 18.5%；秦巴山区 346 万人，贫困发生率 12.3%；大别山区 341 万人，贫困发生率 10.4%。

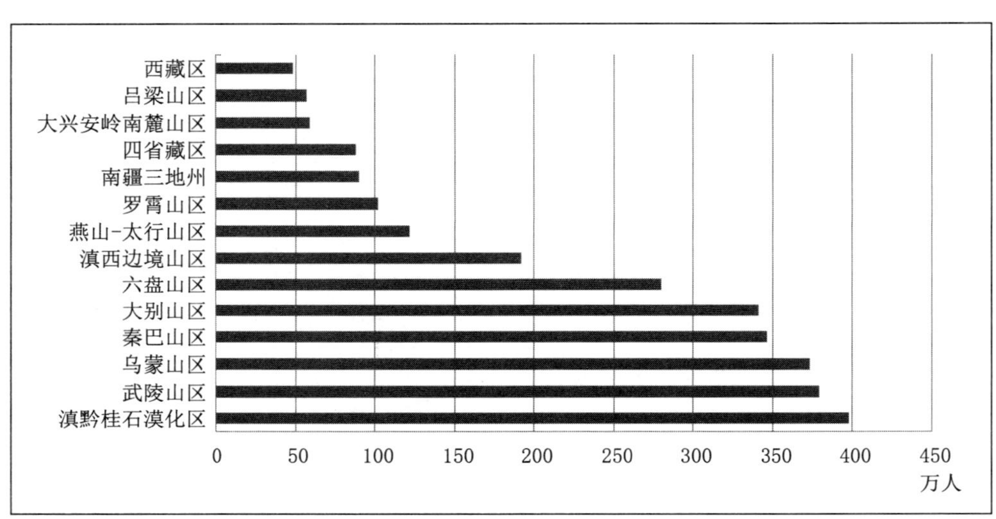

图 4-1-1 2015 年各连片特困地区农村贫困人口规模

数据来源：国家统计局农村贫困监测调查。

在 14 个连片特困地区农村贫困人口中，滇黔桂石漠化区农村贫困人口占 13.8%，武陵山区占 13.2%，乌蒙山区占 13.0%，秦巴山区占 12.0%，大别山区占 11.9%，六盘山区占 9.7%，滇西边境山区占 6.7%，燕山－太行山区占 4.2%，罗霄山区占 3.5%，四省藏区占 3.1%，南疆三地州占 3.1%，大兴安岭南麓山区占 2.1%，吕梁山区占 2.0%，西藏区占 1.7%。

（二）2015 年连片特困地区农村贫困人口减少 643 万人。

2015 年连片特困地区农村贫困人口比上年减少 643 万人，下降 18.3%；贫困发生率比上年下降 3.2 个百分点。

连片特困地区农村贫困人口下降速度慢于全国农村平均水平。2015 年，连片特困地区农村贫困人口 2875 万人，占全国农村贫困人口的 51.6%；农村贫困人口比上年减少 643 万人，占全国农村贫困人口减少总规模的 44.6%；农村贫困人口比上年下降 18.3%，比全国农村平均水平慢 2.3 个百分点。

在 14 个连片特困地区中，农村贫困人口下降幅度快于全国农村平均水平的有 3 个，分别是罗霄山区下降 23.9%，秦巴山区下降 22.1%，西藏区下降 21.3%，降幅分别比全国农村平均水平快 3.3、1.5 和 0.7 个百分点。

6 个连片特困地区农村贫困人口减少 50 万人以上。农村贫困人口减少超过 50 万人的连片特困地区有 6 个，分别是秦巴山区减少 98 万人，武陵山区减少 96 万人，滇黔桂石漠化区减少 90 万人，六盘山区减少 69 万人，乌蒙山区减少 69 万人，大别山区减少 51 万人。

6 个连片特困地区农村贫困发生率下降至 15% 以下。农村贫困发生率下降至 15% 以下的连片特困地区有 6 个，分别是罗霄山区 10.4%，大别山区 10.4%，大兴安岭南麓山区 11.1%，秦巴山区 12.3%，武陵山区 12.9%，燕山－太行山区 13.5%。

（三）2012—2015 年连片特困地区农村贫困人口累计减少 52.4%。

四年来连片特困地区农村贫困人口累计减少 3160 万人，平均每年减少 790 万人。2012-2015 年连片特困地区农村贫困人口减少规模占同期全国农村贫困人口减少规模的 47.4%。其中，四年来农村减贫规模在 400 万以上的连片特困地区有三个，分别是秦巴山区减少 469 万人，滇黔桂石漠化区减少 418 万人，武陵山区减少 414 万人；减贫规模在 300-400 万人的连片特困地区有三个，分别是乌蒙山区减少 392 万人，六盘山区减少 362 万人，大别山区减少 306 万人。

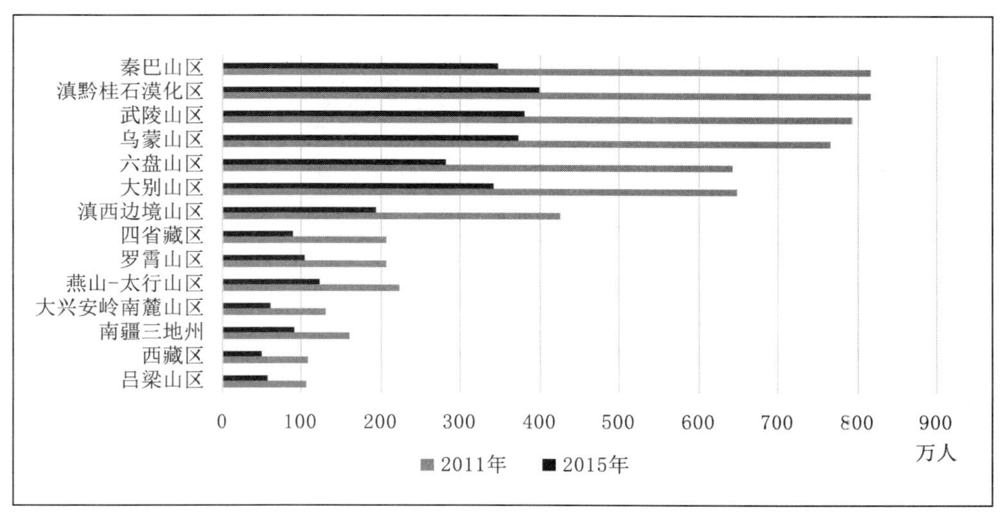

图 4-1-2　2011 年、2015 年各连片特困地区贫困人口规模对比

数据来源：国家统计局农村贫困监测调查。

四年来连片特困地区农村贫困发生率下降 15.1 个百分点。其中，贫困发生率下降 20 个百分点以上的连片特困地区有 3 个，分别是四省藏区下降 26.3 个百分点，西藏区下降 25.3 个百分点，南疆三地州下降 23 个百分点；下降 15-20 个百分点的连片特困地区有 5 个，分别是乌蒙山区下降 19.7 个百分点，六盘山区下降 18.8 个百分点，滇黔桂石漠化区下降 16.4 个百分点，滇西边境山区下降 16.1 个百分点，

秦巴山区下降 15.3 个百分点。

图 4-1-3 2011 和 2015 年各连片特困地区农村贫困发生率

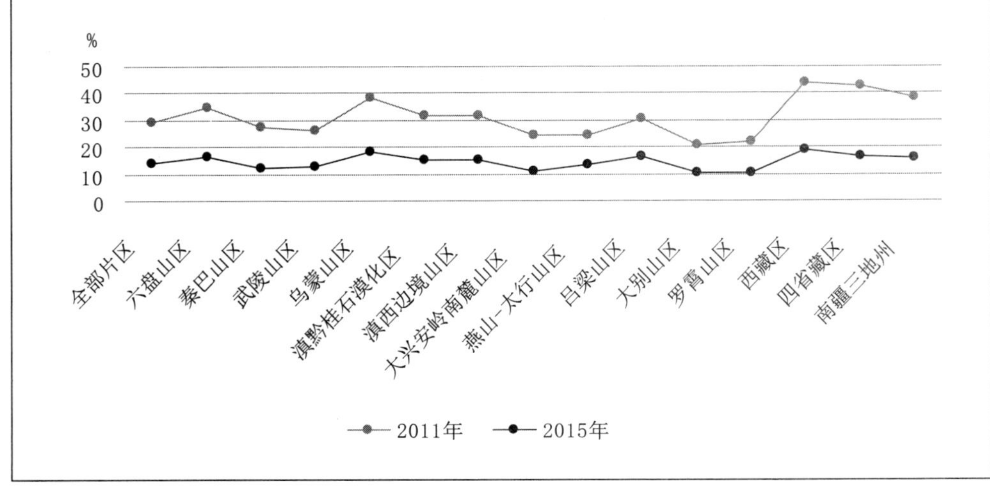

数据来源：国家统计局农村贫困监测调查。

三、连片特困地区农村居民收支增长情况

（一）2015 年连片特困地区农村居民收入实际增长 10.5%。

2015 年全国 14 个集中连片特困地区农村居民人均可支配收入 7525 元，比上年增加 802 元，增长 11.9%，扣除价格因素，实际增长 10.5%，实际增速比全国农村平均水平高 3 个百分点。连片特困地区农村居民收入水平相当于全国农村平均水平的 65.9%。其中，人均工资性收入 2503 元，增长 14.4%；人均经营净收入 3264 元，增长 8.1%；人均财产净收入 84 元，增长 19.2%；人均转移净收入 1674 元，增长 15.8%。

2015 年有 13 个集中连片特困地区农村居民收入增长速度高于全国农村平均水平。分别为：乌蒙山区增长 14.4%、燕山－太行山区增长 14.4%、罗霄山区增长 13.6%、六盘山区增长 13.4%、吕梁山区增长 13.0%、秦巴山区增长 12.9%、四省藏区增长 12.8%、滇黔桂石漠化区增长 12.7%、武陵山区增长 12.4%、西藏区增长 12.0%、南疆三地州增长 10.2%、大兴安岭南麓区增长 10.0%、大别山区增长 9.6%。

2012-2015 年连片特困地区农村居民人均收入年均实际增速比全国农村平均水平高 2.3 个百分点。2015 年，14 个连片特困地区农村居民人均收入比 2011 年增长 67.7%，年均名义增长 13.8%，扣除价格因素，年均实际增长 11.5%。

连片特困地区农村居民收入与全国农村平均水平的差距持续缩小。2015 年连片特困地区人均收入占全国农村居民人均收入的比重比 2011 年上升 5.2 个百分点。

（二）2015 年连片特困地区人均消费支出实际增长 10.0%。

2015 年，连片特困地区农村居民人均消费 6573 元，比上年增长 11.4%，扣除价格因素，实际增长 10.0%。连片特困地区农村居民人均消费支出占人均可支配收入的比重为 87.3%，比全国农村平均水平高 6.6 个百分点。

从结构上分析，2015 年连片特困地区农村居民人均食品烟酒支出 2428 元，占消费支出的比重为36.9%，比全国农村平均水平高3.9个百分点；衣着支出人均392元，占6.0%；居住支出人均1342元，占20.4%；生活用品及服务支出人均407元，占6.2%；交通通信支出人均681元，占10.4%；教育文化娱乐支出人均672元，占10.2%；医疗保健支出人均544元，占8.3%；其他支出人均107元，占1.6%。

表 4-1-1 2015 年连片特困地区与全国农村消费水平和结构对比

指标	连片特困地区人均消费支出（元）	全国农村人均消费支出（元）	连片特困地区相当于全国农村平均水平（%）	连片特困地区消费构成（%）	全国农村居民消费构成（%）
人均消费支出	6573	9223	71.3	100.0	100.0
1. 食品烟酒	2428	3048	79.7	36.9	33.0
2. 衣着	392	550	71.2	6.0	6.0
3. 居住	1342	1926	69.7	20.4	20.9
4. 生活用品及服务	407	546	74.6	6.2	5.9
5. 交通通信	681	1163	58.6	10.4	12.6
6. 教育文化娱乐	672	969	69.3	10.2	10.5
7. 医疗保健	544	846	64.3	8.3	9.2
8. 其他用品和服务	107	174	61.5	1.6	1.9

数据来源：国家统计局农村贫困监测调查、全国住户收支与生活状况调查。

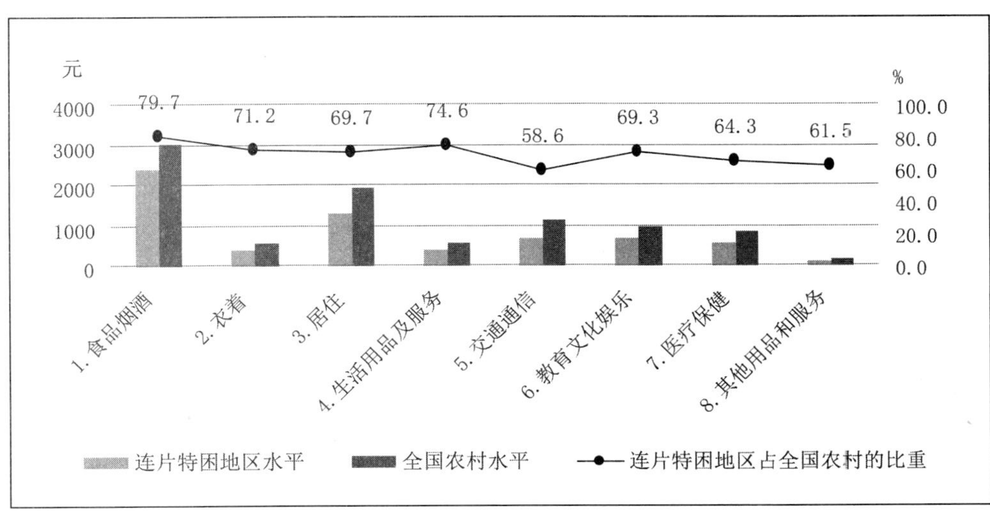

图 4-1-4 连片特困地区与全国农村消费水平对比

数据来源：国家统计局农村贫困监测调查。

2012-2015 年连片特困地区人均消费支出年均实际增长 9.6%。四年来，14 个连片特困地区人均消费支出累计增长 56.8%，年均增长 11.9%，扣除价格因素，年均实际增长 9.6%，比人均收入增速低 1.9 个百分点，比全国农村居民消费支出年均增速高 0.1 个百分点。

四、连片特困地区农村居民生产生活条件

（一）2012—2015 年连片特困地区农村居民生产生活条件明显改善。

2012-2015 年连片特困地区农户住房情况明显改善，居住在竹草土坯房的农户比重继续下降，居住设施进一步改进。2015 年，居住在竹草土坯房的农户比重为 6.1%，比 2012 年下降 2.0 个百分点。使用照明电、独用厕所、炊用柴草的农户比重分别为 99.8%、93.0% 和 55.5%，分别比 2012 年提高 1.0、3.1 和下降 7.1 个百分点。

2015 年，在连片特困地区农户中，饮水无困难、使用管道供水和使用经过净化处理自来水的比重分别为 84.0%、61.2% 和 34.7%，比 2013 年分别提高 4.0、7.6 和 5.4 个百分点。

（二）2012—2015 年连片特困地区农村居民耐用消费品拥有量不断增加。

2015 年，连片特困地区农村百户拥有移动电话 210.5 部，比 2012 年增加 47.7 部；百户拥有洗衣机 75.0 台，比 2012 年增加 23.6 台；百户拥有电冰箱 65.8 台，比 2012 年增加 19.7 台；百户拥有计算机 12.0 台，比 2012 年增加 7.5 台；百户拥有汽车 7.9 辆，比 2012 年增加 5.2 辆。

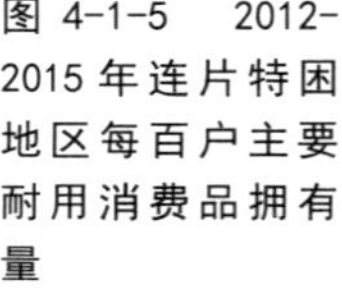

图 4-1-5　2012-2015 年连片特困地区每百户主要耐用消费品拥有量

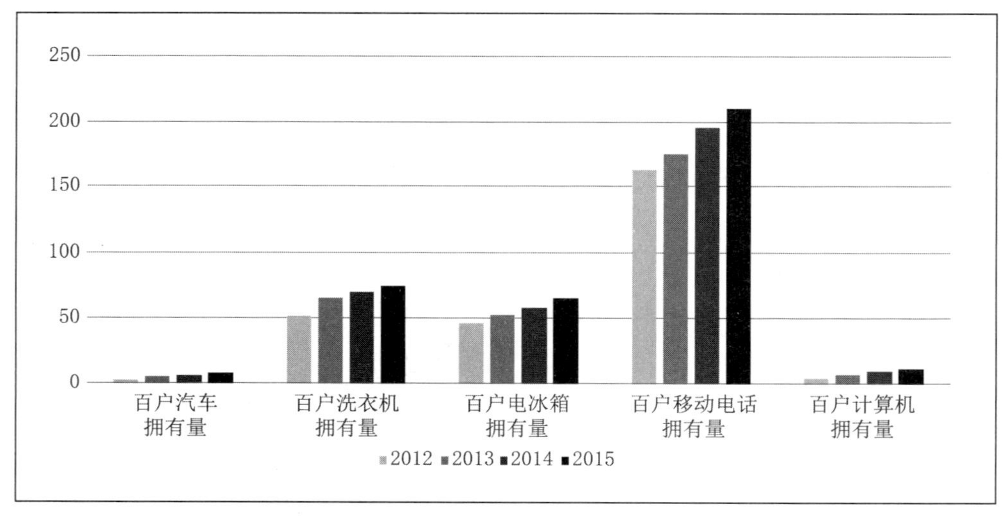

数据来源：国家统计局农村贫困监测调查。

（三）基础设施明显提升。

2015 年，连片特困地区通电的自然村、通电话的自然村、通宽带的自然村、通有线电视信号的自然村比重分别达到 99.7%、97.7%、53.2% 和 77.5%，分别比 2013 年提高 0.5、4.7、11.8、9.4 百分点。

道路通达情况继续改善，2015 年，主干道路经过硬化的自然村比重为 71.7%，比 2013 年提高 13.8 个百分点；通客运班车的自然村比重为 47.5%，比 2013 年提高 9.9 个百分点。

五、连片特困地区农村居民教育文化和医疗卫生情况

（一）教育文化条件获得改善。

连片特困地区文化基础设施获得较大改善，2015 年有文化活动室的村比重达到 83.6%，比 2012 年提高了 8.9 个百分点；有幼儿园或学前班的村比重 57.1%，比 2012 年提高 14.2 个百分点；有小学且就学便利的村比重 66.2%，比 2012 年提高 5.8 个百分点。

但连片特困地区居民受教育情况低于全国贫困地区平均水平。2015 年，连片特困地区农村 7-15 岁非在校儿童比重为 2.4%，比全国贫困地区高 0.1 个百分点；家庭中 16 岁以上成员均未完成初中教育农户比重为 18.1%，比全国贫困地区高 0.7 个百分点；劳动力平均受教育年限为 7.3 年，比全国贫困地区低 0.2 年。

（二）医疗卫生条件明显改善。

连片特困地区医疗卫生情况得到明显改善，2015 年有卫生站（室）的行政村比重 95.5%，比 2012 年提高 8.8 个百分点；拥有合法行医证医生或卫生员的行政村比重 90.8%，2012 年提高 7.9 个百分点。

但连片特困地区农村居民的医疗情况略低于全国贫困地区平均水平。2015 年，连片特困地区农村未参加医疗保险的人口比重为 0.9%，与全国贫困地区持平；有病不能及时就医的人口比重为 5.6%，比全国贫困地区高 0.5 个百分点；报销医疗费占医疗总支出的比重为 21.5%，比全国贫困地区高 0.9 个百分点。

（国家统计局住户调查办公室 马倩）

第二章　扶贫重点县贫困状况

一、扶贫重点县基本情况

全国 592 个扶贫重点县覆盖全国 9170 个乡镇，2014 年行政区划面积 251 万平方公里，占全国行政区划总面积的 26%；户籍人口数 24505 万人，占全国总人口的 17.9%。

据国家统计局县（市）社会经济基本情况统计，2014 年全国 592 个扶贫重点县地区生产总值 40702 亿元，占全国 GDP 的比重为 6.3%，其中，第一产业增加值 9354 亿元，占全国第一产业增加值的 16.0%；第二产业增加值 17628 亿元，占全国第二产业增加值的 6.4%；第三产业增加值 13721 亿元，占全国第三产业增加值的 4.5%。公共财政收入 2618 亿元，占全国公共财政收入 1.9%；公共财政支出 12610 亿元，占全国公共财政支出 8.3%。全社会固定资产投资总额 42456 亿元，占全国全社会固定资产投资总额的 8.3%。

2014 年，扶贫重点县农业增加值 5607 亿元，占全国农林牧渔业生产总值的 9.3%。粮食总产量 11412 万吨，占全国粮食总产量的 18.8%；棉花总产量 83 万吨，占全国棉花总产量的 13.5%；油料总产量 703 万吨，占全国油料总产量的 20.0%；肉类总产量 1861 万吨，占全国肉类总产量的 21.4%。规模以上工业企业单位数 21362 个，占全国规模以上工业企业单位数的 5.7%。

2014 年，扶贫重点县小学在校学生数 1770 万人，占全国的 18.7%；普通中学在校学生数 1166 万人，占全国的 17.2%；医疗卫生机构床位数 74 万张，占全国的 11.3%。

二、扶贫重点县减贫情况

（一）2015 年扶贫重点县农村贫困人口 2893 万人。

据全国农村贫困监测调查，按国家农村贫困标准（每人每年 2300 元，2010 年不变价）的测算，2015 年扶贫重点县农村贫困人口 2893 万人，贫困发生率 13.7%。其中，扶贫重点县农村贫困人口数量在 300 万以上的省份有 2 个，分别是云南 380 万、贵州 353 万；农村贫困人口数量在 200-300 万的有 3 个，分别是甘肃 265 万、河南 218 万、安徽 205 万。

（二）2015 年扶贫重点县农村贫困人口减少 756 万人。

2015 年扶贫重点县农村贫困人口比上年减少 756 万人，下降 20.7%；贫困发生率比上年下降 4.8 个百分点。其中，扶贫重点县农村贫困人口较上年减少 50 万人以上的省份有 5 个，分别是云南减少 89 万人，贵州减少 87 万人，甘肃减少 81 万人，四川减少 71 万人，河北减少 68 万人。

（三）2012—2015 年扶贫重点县农村贫困人口持续减少。

四年来扶贫重点县农村贫困人口累计减少 3219 万人。扶贫重点县农村贫困人口由 2011 年的 6112 万人下降至 2015 年的 2893 万人，四年累计减少 3219 万人，年均减少 805 万人。2012-2015 年扶贫重点县农村贫困人口减少规模占同期全国农村贫困人口减少规模的 51.2%。其中，四年来扶贫重点县农村减贫累计规模在 300 万以上的省份有 3 个，分别是云南减少 402 万人、贵州 369 万人、甘肃减少 337 万人。

四年来扶贫重点县农村减贫幅度过半的省份（区）有 15 个，江西减少 59%，湖北减少 58%，内蒙古和四川减少 57%，湖南、甘肃和青海减少 56%，河南减少 55%，河北减少 53%，陕西减少 52%，山西、贵州、云南和宁夏减少 51%，广西减少 50%；减贫幅度在 40%-50% 的省份有 3 个，其中安徽减少 48%，吉林减少 45%，重庆减少 41%。

扶贫重点县农村贫困发生率由 2011 年的 29.2% 下降到 2015 年的 13.7%，累计下降 15.5 个百分点。其中，扶贫重点县贫困发生率下降 20 个百分点以上的省份有 2 个，分别是甘肃下降 25 个百分点，湖南下降 20.9 个百分点；贫困发生率下降 15-20 个百分点的省份有 8 个，分别是江西下降 19.7 个百分点，贵州下降 19.4 个百分点，云南下降 17.5 个百分点，湖北下降 16.7 个百分点，四川下降 16 个百分点，内蒙古和青海下降 15.2 个百分点，新疆下降 15 个百分点。

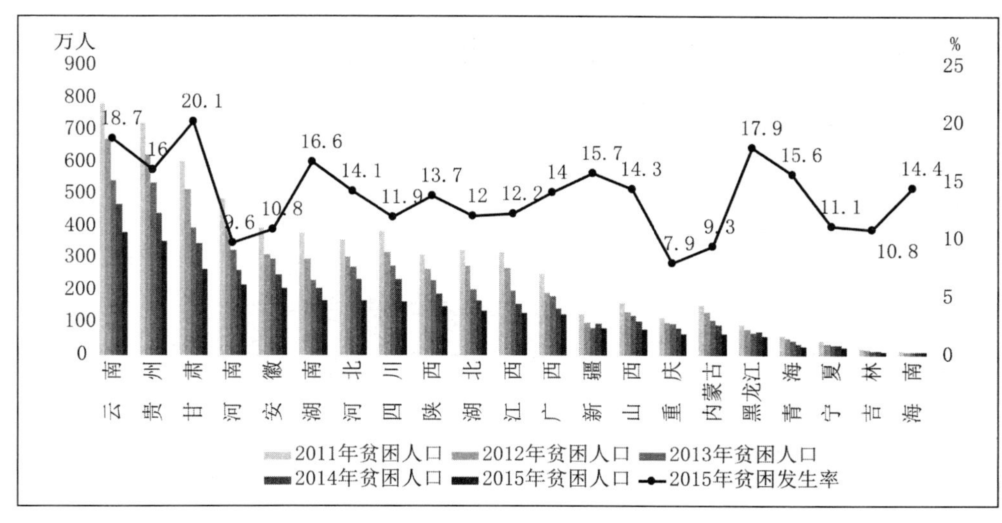

图 4-2-1 2011-2015 年各省扶贫重点县农村贫困人口和贫困发生率

数据来源：国家统计局农村贫困监测调查。

三、扶贫重点县农村居民收支增长情况

（一）2015 年扶贫重点县农村居民人均可支配收入实际增长 10.9%。

2015 年全国扶贫重点县农村居民人均可支配收入 7543 元，比上年增加 826 元，增长 12.3%，扣除价格因素，实际增长 10.9%，增速高于全国农村平均水平 3.4 个百分点。其中：人均工资性收入 2480 元，增长 14.1%；人均经营净收入 3212 元，增长 9.1%；

人均财产净收入 89 元，增长 10.9%；人均转移净收入 1761 元，增长 16.1%。

2012-2015 年扶贫重点县农村居民人均收入年均实际增长 12.4%。2012-2015 年，扶贫重点县农村居民人均收入四年累计增长 73.6%，年均名义增长 14.7%，扣除价格因素，年均实际增长 12.4%，增速比全国农村平均水平高 3.2 个百分点。2015 年扶贫重点县农村居民人均收入水平相当于全国农村平均水平的 63.5%，占全国农村收入的比重比 2011 年上升 7.1 个百分点，与全国农村平均水平的差距不断缩小。

表 4-2-1　2011-2015 年扶贫重点县收入增长情况

年份	农村常住居民人均可支配收入（元）	名义增速（%）	实际增速（%）
2012	--	16.8	14.0
2013	5945	17.0	13.9
2014	6717	13.0	11.0
2015	7543	12.3	10.9

数据来源：国家统计局农村贫困监测调查。

（二）2015 年扶贫重点县人均消费支出实际增长 9.6%。

2015 年，扶贫重点县农村居民人均消费 6616 元，比上年增长 11.0%，扣除价格因素，实际增长 9.6%。扶贫重点县农村居民人均消费支出占人均可支配收入的比重为 87.7%，比全国农村平均水平高 7.0 个百分点。

从结构看，2015 年扶贫重点县食品烟酒支出人均 2430 元，占消费支出的比重为 36.7%，比全国农村平均水平高 3.7 个百分点；衣着支出人均 400 元，占 6.0%；居住支出人均 1358 元，占 20.5%；生活用品及服务支出 408 元，占 6.2%；交通通信支出 680 元，占 10.3%；教育文化娱乐支出 671 元，占 10.1%；医疗保健支出 560 元，占 8.5%；其他用品和服务支出 109 元，占 1.6%。

表 4-2-2　2015 年扶贫重点县与全国农村消费水平和结构对比

指标	扶贫重点县农村居民人均消费支出（元）	全国农村常住居民人均消费支出（元）	扶贫重点县相当于全国农村平均水平（%）	扶贫重点县消费构成（%）	全国农村消费构成（%）
人均消费支出	6616	9223	71.7	100.0	100.0
1. 食品烟酒	2430	3048	79.7	36.7	33.0
2. 衣着	400	550	72.7	6.0	6.0
3. 居住	1358	1926	70.5	20.5	20.9
4. 生活用品及服务	408	546	74.7	6.2	5.9
5. 交通通信	680	1163	58.5	10.3	12.6
6. 教育文化娱乐	671	969	69.2	10.1	10.5
7. 医疗保健	560	846	66.2	8.5	9.2
8. 其他用品和服务	109	174	62.6	1.6	1.9

数据来源：国家统计局农村贫困监测调查。

2012-2015 年扶贫重点县人均消费支出年均实际增长 11. 1%。四年来，扶贫重点县人均消费支出累计增长 65. 8%，年均名义增长 13. 5%，扣除价格因素，年均实际增长 11. 1%。

四、扶贫重点县农村居民生产生活条件

（一）农村居民生活条件不断改善。

2012-2015 年扶贫重点县农户住房情况明显改善，居住在竹草土坯房的农户比重继续下降，居住设施进一步改进。2015 年，居住在竹草土坯房的农户比重为 6. 2%，比 2012 年下降 2. 2 个百分点。使用照明电、独用厕所、炊用柴草的农户比重分别为 99. 8%、93. 7% 和 56. 5%，分别比 2012 年提高 0. 8、2. 1 和下降 6. 8 个百分点。

表 4-2-3　扶贫重点县农户居住条件

指标	单 位	2012	2013	2014	2015
1. 居住竹草土坯房的农户比重	%	8. 4	7. 7	7. 0	6. 2
2. 使用照明电的农户比重	%	99. 0	99. 2	99. 5	99. 8
3. 使用管道供水的农户比重	%	---	53. 1	55. 5	61. 2
4. 使用经过净化处理自来水的农户比重	%	---	30. 9	33. 4	36. 5
5. 饮水无困难的农户比重	%	---	80. 4	82. 3	85. 2
6. 独用厕所的农户比重	%	91. 6	92. 3	93. 2	93. 7
7. 炊用柴草的农户比重	%	63. 3	61. 1	59. 4	56. 5

数据来源：国家统计局农村贫困监测调查。

（二）农村居民耐用消费品拥有量明显增加。

2015 年，扶贫重点县农村百户拥有移动电话 207 部，比 2012 年增加 47. 3 部；百户拥有洗衣机 75. 3 台，比 2012 年增加 22. 5 台；百户拥有电冰箱 67. 5 台，比 2012 年增加 20. 5 台；百户拥有计算机 13. 3 台，比 2012 年增加 7. 8 台；百户拥有汽车 8. 1 部，比 2012 年增加 5. 7 部。

表 4-2-4　2012-2015 年扶贫重点县每百户农户耐用消费拥有量

指标	2012 年	2013 年	2014 年	2015 年
1. 百户汽车拥有量（辆）	2. 4	5. 6	6. 6	8. 1
2. 百户洗衣机拥有量（台）	52. 8	65. 8	70. 6	75. 3
3. 百户电冰箱拥有量（台）	47. 0	54. 4	60. 5	67. 5
4. 百户移动电话拥有量（部）	159. 7	172. 1	193. 0	207. 0
5. 百户计算机拥有量（台）	5. 5	8. 9	11. 4	13. 3

数据来源：国家统计局农村贫困监测调查。

（三）基础设施明显完善

2015 年，扶贫重点县通电、通电话、通有线电视信号、通宽带的自然村比重分别达到 99.7%、97.7%、79.8% 和 55.0%，分别比 2012 年提高 0.9、4.5、10.8 和 17.1 个百分点。

道路通达情况明显改善，2015 年，主干道路经过硬化的自然村比重为 72.0%，比 2013 年提高 13.3 个百分点；通客运班车的自然村为 46.8%，比 2013 年提高 9.2 个百分点。

五、扶贫重点县农村居民教育文化和医疗卫生情况

扶贫重点县教育文化和医疗卫生设施覆盖率进一步提高。2015 年，有文化活动室的行政村比重为 82.9%，比 2012 年提高 9.3 个百分点；有卫生站的行政村比重达到 96.4%，比 2012 年提高 9.3 个百分点；有合法行医证医生或卫生员的行政村比重为 92%，比 2012 年提高 8.0 个百分点。有幼儿园或学前班的行政村比重为 57.9%，比 2012 年提高 13.7 个百分点。

图 4-2-2 2012 年和 2015 年扶贫重点县文化教育设施对比

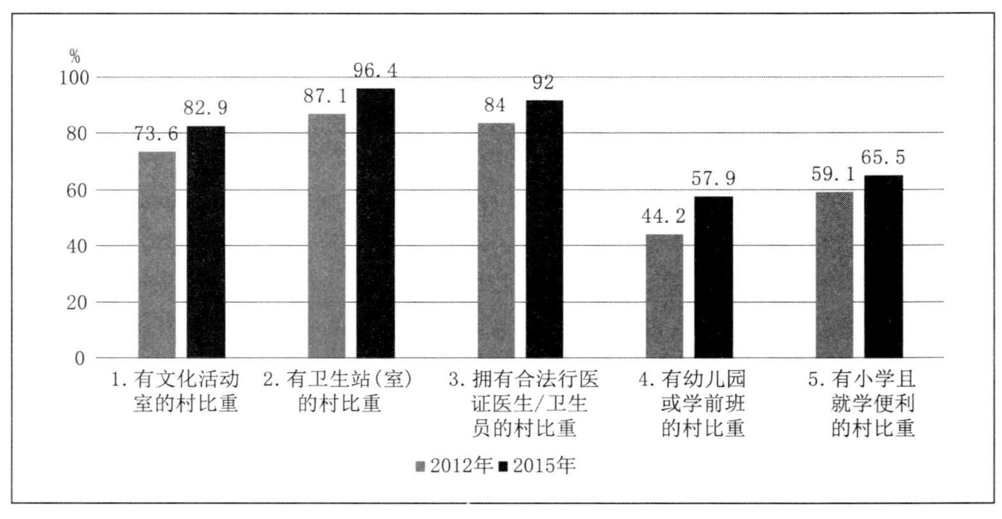

数据来源：国家统计局农村贫困监测调查。

2015 年，扶贫重点县农村 7-15 岁非在校儿童比重为 2.1%，比全国贫困地区低 0.2 个百分点；家庭中 16 岁以上成员均未完成初中教育农户比重为 17.6%，比全国贫困地区高 0.2 个百分点；劳动力平均受教育年限为 7.4 年，比全国贫困地区低 0.1 年。

2015 年，扶贫重点县未参加医疗保险的人口比重为 0.9%，与全国贫困地区持平；有病不能及时就医的人口比重为 5.3%，比全国贫困地区高 0.2 个百分点；报销医疗费占医疗总支出的比重为 21.1%，比全国贫困地区高 0.5 个百分点。

（国家统计局住户调查办公室 马倩）

第三章　少数民族地区农村贫困状况

2012-2015 年，中央财政安排少数民族发展资金，专项支持推进兴边富民行动、扶持人口较少民族发展以及开展少数民族特色村寨的保护与发展。在国家有关部门和社会各界大力支持下，经过少数民族贫困地区广大干部群众的艰苦努力，少数民族贫困地区农村贫困人口大幅减少，经济全面发展、基础设施明显改善、社会事业不断进步、群众收入水平稳步提高，扶贫开发取得了显著成效，为促进民族团结、社会和谐、边疆稳定发挥了重要作用。

一、民族八省区贫困状况

（一）基本情况

我国民族八省区包括 5 个少数民族自治区即内蒙古自治区、广西壮族自治区、西藏自治区、宁夏回族自治区、新疆维吾尔族自治区，和少数民族分布集中的贵州、云南和青海三省。

2015 年底，民族八省区常住人口 1.95 亿，占全国总人口的 14.2%；地区生产总值 7.4 万亿，占国内生产总值的 10.9%；人均 GDP3.8 万元；地方一般公共预算收入 8899.7 亿元，地方一般公共预算支出 24811 亿元。

（二）农村贫困变化

按现行国家农村贫困标准（每人每年 2300 元，2010 年不变价）测算，2015 年，民族八省区农村贫困人口 1813 万人，比上年减少 392 万人，下降 17.8%；农村贫困发生率 12.1%。比上年下降 2.6 个百分点；占全国农村贫困人口的比重为 32.5%。

2011-2015 年，民族八省区农村贫困人口累计减少 3227 万人，下降幅度为 64%；减贫人数占同期全国农村减贫总规模的 29.4%；年均减少农村贫困人口 645 万人。

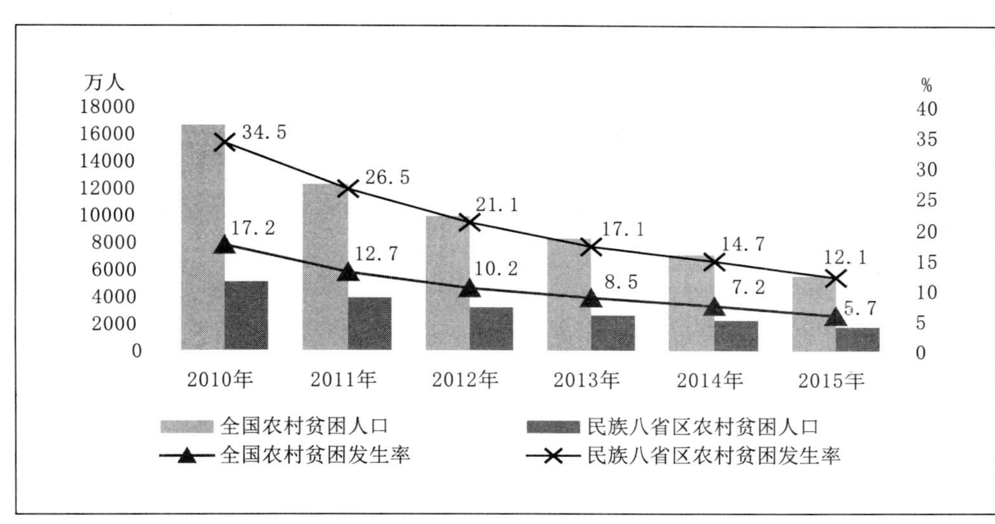

图 4-3-1　2010-2015 年全国农村和民族八省区贫困状况

3个省份农村贫困人口占全国农村贫困人口的比重下降，其中，2015年内蒙古农村贫困人口76万人，占全国农村贫困人口的比重为1.4%，比2010年下降0.2个百分点；贵州农村贫困人口507万人，占全国农村贫困人口的比重为9.1%，比2010年下降0.1个百分点；云南农村贫困人口471万人，占全国农村贫困人口的比重为8.4%，比2010年下降0.4个百分点。

表4-3-1　2010-2015年全国及民族八省区农村贫困人口规模

单位：万人

地　区	2010年	2011年	2012年	2013年	2014年	2015年
全　国	16567	12238	9899	8249	7017	5575
#民族八省区	5040	3917	3121	2562	2205	1813
内蒙古	258	160	139	114	98	76
广　西	1012	950	755	634	540	452
贵　州	1521	1149	923	745	623	507
云　南	1468	1014	804	661	574	471
西　藏	117	106	85	72	61	48
青　海	118	108	82	63	52	42
宁　夏	77	77	60	51	45	37
新　疆	469	353	273	222	212	180

数据来源：国家统计局全国住户收支与生活状况调查。

2015年民族八省区农村贫困发生率比全国农村平均水平高6.4个百分点。贫困发生率比全国农村平均水平高出10个百分点以上的省区有2个，为西藏和新疆，分别比全国农村平均水平高12.9和10.1个百分点；贫困发生率比全国农村平均水平高10个百分点以下的省区有5个，包括贵州、云南、青海、广西、宁夏，分别比全国农村平均水平高9.0、7.0、5.2、4.8和3.1个百分点；内蒙古的贫困发生率略低于全国农村平均水平，低0.1个百分点。

表4-3-2　2010-2015年全国及民族八省区农村贫困发生率

单位：%

地　区	2010年	2011年	2012年	2013年	2014年	2015年
全　国	17.2	12.7	10.2	8.5	7.2	5.7
#民族八省区	34.5	26.5	21.1	17.1	14.7	12.1
内蒙古	19.7	12.2	10.6	8.5	7.3	5.6
广　西	24.3	22.6	18.0	14.9	12.6	10.5
贵　州	45.1	33.4	26.8	21.3	18	14.7
云　南	40.0	27.3	21.7	17.8	15.5	12.7
西　藏	49.2	43.9	35.2	28.8	23.7	18.6
青　海	31.5	28.5	21.6	16.4	13.4	10.9
宁　夏	18.3	18.3	14.2	12.5	10.8	8.9
新　疆	44.6	32.9	25.4	19.8	18.6	15.8

数据来源：国家统计局全国住户收支与生活状况调查。

2011-2015 年，民族八省区农村贫困发生率下降 22.4 个百分点，同期全国农村贫困发生率下降 11.5 个百分点。

二、民族自治地方贫困状况

（一）贫困规模

按国家农村贫困标准（每人每年 2300 元，2010 年不变价）测算，2015 年民族自治地方[①]农村贫困人口为 1805 万人，比上年减少 431 万人、减少 19.3%；比 2011 年减少 2076 万人，减少 53.5%。民族自治地方占全国农村贫困人口比重为 32.4%。

表 4-3-3　2011-2015 年民族自治地方贫困人口及贫困发生率

指标		2011 年	2012 年	2013 年	2014 年	2015 年
贫困人口（万人）	民族自治地方（万人）	3881	3159	2613	2236	1805
	全国农村（万人）	12238	9899	8249	7017	5575
	民族自治地方占全国比重（%）	31.7	31.9	31.7	31.9	32.4
贫困发生率（%）	民族自治地方（%）	30.4	24.6	20.7	17.7	13.8
	全国农村（%）	12.7	10.2	8.5	7.2	5.7
	民族自治地方比全国高（百分点）	17.7	14.4	12.2	10.5	8.1

数据来源：国家民委民族自治地方农村贫困监测。经与各地建档立卡贫困人口数据核对，“十二五”期间民族自治地方历年贫困人口数据有调整。

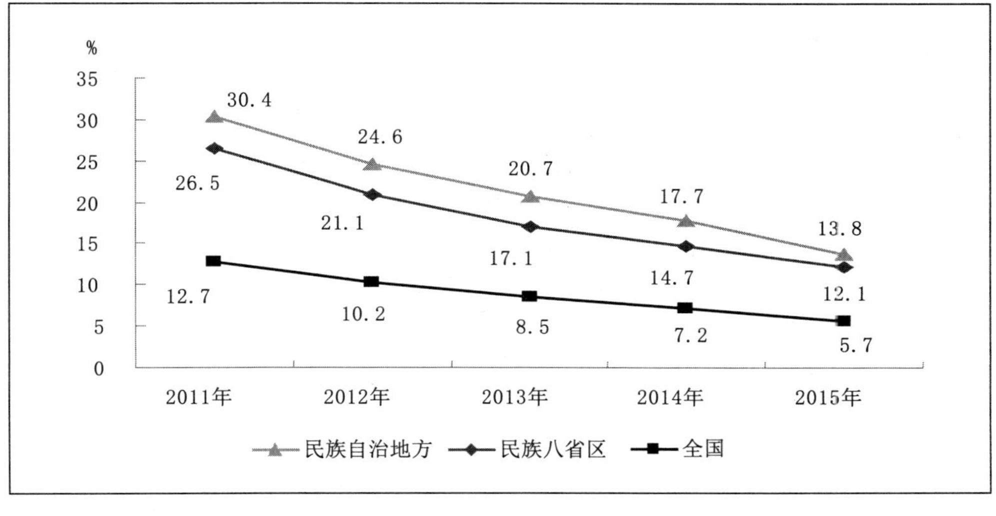

图 4-3-2　2011-2015 年少数民族地区和全国农村贫困发生率

① 民族自治地方包括 5 个自治区、30 个自治州、120 个自治县。

从近四年减贫率来看，2012-2015年，民族自治地方减贫率分别为18.6%、17.3%、14.4%、19.3%，全国同期分别为19.1%、16.7%、14.9%、20.6%。民族自治地方减贫速度大多年份慢于全国。

（二）贫困程度

2015年民族自治地方贫困发生率为13.8%，比上年下降3.9个百分点，比2011年下降16.6个百分点。

表4-3-4　民族自治地方和全国农村贫困发生率

单位：%

地区	2011年	2012年	2013年	2014年	2015年
民族自治地方（%）	30.4	24.6	20.7	17.7	13.8
全国农村（%）	12.7	10.2	8.5	7.2	5.7

数据来源：国家统计局全国住户收支与生活状况调查、国家民委民族自治地方农村贫困监测。

2011-2015年民族自治地方的贫困发生率分别为30.4%、24.6%、20.7%、17.7%、13.8%，与全国农村平均水平相比，分别高出17.7、14.4、12.2、10.5、8.1个百分点。少数民族地区贫困发生率与全国同期水平的差距逐年缩小。

（三）饮水及易地搬迁

据不完全统计，2015年末，民族自治地方有767万农牧民尚未解决饮水不安全问题，缺乏基本生存条件需易地搬迁的农牧民有51.4万户、205.5万人。

表4-3-5　2011-2015年民族自治地方农村贫困监测数据

指标	单位	2011年	2012年	2013年	2014年	2015年
农村饮水不安全人口	万人	3675	2955	1958	1343	767
缺乏基本生存条件需易地搬迁对象	万户	83.7	75.2	60.1	69.3	51.4
	万人	332	307	252	267	205
年度扶贫资金总额	亿元	195	275.5	306.5	323.3	371.3

数据来源：国家民委民族自治地方农村贫困监测。

（四）民族自治地方在连片特困地区内的贫困分布

2015年，在14个集中连片特困地区中，属于民族自治地方的农村贫困人口1358万人，占全部片区农村贫困人口比重为47.2%，比2011年上升2.5个百分点，呈逐年上升趋势。

分片区来看，民族自治地方贫困人口在400万以上的有1个，为滇黔桂石漠化片区；贫困人口在100-400万之间的有5个，包括武陵山区、乌蒙山区、新疆南疆四地州、滇西边境山区、六盘山区。

表 4-3-6　2011-2015 年片区农村贫困人口

指标		2011 年	2012 年	2013 年	2014 年	2015 年
贫困人口（万人）	14 个片区内民族自治地方	2697	2293	1911	1645	1358
	全国 14 个连片特困地区	6035	5067	4141	3518	2875
	民族自治地方片区占全部片区比重（%）	44.7	45.3	46.1	46.8	47.2

数据来源：国家民委民族自治地方农村贫困监测。

表 4-3-7　2011 — 2015 年民族自治地方分片区农村贫困人口

地区	2011 年	2012 年	2013 年	2014 年	2015 年
合 计	2697	2293	1911	1645	1358
1. 六盘山区	220	184	152	120	111
2. 秦巴山区	5	4	3	2	1
3. 武陵山区	490	400	314	264	199
4. 乌蒙山区	268	235	200	183	168
5. 滇桂黔石漠化区	846	767	632	542	442
6. 滇西边境山区	289	201	171	155	126
7. 大兴安岭南麓山区	30	27	17	15	10
8. 燕山 - 太行山区	61	49	33	30	22
9. 西藏区	71	59	80	69	59
10. 四省藏区	146	120	89	76	61
11. 新疆南疆四地州	272	248	219	190	160

数据来源：国家民委民族自治地方农村贫困监测。

（国家民委经济发展司 袁彦）

第五部分　农村经济运行综述

5

2015 年是全面深化改革的关键之年，也是“十二五”规划的收官之年。回顾全年，经济运行保持稳定，农村综合改革稳步推进，扶贫模式不断创新，各项扶贫政策相继实施。持续稳定健康发展的农村经济为全国减贫事业顺利开展提供有力保障。

一、宏观经济总体平稳

2015 年，中国经济运行保持在合理区间，党中央、国务院坚持稳增长、调结构、惠民生、防风险，实现经济总体稳中有进，消费价格温和上涨，就业形势总体稳定，新兴产业蓬勃发展，各项事业迈上新台阶。

（一）经济增长保持稳定

2015 年，国内生产总值 67.7 万亿元，比上年增长 6.9%。其中，第一产业增加值 6.1 万亿元，增长 3.9%；第二产业增加值 27.4 万亿元，增长 6.0%；第三产业增加值 34.2 万亿元，增长 8.3%。第一产业、第二产业、第三产业增加值占国内生产总值的比重分别为 9.0%、40.5% 和 50.5%。第三产业占比首次突破 50%。

2011-2015 年，国内生产总值年均增速 7.9%，其中，第一产业年均增速 4.1%。第一产业增速缓慢，对经济增速的贡献较小，在国民经济中比重不断下降。五年来，农业在国内生产总值中的比重由 9.5% 下降到 9.0%，下降 0.5 个百分点。

图 5-1-1　2011-2015 年国内生产总值及增速

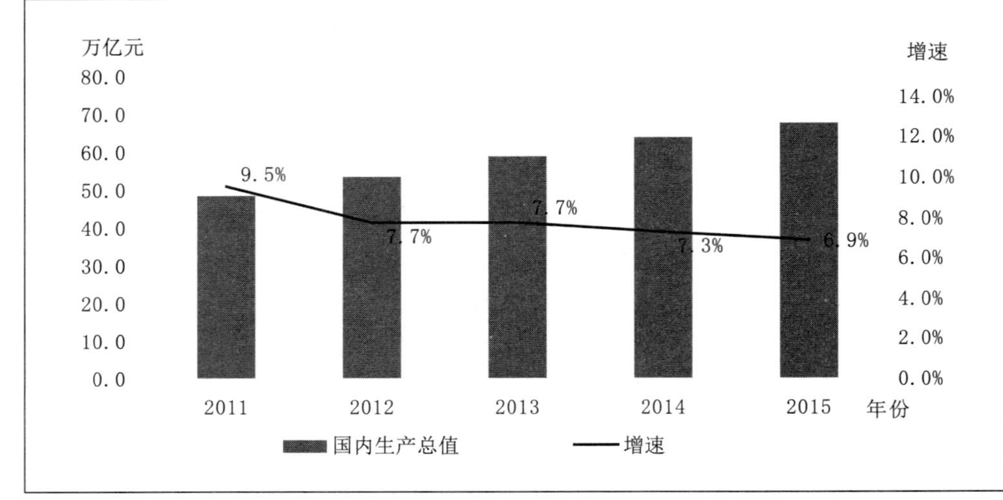

数据来源：《2015 年国民经济和社会发展统计公报》。

（二）物价总体低位运行

2015 年，居民消费价格继续在低位运行，并较上年有所回落。全年居民消费价

图 5-1-2　2011-2015 年居民消费价格指数及食品类居民消费价格指数

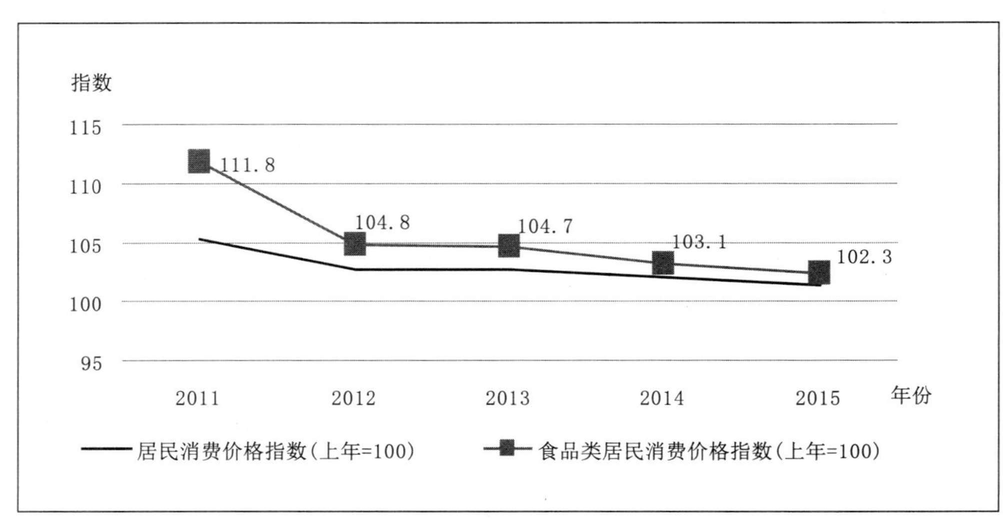

数据来源：国家统计局数据库。

图 5-1-3　2011-2015 年农村居民消费价格指数及食品类居民消费价格指数

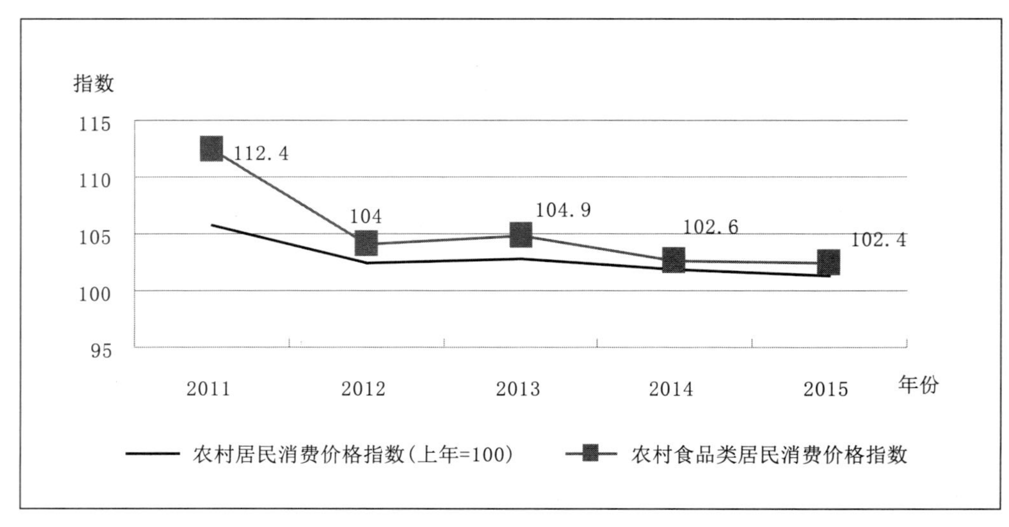

数据来源：国家统计局数据库。

格比上年上涨 1.4%，涨幅较上年回落 0.6 个百分点，其中食品价格上涨 2.3%，涨幅较上年回落 0.8 个百分点。2015 年农村居民消费价格比上年上涨 1.3%，涨幅较上年回落 0.6 个百分点，其中农村食品价格上涨 2.4%，涨幅较上年回落 0.2 个百分点。

（三）就业形势总体稳定

2015 年，城镇新增就业 1312 万人，年末城镇登记失业率 4.05%。

2015 年农民工总量为 27747 万人，比上年增加 352 万人，增长 1.3%。2011 年以来农民工总量增速持续回落。2012 年、2013 年、2014 年和 2015 年农民工总量增速分别比上年回落 0.5、1.5、0.5 和 0.6 个百分点。

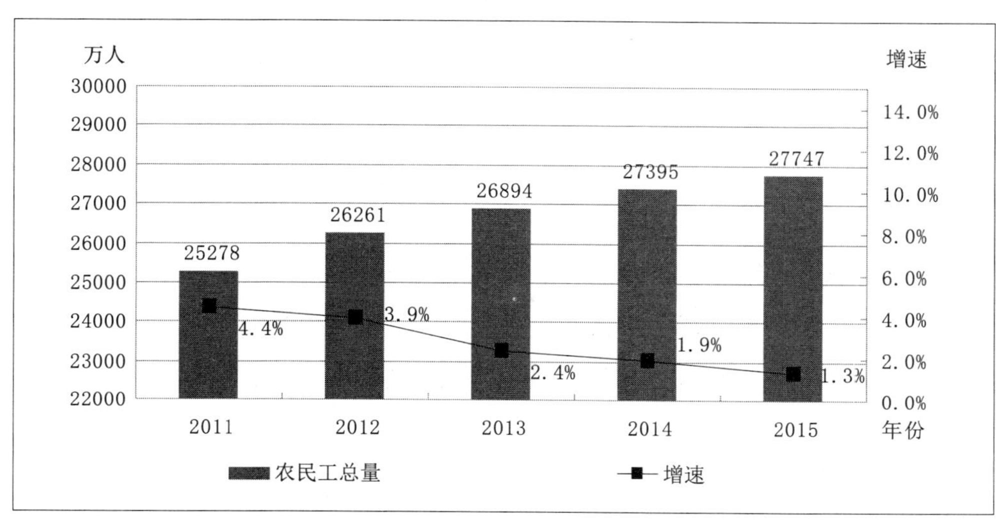

图 5-1-4 2011-2015 年农民工总量及增速

数据来源：《2015 年农民工监测报告》。

（四）财政收入稳定增长

2015 年，全年全国一般公共预算收入 15.2 万亿元，按可比口径比上年增加 8324 亿元，增长 5.8%，其中税收收入 12.5 万亿元，增加 5717 亿元，增长 4.8%。全国一般公共财政支出 17.6 万亿元，按可比口径比上年增长 13.2%。财政支出大于收

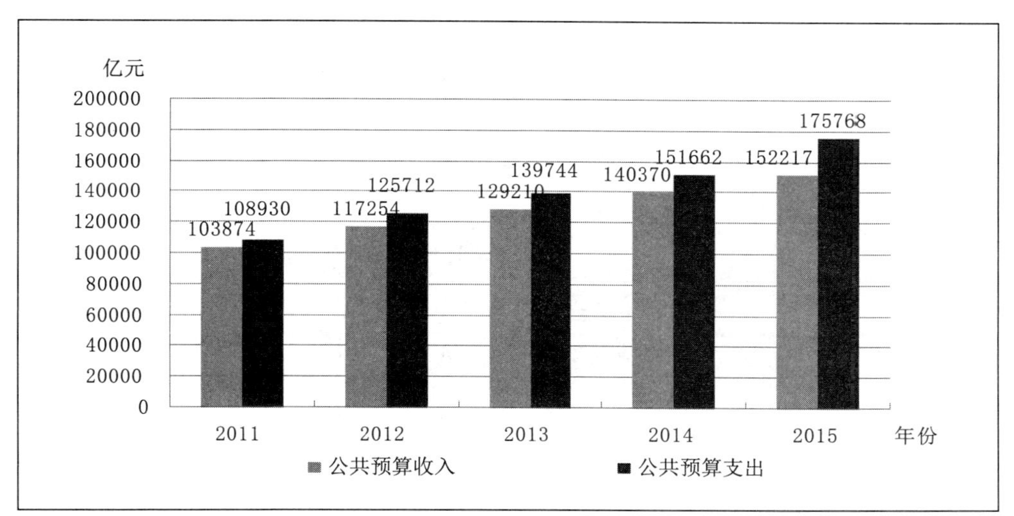

图 5-1-5 2011-2015 年全国一般公共预算收入和支出

数据来源：财政部网站《财政收支情况》（2011-2015 年）。

入2.4万亿元。从支出结构看，增长较快的有节能环保支出、医疗卫生与计划生育支出和社会保障和就业支出，分别增长26.2%、17.1%和16.9%。

图5-1-6 2011-2015年全国一般公共预算收入增速和支出增速

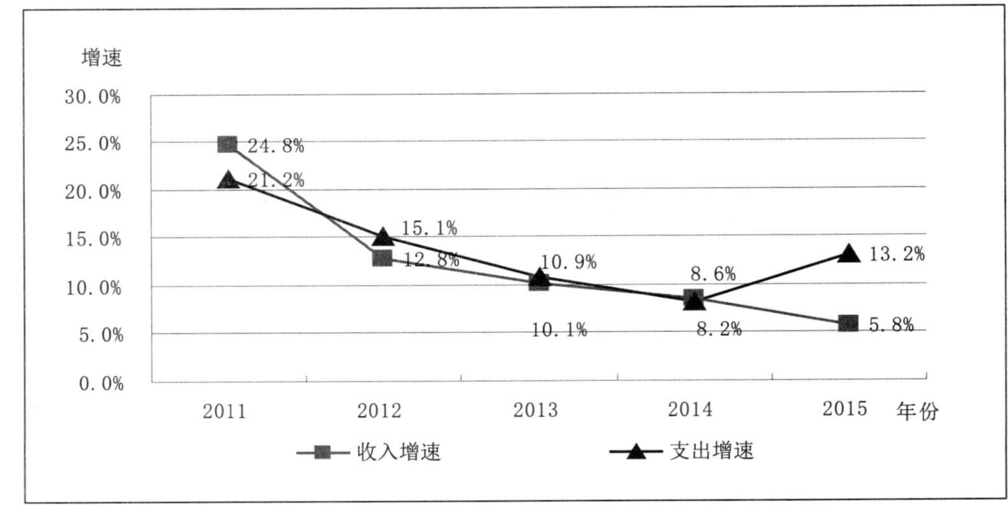

数据来源：财政部网站《财政收支情况》(2011-2015年)。

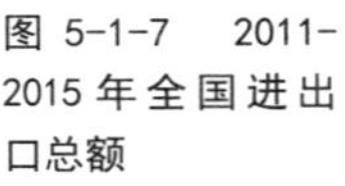

(五)进出口稳中有降

2015年，全年货物进出口总额245741亿元，比上年下降7.0%。其中，出口141255亿元，下降1.8%；进口104485亿元，下降13.2%。贸易顺差(出口减进口)3.7万亿元，比上年增加1.3万亿元。

图5-1-7 2011-2015年全国进出口总额

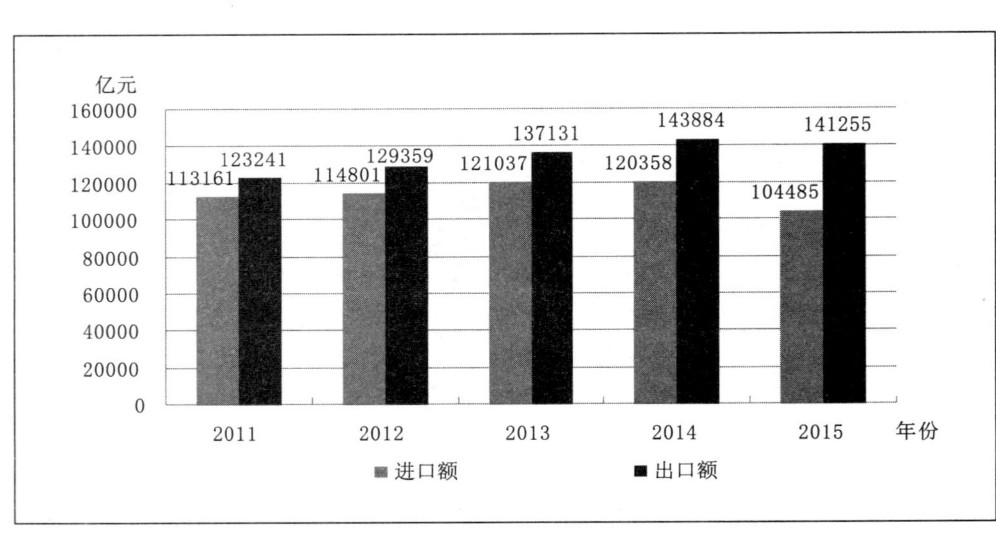

数据来源：《2015年国民经济和社会发展统计公报》。

二、强农惠农政策体系更加完善

(一)财政支农资金较快增长

在经济发展进入新常态的背景下，在财政收入增长明显放缓的情况下，财政支农仍保持较高增长速度。全国一般公共预算农林水事务支出17380.5亿元，比上年增长22.6%。“十二五”时期，全国一般公共预算农林水事务支出累计增长113.8%，年均增幅为16.4%。财政支农支出保持较高增长速度，为“三农”平稳健康发展奠定了基础。

（二）继续实行“四项补贴”和最低收购价政策

2015年，国家继续实行种粮直补政策、农资综合补贴、良种补贴和农机具购置补贴政策，提高农民务农种粮积极性。坚持新增补贴向粮食等重要农产品、新型农业经营主体、主产区倾斜政策。2015年安排支持粮食适度规模经营资金共234亿元，用于支持粮食适度规模经营，重点向专业大户、家庭农场和农民合作社倾斜。

为保护农民利益，防止“谷贱伤农”，2015年国家继续在粮食主产区实行最低收购价政策，小麦（三等）最低收购价格每50公斤118元，早籼稻（三等，下同）、中晚籼稻和粳稻最低收购价格分别为每50公斤135元、138元和155元，保持2014年水平不变。

（三）继续实行生产大县奖励政策

为改善和增强产粮大县财力状况，调动地方政府重农抓粮的积极性，2005年中央财政出台了产粮大县奖励政策。2014年，中央财政安排产粮（油）大县奖励资金351亿元，具体奖励办法是依据近年全国各县级行政单位粮食生产情况，测算奖励到县。产油大县奖励由省级人民政府按照“突出重点品种、奖励重点县（市）”的原则确定，入围县享受奖励资金不得低于100万元，奖励资金全部用于扶持油料生产和产业发展。2015年，中央财政继续加大产粮（油）大县奖励力度。为调动地方政府发展生猪养殖积极性，2014年中央财政安排奖励资金35亿元，专项用于发展生猪生产。2015年中央财政继续实施生猪调出大县奖励。

（四）继续实行并逐步完善农产品目标价格政策

2014年，为探索推进农产品价格形成机制与政府补贴脱钩的改革，逐步建立农产品目标价格制度，切实保证农民收益，国家启动了东北和内蒙古大豆、新疆棉花目标价格改革试点，积极探索粮食、生猪等农产品目标价格保险试点，开展粮食生产规模经营主体营销贷款试点。2015年国家继续实施并不断完善相关政策，新疆棉花目标价格水平为每吨19100元，东北和内蒙古地区大豆目标价格水平为每吨4800元。

（五）化肥、农药零增长支持政策

从2014年开始，中央财政安排高效缓释肥集成模式示范项目资金300万元，在黑龙江、吉林、河南、甘肃和山东5个省重点推广玉米种肥同播一次性施用高效缓释肥料技术模式和地膜春玉米覆盖栽培底施高效缓释肥料技术模式。从2011年开始，国家启动了低毒生物农药示范补贴试点，2015年财政专项安排996万元，继续在北京等17个省（市）的42个蔬菜、水果、茶叶等园艺作物生产大县开展低毒生物农药示范补助试点，补助农民因采用低毒生物农药而增加的用药支出，鼓励和带动低毒生物农药的推广应用。

（六）农产品质量安全县创建支持政策

2014年，国家启动了农产品质量安全县创建活动，按照落实属地责任、加强全程监管、强化能力提升、推进社会共治的原则，把创建活动重点集中于“菜篮子”产品主产县。从2015年开始，中央财政安排8000万元财政补助资金，支持农产品质量安全县创建活动。

（七）其他主要支农政策

2015年国家继续开展测土配方施肥政策和耕地保护与质量提升补助政策，引导农民合理施肥，恢复地力和改善土壤结构；继续开展职业农民教育，提高农民素质；继续开展村庄人居环境整治政策，推进新一轮农村环境连片整治，重点治理农村垃圾和污水。推行县域农村垃圾和污水治理的统一规划、统一建设、统一管理，有条件的地方推进城镇垃圾污水设施和服务向农村延伸。发展新型农村合作金融组织政策，2015年，国家继续支持农民合作社和供销合作社发展农村合作金融，选择部分地区进行农民合作社开展信用合作试点，丰富农村地区金融机构类型。农业保险支持政策，中央财政提供农业保险保费补贴的品种有玉米、水稻、小麦、棉花、马铃薯、油料作物、糖料作物、能繁母猪、奶牛、育肥猪、天然橡胶、森林、青稞、藏系羊、牦牛等，共计15个，2015年，国家进一步加大农业保险支持力度，提高中央、省级财政对主要粮食作物保险的保费补贴比例，逐步减少或取消产粮大县县级保费补贴，不断提高稻谷、小麦、玉米三大粮食品种保险的覆盖面和风险保障水平。

三、农业运行良好

（一）粮食生产跃上新台阶

“十二五”时期，中央继续坚持把“三农”工作作为全党工作的重中之重，不断加大对粮食生产的投入力度，不断完善强农惠农富农政策体系。各地认真贯彻落实中央一号文件和中央农村工作会议精神，全力抗击各种自然灾害，粮食产量屡创历史新高，自2004年以来连续十二年实现增产，取得举世瞩目的巨大成就。

2015年全国粮食总产量为12428.7亿斤，比上年增加288.2亿斤，增长2.4%。全国粮食总产量自2013年历史上首次突破12000亿斤，2014和2015年分别再创历史新高，稳定站上12000亿斤新台阶，标志着我国粮食综合生产能力实现了质的飞跃，保障国家粮食安全的能力进一步增强。

“十二五”时期，全国粮食总产量累计增产1499.2亿斤，增长13.7%，年均增幅为2.6%。值得强调的是，“十二五”期间全国粮食总产量连年增产是在已经连续七年增产、基数较大的情况下取得的，实属不易。

表 5-3-1 “十二五”期间全国粮食总产量

单位：亿斤

年份	粮食总产量	比上年增加	比上年增长（%）
2011	11424	495	4.5
2012	11791	367	3.2
2013	12039	248	2.1
2014	12141	102	0.8
2015	12429	288	2.4

数据来源：根据《中国统计年鉴2016》整理。

（二）种植结构调整继续推进

2015 年，农业结构调整继续推进，粮食种植面积继续扩大，棉花糖料种植面积明显下降。在粮棉油糖种植面积中，粮食占 85.3%，比上年提高 0.5 个百分点；棉花占 2.9%，比上年下降 0.3 个百分点；糖料占 1.3%，比上年下降 0.1 个百分点；油料占 10.6%，与上年持平。自 2008 年以来，国家在东北四省区（包括内蒙古、辽宁、吉林、黑龙江）实施玉米等临时收储政策，玉米支持力度较强，玉米种植面积明显扩大。棉花种植继续向新疆产区集中，棉花产量继续明显减产，较上年减少 9.3%；糖料产量下降 6.4%，油料产量增长 0.8%。

（三）畜牧业稳步增长

2015 年全国生猪出栏 7.08 亿头，比上年减少 2685 万头，下降 3.7%；猪肉产量 5487 万吨，比上年减少 184 万吨，下降 3.3%。“十二五”时期全国生猪产量站稳 5000 万吨新台阶，全部年份生猪产量都超过 5000 万吨。“十二五”时期，全国生猪产量总体呈稳定增长态势。

表 5-3-2 “十二五”期间全国猪肉产量

单位：万吨

年份	产量	比上年增加	比上年增长（%）
2011	5060	-11	-0.2
2012	5343	283	5.6
2013	5493	150	2.8
2014	5671	178	3.2
2015	5487	-185	-3.3

2015 年，全国牛出栏 5003 万头，比上年增加 74 万头，增长 1.5%；牛肉产量 700 万吨，比上年增加 11 万吨，增长 1.6%。

“十二五”时期，全国牛肉产量总体呈稳定增长态势，累计增产 47 万吨，增长 7.2%，年均增幅为 1.4%。

表 5-3-3 “十二五”期间全国牛肉产量

单位：万吨

年份	产量	比上年增加	比上年增长（%）
2011	648	-6	-0.9
2012	662	15	2.3
2013	673	11	1.7
2014	689	16	2.4
2015	700	11	1.6

数据来源：《中国统计年鉴 2016》。

羊产品产量增长，存栏增加。2015 年全国羊出栏 2.95 亿只，比上年增加 731 万只，增长 2.5%；羊肉产量 441 万吨，比上年增加 13 万吨，增长 2.9%。

“十二五”时期，全国羊肉产量总体呈稳步增长态势，累计增产 42 万吨，增长 10.5%，年均增长 2.0%。

表 5-3-4 “十二五”期间全国羊肉产量

单位：万吨

年份	产量	比上年增加	比上年增长（%）
2011	393	-6	-1.4
2012	401	8	2
2013	408	7	1.8
2014	428	20	4.9
2015	441	13	2.9

数据来源：《中国统计年鉴 2016》。

（四）农产品价格基本稳定

2015 年，农产品生产者价格总水平比上年上涨 1.7%。其中，粮食生产者价格总水平比上年下降 1.3%，全国棉花（籽棉）生产者价格比上年下降 12.5%，油料生产

图 5-3-1 2011-2015 年粮棉油生产者价格指数

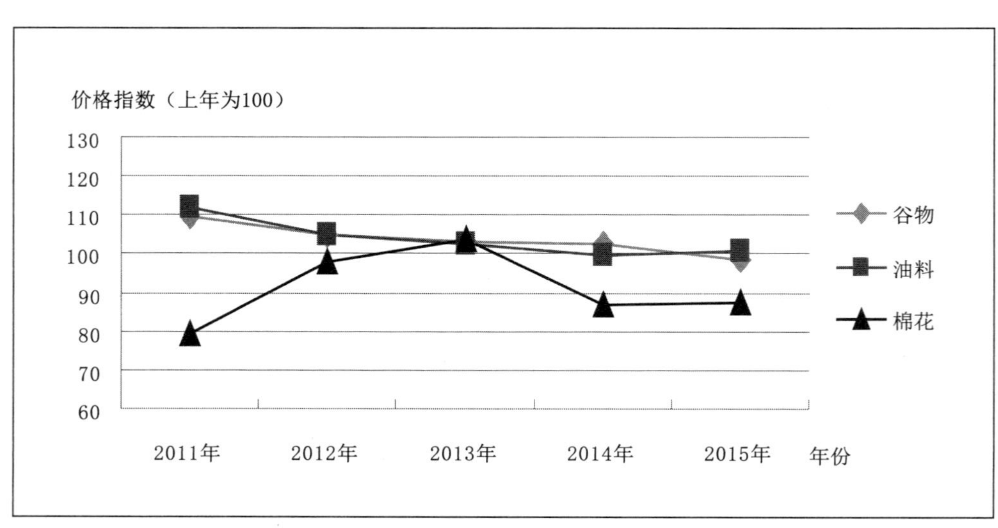

数据来源：国家统计局网站。

者价格比上年增长 0.8%，糖料生产者价格比上年下降 1.2%，生猪上涨 8.9%，活牛和活羊生产者价格比上年下降 0.9% 和 10.6%，家禽生产者价格比上年上涨 1.3%。

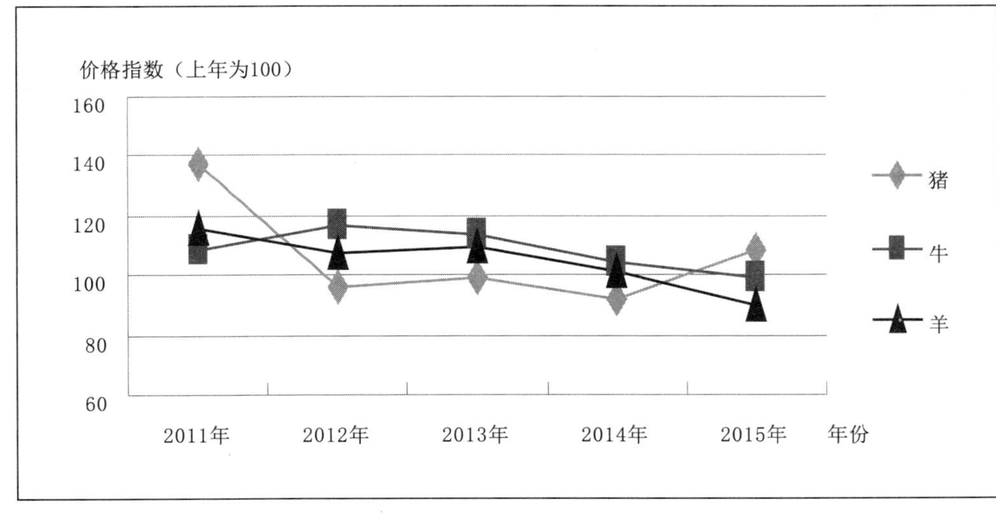

图 5-3-2　2011-2015 年猪牛羊生产者价格指数

数据来源：国家统计局网站。

四、农民生活不断改善

（一）收入较快增长

2015 年全国农村居民人均可支配收入 11422 元，同比名义增长 8.9%，扣除价格因素影响，实际增长 7.5%。收入最低 20% 的农村居民家庭人均收入增长 11.5%。

2015 年，农民工人均月收入 3072 元，比上年增加 208 元，名义增长 7.2%。2015 年，贫困地区农村居民人均可支配收入 7653 元，比上年增长 11.7%，扣除价格因素，实际增长 10.3%，实际增速比全国农村平均水平高 2.8 个百分点。贫困地区农村居民人均可支配收入达到全国农村居民人均水平的 67%，比上年提高 1.7 个百分点。

“十二五”期间，全国农村居民人均可支配收入年均实际增速 9.6%，为实现收入翻番的目标打下坚实基础。

（二）消费结构优化升级

2015 年全国农村居民人均消费支出 9223 元，名义增长 10.0%，实际增长 8.6%。全国来看，2015 年消费对经济增长的贡献率达到 66.4%，农村消费较快增长对经济保持中高速增长作出积极贡献。2015 年，农村居民消费结构不断优化升级，吃穿住等生存型消费占比下降，交通通信、教育文化娱乐、医疗保健等发展型消费占比提高。

2015 年，外出农民工月均生活消费支出人均 1012 元，比上年增加 68 元，增长 7.2%。2015 年贫困地区农村居民人均消费支出 6656 元，比上年增长 10.8%，扣除价格因素，实际增长 9.4%。贫困地区农村居民人均消费支出达到全国农村居民人均消费支出的 72.2%。

（三）居住条件不断改善

2015 年，农村居民人均居住面积 43.9 平方米。居住在钢筋混凝土和砖混材料结构住房中的农村居民占 60%，比上年上升 3.3 个百分点；有水冲式卫生厕所的占 26.3%，比上年上升 3.1 个百分点；使用清洁燃料的农户占 44.6%，比上年上升 3.6 个百分点；使用净化处理自来水的农户比重为 44%，比上年上升 2 个百分点。

外出农民工居住支出稳定增加，居住在稳定住所的比重不断提高。2015 年，外出农民工居住支出人均 475 元，增长 6.7%。外出农民工中，独立租赁居住的占 18.9%，提高 0.4 个百分点；乡外从业回家居住的占 14%，提高 0.7 个百分点；在务工地自购住房的农民工比例为 1.3%，提高 0.3 个百分点。

（四）教育医疗条件不断提升

2015 年，全国农村 85.9% 的农户所在自然村有卫生站，比上年上升 1.5 个百分点；有 79.7% 的农户所在自然村能便利上幼儿园或学前班，比上年上升 1.1 个百分点；有 83.4% 的农户所在自然村能便利上小学，比上年上升 1 个百分点。

五、精准扶贫政策全方位实施①

我国创新扶贫模式，实施精准扶贫、精准脱贫基本方略。通过“党的领导、政府主导、社会参与”的工作机制，形成跨地区、跨部门、跨行业、全社会共同参与的社会扶贫体系。坚持普惠政策和特惠政策相结合，在加大对农村、农业、农民普惠政策支持的基础上，对贫困人口实施特惠政策。

（一）财政金融政策齐发力

财政扶贫投入力度不断加大。2012 年以来，我国积极调整财政支出结构，持续加大投入力度，完善财政扶贫政策体系。2015 年，中央财政预算安排扶贫资金补助地方部分 460.9 亿元，比上年增长 8%，主要包括：发展资金 370.1 亿元，少数民族发展资金 40 亿元，以工代赈资金 41 亿元，“三西”资金 3 亿元，国有贫困林场扶贫资金 4.2 亿元，国有贫困农场扶贫资金 2.6 亿元。

2011-2015 年，中央财政累计安排专项扶贫资金 1898.4 亿元，年均增长 14.5%，并安排专项彩票公益金 50.25 亿元，支持贫困革命老区推进扶贫开发。

金融扶贫方式创新发展。精准对接脱贫攻坚融资需求与贫困地区发展规划，满足特色产业扶贫、易地扶贫搬迁、贫困人口就业就学的金融需求。创新发展扶贫小额信贷，为建档立卡贫困户提供“5 万以下、3 年以内、免担保免抵押、基准利率放贷、财政扶贫资金贴息、县建风险补偿金”的扶贫小额信贷产品，支持贫困户发展产业，增加收入，截至 2015 年年底，已向贫困户发放 1200 亿元。

（二）扶贫先扶智

“十二五”期间，我国把教育扶贫作为脱贫攻坚的重要内容，深入推进义务教

---

① 第五部分、第六部分和第七部分相关资料来自《中国的减贫行动与人权进步》白皮书。

育均衡发展，着力缩小城乡教育差距，全面改善贫困地区的办学条件。

2012-2015 年，中央财政累计投入资金 831 亿元改造义务教育薄弱学校，投入约 140 亿元建设边远艰苦地区农村学校教师周转宿舍 24.4 万套，可入住教师 30 万人。连续实施学前教育三年行动计划，全国学前三年毛入园率由 2011 年的 62.3% 提高到 2015 年的 75%，中西部地区在园幼儿数由 2011 年的 2153 万增加到 2015 年的 2789 万，增长了 30%。2012 － 2015 年，中央财政共下达中等职业学校免学费补助资金 417 亿元。

2013-2015 年，中央财政累计投入资金约 44 亿元，支持连片特困地区对乡村教师发放生活补助，惠及约 600 个县的 100 多万名乡村教师。实施面向贫困地区定向招生专项计划，面向 832 个贫困县 4 年累计录取学生 18.3 万人，贫困地区农村学生上重点高校人数连续三年增长 10% 以上。

（三）医疗保障全面落实

我国不断加大健康扶贫工作力度，减轻农村贫困人口医疗费用负拒，增强贫困地区医疗卫生服务能力，提高贫困地区群众健康水平，努力防止因病致贫、因病返贫。新型农村合作医疗制度逐步完善，覆盖 97% 以上的农村居民。2016 年，新农合人均补助标准提高到 420 元，政策范围内门诊和住院费用报销比例分别达到 50% 和 75% 左右。全面实施城乡居民大病保险，覆盖超过 10 亿参保居民，报销比例不低于 50%。全面建立疾病应急救助制度，开展重特大疾病医疗救助，全民医保制度防大病、兜底线的能力进一步增强，农村居民看病负担大大减轻。

2012 年以来，中央专项投资共安排 794 亿元支持贫困地区 11 万个卫生机构基础设施建设，改善贫困地区卫生服务条件。2015 年，基本公共卫生服务 12 大类 45 项得到全面落实，人均经费从 2011 年的 15 元提高到 40 元。实施农村妇女增补叶酸预防神经管缺陷、贫困地区儿童营养改善等项目，加强疾病预防控制和健康促进，贫困地区群众健康状况逐步改善。

（四）农村兜底逐步实行。

国家制定农村低保制度与扶贫开发政策相衔接实施方案。对于符合农村低保条件的建档立卡家庭，按规定程序纳入低保范围，根据家庭人均收入与当地低保标准的差额发给低保金。对于符合扶贫条件的农村低保家庭，按规定程序纳入建档立卡范围，根据不同致贫原因予以精确帮扶。对于脱贫后再返贫的家庭，分别纳入临时救助、医疗救助、农村低保等社会救助制度和建档立卡帮扶政策范围。

2015 年，全国保障农村低保对象 2846.2 万户、共 4903.6 万人，农村低保标准从 2011 年的平均每人每月 143 元提高到 265 元。2015 年低保平均标准全年达到 3178 元，比上年增长 14.4%；全国农村低保年人均补助水平 1767 元，比上年增长 13.8%。全年各级财政共支出农村低保资金 931.5 亿元。

2015 年，全国救助供养农村特困人员 516.7 万人，比上年下降 2.3%。全年各级财政共支出农村特困人员救助供养资金 210 亿元，比上年增长 10.6%。其中：集中供养 162.3 万人，年平均供养标准为 6026 元 / 人，比上年增长 12.2%；分散供养

354.4 万人，年平均供养标准为 4490 元 / 人，比上年增长 12.1%。

与 2012 年相比，农村特困人口集中和分散供养年人均标准分别增长 48.4% 和 49.3%。

（五）易地搬迁稳步实施

2012 年以来，国家累计安排中央预算内投资 404 亿元，撬动各类投资近 1412 亿元，搬迁贫困人口 591 万人，地方各级统筹中央和省级财政专项扶贫资金 380 亿元，搬迁 580 多万贫困人口，有效拓展贫困地区发展空间。

六、贫困地区基础设施建设步伐加快

贫困地区基础设施落后是制约发展的一大瓶颈。2012 年以来，我国切实加大投入力度，支持贫困地区基础设施建设，贫困地区的基本生产生活条件得到进一步改善。

（一）水利建设力度加大

2011 － 2015 年，中央水利投资用于中西部的比重达 84%。“十二五”期间，安排贫困地区中央水利投资 2375 亿元，累计解决 1.15 亿贫困地区农村居民和学校师生饮水安全问题，农村集中式供水覆盖率提高到 75% 以上。贫困地区共完成 7700 多座病险水库和大中型病险水闸除险，新建或加固江河堤防 3900 余公里，新增中小河流治理河长 1.45 万公里。

（二）电力建设成效显著

2013 － 2015 年，国家共安排投资 248 亿元，实施无电地区电网延伸和可再生能源供电工程，全国无电人口用电问题得到全面解决。实施农网改造升级工程，中央和地方政府加大了对贫困地区，特别是西藏、新疆及四川、云南、青海、甘肃四省藏区等西部偏远少数民族地区农村电力建设的投资支持力度，共安排农网改造升级工程投资 1802 亿元，大幅提升了贫困地区的供电能力和电力普遍服务水平。

（三）交通建设速度加快

“十二五”期间投入车购税资金 5500 亿元以上，带动全社会公路建设投入近 2 万亿元，全面加快了集中连片特困地区国家高速公路、普通国省道、农村公路、农村客运站点和“溜索改桥”的建设步伐，建设了 33 万公里农村公路，帮助 654 个乡镇和 4.8 万个建制村通硬化路。截至 2015 年年底，集中连片特困地区 96.1% 的乡镇和 86.2% 的建制村通硬化路，95.5% 的乡镇和 83.1% 的建制村通班车。交通运输条件的改善，使贫困地区矿产、能源、旅游等资源得到有效开发利用，脱贫致富的步伐进一步加快。

（四）通信基础设施升级改造加快

截至 2015 年年底，实现 100% 的行政村通电话、100% 的乡镇通宽带，农村地区互联网宽带接入端口超过 1.3 亿个，有效提高了贫困地区的宽带网络普及率，为贫困地区产业发展提供了有力支撑。中央投资 92.23 亿元，基本完成对 20 户以下已通电自然村广播电视覆盖。

（五）人居环境有效改善

在农村危房改造工程中，改造资金以农民自筹为主，政府补助为辅，中央补助标准从户均 5000 元提高到 7500 元，对贫困地区再增加 1000 元，帮助住房最危险、经济最贫困农户解决最基本住房安全。截至 2015 年底，全国累计安排 1556.7 亿元支持 1997.4 万户贫困农户改造危房。

七、特殊群体受到特别关爱

妇女、儿童、老年人、残疾人、少数民族等特定群体中的贫困人口是扶贫工作的重点对象。2012 年以来，我国加大优先扶持政策力度，切实保障这些群体的健康、教育、社会保障等各项权利。

（一）贫困妇女

我国加强贫困地区妇女教育培训，培训中西部农村妇女 200 多万人。实施妇女小额贷款担保项目及财政贴息政策，促进城乡妇女创业就业。开展农村妇女“两癌”检查项目，每年为全国 1000 万适龄农村妇女进行免费宫颈癌检查，为 120 万适龄农村妇女进行免费乳腺癌检查，已覆盖 532 个贫困县。2011 – 2015 年，中央彩票公益金投入 4 亿元，积极开展“贫困母亲两癌救助”。实施“母亲安居工程”“母亲健康快车”等公益项目，帮助贫困单亲母亲、患病贫困妇女改善生存和发展状况。建立完善新型社会救助体系，加大对贫困妇女的保障力度。2015 年，全国获得低保及特困人员救助供养的居民达 7121.5 万人，其中女性约 2609.4 万人，所占比重为 36.6%。

（二）贫困儿童

自 2011 年起，全国超过 1/2 的县实施了农村义务教育学生营养改善计划，按照每生每天 4 元标准为贫困地区提供营养膳食补助，中央财政累计投入 670 亿元，惠及 3360 万农村学生。自 2012 年起，实施贫困地区儿童营养改善项目，为 6 – 24 月龄婴幼儿免费提供营养包，提高监护人科学喂养知识普及程度和家庭教育水平，促进贫困地区婴幼儿健康发育成长。2015 年，该项目由中央财政专项补助经费 5 亿元，覆盖 21 个省（区、市）14 个国家集中连片特困地区的 341 个县，共 211 万名儿童受益。全面建立全国孤儿基本生活保障制度和艾滋病病毒感染儿童生活保障制度，中央财政每年安排 20 亿元，保障 50 多万名孤独和艾滋病病毒感染儿童的基本生活，并对他们的医疗、教育、康复及成年后就业、住房等做了制度性安排。实施“全国孤儿手术康复明天计划”，累计投入资金 8.6 亿元，为 9 万多名孤儿、弃婴和贫困儿童免费实施手术矫治和康复。

（三）老年人

国家积极推动养老保险制度改革。2014 年在全国范围内建立了统一的城乡居民养老保险制度。2015 年，中央和地方政府支付补贴资金 2044 亿元，保障和改善亿万城乡老年居民的基本生活。截至 2015 年年底，全国参保人数达 5.05 亿，待遇领取人数达 1.48 亿，其中 95% 是农村居民；全国共有农村敬老院 27248 所，床位 249.3 万张，日间照料服务设施已覆盖 50% 以上的农村社区；全国 20 个省（区、市）建立经济困难老人养老服务补贴制度，17 个省（区、市）建立失能老人护理补贴制度。

（四）残疾人

2015 年，《国务院关于全面建立困难残疾人生活补贴和重度残疾人护理补贴制度的意见》正式实施，第一次在国家层面建立残疾人福利补贴制度。通过专项调查，实名获取 2660 多万持证残疾人和 70 多万个社区为残疾人提供公共服务状况的基本信息，为向残疾人精准服务提供了可靠的数据支撑。

2012 年以来，中央安排 37.4 亿元康复扶贫贴息贷款，扶持 21.9 万贫困残疾人；累计为 145.2 万残疾人提供职业培训，城镇新增 123.9 万残疾人就业，2015 年开通全国残疾人网络就业服务平台；国家补助完成 117.5 万户农村贫困残疾人危房改造，317 万农村贫困残疾人得到实用技术培训，496.2 万农村贫困残疾人脱贫，因残致贫现象得到有效缓解。截至 2015 年年底，共有 1088.5 万城乡残疾人纳入最低生活保障范围，近 2230 万残疾人参加城乡居民社会养老保险，302.3 万残疾人参加城镇居民基本医疗保险。

（五）少数民族

2012 － 2015 年，中央财政安排少数民族发展资金 145.9 亿元，专项支持推进兴边富民行动、扶持人口较少民族发展以及开展少数民族特色村寨和少数民族传统手工艺品的保护与发展。国家安排中央预算内投资 55 亿元，用于帮助边境地区和人口较少民族聚居区的基础设施建设、群众生产生活条件改善和社会事业发展。

（国家统计局农村司 汪传敬）

第六部分　部门扶贫

国务院扶贫办扶贫开展情况

2015 年是“十二五”的收官之年，也是我国扶贫开发历史上极不平凡的一年。党中央、国务院空前重视扶贫开发工作，纳入“五位一体”总体布局和“四个全面”战略布局安排部署，全力推进脱贫攻坚。李克强总理在 2015 年政府工作报告中提出：“持续打好扶贫攻坚战，深入推进集中连片特困地区扶贫开发，实施精准扶贫、精准脱贫。难度再大，今年也要减少农村贫困人口 1000 万人以上。”

一年来，扶贫办在党中央、国务院的坚强领导下，以习近平总书记扶贫开发战略思想为指导，坚决落实中央决策部署，认真实施精准扶贫精准脱贫方略，全力推进扶贫开发重点工作，努力开创扶贫开发新局面。

一、主要措施

（一）强化脱贫攻坚责任

国务院扶贫开发领导小组分解下达各省（区、市）减贫任务，扶贫办与各省（区、市）人民政府签署减贫责任书，并要求 2015 年减贫人口与建档立卡贫困人口脱贫挂钩，实现精准脱贫。各省（区、市）也将脱贫任务层层分解落实。中央和地方各级财政普遍加大投入力度，相关行业部门安排资金项目继续向贫困地区、贫困群众倾斜，组织实施精准扶贫十项工程，促进贫困群众增收。

（二）落实扶贫攻坚部署

十八届五中会将脱贫攻坚作为全面建成小康社会重要的目标要求，明确提出“到 2020 年，我国现行标准下的农村贫困人口实现脱贫，贫困县全部摘帽，解决区域性整体贫困”的目标任务。随后，中央召开扶贫开发工作会议并印发《中共中央国务院关于打赢脱贫攻坚战的决定》（以下简称《决定》），分析全面建成小康社会进入决胜阶段脱贫攻坚面临的形势和任务，对脱贫攻坚战作全面系统部署，22个中西部省（区、市）党政一把手向中央签署脱贫攻坚责任书。扶贫办按照《决定》部署的聚焦一个目标、实现两个确保、完善三个机制、解决四个问题、实施五个一批、做到六个精准。围绕全面建成小康社会目标，补好贫困短板，确保现行标准下农村贫困人口全部脱贫、贫困县全部摘帽，完善考核机制、退出机制、评估机制，解决扶持谁、谁来扶、怎么扶、如何退的问题，实施扶持生产和就业发展一批、移民搬迁安置一批、教育培训脱贫一批、生态保护脱贫一批、社会保障兜底一批，做到扶持对象精准、项目安排精准、资金使用精准、措施到户精准、因村派人精准、脱贫成效精准。

（三）推进扶贫机制创新

中办、国办印发了《省级党委和政府扶贫开发工作成效考核办法》、《关于建立贫困退出机制的意见》。指导13个中西部省份制定出台了贫困县考核办法，着手研究制定行业扶贫、东西部扶贫协作和定点扶贫考核办法。财政资金改革方面，推进审批使用权限从以省为主到以县为主，81%的中央财政专项扶贫资金项目审批权限已下放到县。投融资体制方面，指导各省（区）搭建扶贫开发投融资平台，对接金融债和政策性贷款，河北、宁夏、云南、贵州、甘肃、山西等省区已组建扶贫开发投融资公司。社会扶贫方面，完善中央单位定点扶贫结对关系，以扶贫领导小组名义召开中央单位定点扶贫工作会议，建立了定点扶贫部门牵头联系新机制。协调北京、上海、天津、辽宁、山东建立东西扶贫协作资金稳定增长机制，启动实施中央企业定点帮扶革命老区“百县万村”行动和民营企业“万企帮万村”行动，动员协调苏宁云商、阿里巴巴、京东集团等实施电商扶贫工程。启动了江苏宿迁、福建三明、山东淄博扶贫改革试验区。

（四）完善“1+N”政策体系

2015年，各地地陆续出台含金量高的扶贫政策文件，15个省（区、市）出台了“1+N”系列文件，即一个全面推进脱贫攻坚的文件加上若干个配套政策文件。甘肃省委省政府出台了“1+17”配套文件，涵盖贫困地区饮水安全、电力、交通、危房改造、易地搬迁、生态环境、富民产业、电子商务、教育、卫生、乡村文化场所、社会救助、小额信贷、劳动力培训、干部人才、驻村帮扶、实绩考核等多个方面内容。云南、湖北、贵州充实和拓展“1+N”系列文件，形成了比较完整的政策体系。江苏、浙江、福建、广东等东部地区按照中央会议精神对本省相关政策进行完善。多个省（区、市）也在近期出台系列文件，助力精准扶贫精准脱贫。

（五）拓展脱贫攻坚投入渠道

2015年，中央财政预算安排扶贫资金467.45亿元，比上年增长8%；省级财政扶贫投入预算284.12亿元，增长20.25%。在充分发挥财政扶贫资金主体作用的同时，积极拓展金融扶贫、市场配置扶贫资源、社会各方面力量参与扶贫等渠道。扶贫办会同人民银行出台扶贫再贷款政策，协调配合农发行发放政策性贷款 804 亿元支持易地扶贫搬迁。组织各地大力推进扶贫小额信贷，全年发放贷款 1200 亿元。社会各界广泛参与扶贫日系列活动，募集资金 100 多亿元，是上年的近两倍。

（六）营造宣传舆论氛围

扶贫宣传工作紧盯重要会议活动、重大事件、关键时间节点持续发力，中央主流媒体围绕总书记扶贫重要活动和扶贫日、《决定》等重大事件，推出扶贫报道 3 万多条，是上年的近 5 倍。党组同志接受媒体采访 30 多次，发表多篇署名文章。多次办新闻发布会、记者吹会，发布重要信息。引导舆论热点，权威解读文件，全面宣传政策。中央“三台四网”对 2015 减贫与发展高层论坛进行了现场直播。制作《中国农村扶贫开发》专题片，组织中外媒体赴贫困地区看扶贫写扶贫，讲好中国扶贫故事。《中国扶贫》杂志多次组织策划专刊。组织中国消除贫困奖表彰和宣传，集中推出一批扶贫先进典型，社会反响良好，舆论氛围空前浓厚。自觉接受舆论监督，对涉贫舆情信息及时跟进，核查情况，依纪依规处理，并及时公布。

二、取得成效

（一）千万减贫任务超额完成

超额完成再减少 1000 万以上贫困人口的年度减贫任务，标志着《中国扶贫开发纲要（2011—2020）》提出的中期目标和“十二五”扶贫工作圆满收官。“十二五”期间，我国现行标准下农村贫困人口从 2010 年的 1.66 亿人，减少到 2015 年底的 6000 万左右，减少 1 亿人。贫困县农民人均纯收入从 2010 年的 3273 元，预计可增加到 6600 元以上，翻了一番，增长幅度连续 5 年高于全国农村平均水平。贫困地区饮水安全、道路交通、电力保障等基础设施建设目标全面完成，教育、卫生等基本公共服务目标基本完成。

（二）精准扶贫精准脱贫成效显著

加快建设国家扶贫开发大数据平台的工作进程，不断完善建档立卡工作体系，基本完成全国大集中的扶贫开发信息系统建设。组织全国开展建档立卡“回头看”，提高贫困识别精准度。着力完善基层扶工作平台。中央定点扶贫单位共向贫困村派驻第一书记 321 名。全国已选派驻村工作队 12.8 万个，驻村干部 48 万多人，基本实现了对建档立卡贫困村的全覆盖。组织指导各地因地制宜实施精准扶贫十项工程。光伏发电扶贫共帮助 43 万建档立卡贫困户户均增收 3000 元。山西共建高村级电站 68 个，总规模 7.5 兆瓦，1800 户贫困户户均可增收 3000 元。安徽建设村级电站 646 个，户用电站 5.6 万个，贫困村集体每年可增收 6 万元，贫困户户均增收 3000 元。各类金融机构发放扶贫小额信贷 1200 亿元。甘肃省注重增强可得性、扩大覆盖面，全省发放贷款达 200 亿元。宁夏向贫困村发放支持产业的小额信贷 100 亿元。推进电商扶贫，甘肃省陇南市网店达到 8000 家，辐射带动了 64 万贫困群众人均增收 430 元。河北在 20 个县开展电商扶贫试点，打造 1000 个电商扶贫村。贵州安排 1 亿元资金先期打造 10 个电商扶贫试点县。

（三）减贫领域国际合作跨上新台阶

2015 年，习近平总书记多次在重要国际场合阐述中国政府扶贫新思想新举措，向国际社会发出共享发展、协力减贫的倡议，引起了广大发展中国家的共鸣，受到了国际社会广泛赞誉。总书记出席 2015 减贫与发展高层论坛并发表“携手消除贫困促进共同发展”的主旨演讲，出席论坛的有关国家和国际组织领导人盛赞中国减贫成就。总书记在联合国发展峰会发表重要讲话，向国际社会表明中国党和政府带领人民占用贫困的坚定信心和坚强决心。在出席中非合作论坛约翰内斯堡峰会期间，总书记提出实施中非减贫惠民合作计划，提升中非减贫交流合作的倡议，得到广大非洲国家和国际社会的广泛赞誉。这些标准着我国减贫国际交流合作迈入新的历史阶段。扶贫办根据国家外交大局，积极落实“东亚减贫合作倡议”、“100 个减贫项目”，稳步推进“一带一路”战略下减贫交流合作，不断加强中拉减贫交流合作。积极发挥中国国际扶贫中心国际减贫交流平台作用，持续推进中国扶贫开发经验国际化。进一步完善外事制度，加强外事管理，从严审批因公出国任务，确保国际减贫交流合作规范安全开展。

（国务院扶贫办规划财务司 余平）

教育部扶贫开展情况

近年来，教育部按照党中央、国务院关于扶贫开发工作的决策部署，充分发挥教育在扶贫开发中的重要作用，积极推进教育扶贫、定点联系和定点扶贫等各项扶贫开发工作，在加快贫困地区教育发展和人力资源开发、促进贫困地区群众从根本上脱贫致富上发挥了重要作用，为贫困地区与全国同步建成小康社会奠定了扎实基础。

一、统筹推进教育扶贫工作实现新突破

教育部积极贯彻落实中央关于打赢脱贫攻坚战的决策部署，充分发挥教育在脱贫攻坚中的重要作用，面向集中连片特困地区实施了一系列特殊教育惠民、教育富民工程。

一是全面改善贫困地区义务教育薄弱学校基本办学条件。按照“保基本、兜住底、促公平”的实施原则，中央财政加大投入力度，计划用五年的时间，使贫困地区义务教育学校办学条件基本达标，重点保障基本教学条件、改善学校生活设施、办好必要的教学点、妥善解决县镇学校大班额问题、农村学校信息化、提高教师队伍素质等方面。截至 2015 年，累计安排薄改计划资金 1296 亿元。

二是实施农村义务教育学生营养改善计划。按照每生每天 3 元标准为 3200 多万生活在贫困地区的小朋友每天提供营养膳食补助，从 2014 年 11 月起提高到 4 元。2011-2015 年已累计安排中央资金 672 亿元。监测表明，贫困地区学生的平均身高、体重和学习成绩都有不同程度的提高。

三是实施中等职业教育学生免学费和给予国家助学金补助的政策。按照每生每年 2000 元的标准对片区内中等职业学校全日制农村在校生免除学费，并给予每生每年 1500 元的国家助学金资助，从 2015 年起，助学金资助标准提高到 2000 元。这一政策对片区农村学生实现了 100% 全覆盖，加大对农村、贫困和民族地区职业教育扶持力度，帮助片区群众掌握脱贫致富的技术技能，提升创业就业的能力，促进片区经济社会发展发挥了重要作用。

四是实施面向贫困地区定向招生计划。从 2012 年的 1 万人增加到 2015 年的 6 万人，招生高校覆盖所有“211 工程”高校和 108 所中央部属高校。新华社等多家媒体评论：这是一项充满大爱的政策，不但增加了贫困地区学生上重点大学的机会，有利于促进教育公平，缩小教育的地区差距，而且可以引导大学生回到贫困地区工作，为贫困地区经济社会发展提供人才和智力支持。

五是实施《国家贫困地区儿童发展规划（2014—2020 年）》。围绕儿童成长全过程，对片区从出生开始到义务教育阶段结束的农村儿童的健康和教育实施全过程的保障和干预，编就一张保障贫困地区儿童成长的安全网，加快形成对贫困地区儿童发展的全过程关注、全领域参与和全方位服务的政策体系，实现到 2020 年贫困地区儿童发展整体水平基本达到或接近全国平均水平的目标。

六是实施《乡村教师支持计划（2015 － 2020 年）》。国家把乡村教师队伍建

设摆在优先发展的战略位置，努力造就一支素质优良、甘于奉献、扎根乡村的教师队伍，让每个乡村孩子都能接受公平、有质量的教育。在教师补充交流上，特岗计划优先满足贫困县的需要，已覆盖贫困地区 3 万多所农村学校；国培计划优先支持贫困县乡村教师校长培训，实现培训全覆盖；师范生免费教育每年吸引 3.5 万名高校毕业生到农村任教；城镇优秀校长教师向乡村学校流动制度已经建立，要求城镇教师晋升职称（职务）应有在乡村学校任教 1 年以上的经历。在教师生活待遇上，推动落实片区乡村教师生活补助政策，2015 年中央财政核拨综合奖补资金 22.8 亿元，惠及 600 多个县的近百万名乡村教师；加快建设边远艰苦地区乡村学校教师周转宿舍，2015 年中央财政安排 19.42 亿元，建设农村教师周转宿舍 3.2 万套。这些政策的实施，有力增强了教师的职业吸引力，为吸引优秀教师在乡村任教，提升乡村学校的教学水平发挥了积极作用。

七是实施国家学前教育重大项目。按照“国十条”构建学前教育公共服务体系的要求，2011 年起，教育部会同财政部实施了四大类、7 个学前教育重大项目，重点支持中西部地区发展农村学前教育。支持中西部农村扩大学前教育资源，包括利用农村闲置校舍改建幼儿园、依托农村小学富余校舍增设附属幼儿园、在偏远农村地区开展巡回支教试点等；扶持城市部门、集体办园，解决进城务工农民工随迁子女入园，扶持普惠性民办幼儿园；实施幼师国培计划；建立学前教育资助制度，对家庭经济困难儿童、孤儿和残疾儿童入园给予资助。2011-2015 年，中央财政投入 739 亿元。

八是将直属高校统筹纳入新十年定点扶贫工作体系中。安排 44 所科研实力最强、以理工科院校为主的直属高校承担定点扶贫任务，发挥高校在教育扶贫、人才扶贫、智力扶贫、科技扶贫、信息扶贫、专业扶贫等方面的最大优势。

此外，学前教育三年行动计划、初中工程、教师周转宿舍项目以及国培计划、特岗计划等系列政策项目的实施，也有效改善了贫困地区幼儿园、义务教育学校、普通高中基本办学条件，提高了教师队伍素质。

为打赢教育脱贫攻坚战，教育部会同有关部门正在制定《教育脱贫攻坚行动计划（2016-2020 年）》，目前已通过全国教育体制改革领导小组的审议，待国务院常务会议审议通过后将积极予以贯彻落实。

二、扎实推进定点联系滇西工作再上新台阶

针对滇西边境片区教育发展落后、素质型贫困问题突出的实际，教育部积极探索以开发人力资源促进扶贫开发的新模式，在部际联系、部省联系、工作支撑机构、教育对口支援、挂职干部、社会力量等六个层面构建定点联系滇西的工作布局，有力有效促进了滇西区域发展和群众脱贫致富。

（一）完善了定点联系滇西政策体系

围绕滇西整体脱贫和全面建成小康社会的目标，逐步形成以《滇西边境山区区域发展与扶贫攻坚规划（2011-2020）》为统领，以《教育部定点联系滇西边境山区

工作方案》（教发函〔2012〕108号）和《教育部、云南省人民政府加快滇西边境山区教育改革和发展共同推进计划（2012-2017）》（教发〔2013〕6号）为支撑的政策体系，作为定点联系滇西的具体施工方案。

（二）构建了定点联系滇西工作布局。

主要从六个层面布局定点联系滇西工作：一是部际联系层面，与28个部委建立了滇西部际联系工作机制，定期召开部际联系会议，研究解决滇西扶贫重大问题。二是部省联系层面，与云南省密切联系，建立沟通机制，协同推进滇西教育改革发展。三是部内组织领导层面，成立了由部长任组长、分管副部长任副组长，有关司局主要负责同志为成员的定点联系滇西工作领导小组。四是工作支撑平台层面，在云南大学设立滇西发展研究中心，作为定点联系滇西综合性研究机构和服务平台；组建云南省校企合作促进会，作为促进云南产教融合、校企合作、工学结合的工作平台。五是对口支援层面，开展高等教育和职业教育对口支援，75所直属高校承担了滇西专项扶贫任务，东部10个职业教育集团与滇西10州市开展战略合作，对口支援职业院校。六是挂职干部层面，从2013年开始，从部机关、直属单位和直属高校选派了3批165名优秀干部赴滇西挂职锻炼，实地推动滇西扶贫工作。

（三）精心实施定点联系滇西五大精准帮扶项目

一是以新机制筹建滇西应用技术大学。结合滇西10州市特色优势产业，会同云南省以“办好一个学院、振兴一个产业、致富一方群众”为目标，采取总部加若干特色学院的开放式办学构架建设新型应用技术大学，首批启动普洱茶学院、珠宝学院、傣医药学院。二是举办滇西领导干部经济管理研修班，依托北京大学、清华大学、中国人民大学及北京交通运输职业学院等直属高校和东部职业教育集团优势学科资源，以产业经济、旅游小城镇建设、生物医药产业发展、民族文化传承等为主题，举办了10期滇西领导干部经济管理研修班，培训滇西领导干部1000余名。三是实施滇西农村青年创业人才培养计划，将在五年内面向滇西免费培养1000名优秀农村青年创业人才，聚焦“三农”指导学员开展小微企业创业。目前，已培养学员400名，70%的学员已开始创业，30%的学员正计划创业或筹备创业。四是实施滇西中学英语教师出国研修项目。协调国家留学基金委专门从滇西选拔一线中学英语教师，在北京语言大学安排1个月预备教育后，分别派赴英国、新加坡、加拿大等国家知名高校进行3个月的国外研修。目前，已累计培训教师203名，这些教师有效带动了滇西中学英语教师外语能力和教学水平的整体提升。五是吸引社会资金助力滇西教育发展。协调曾宪梓教育基金会捐资1000万港币，设立“云南滇西边境山区小学建设项目”。协调教育发展基金会安排专项资金7500万元，设立“滇西边境山区县教学点特殊重点支持项目”。协调教育部教育装备研究与发展中心联合爱心企业设立“爱心园援建工程”，向滇西66所幼儿园捐赠了总价值2500余万元的学前教育装备。

（四）推进直属高校（直属单位）对口帮扶

组织70余家直属高校和直属单位结合滇西实际，开展了一系列卓有成效的精准扶贫工作。一是将人才优势和人力资源开发对接，浙江大学、中国人民大学、复旦大学、高教社等30余家单位已免费为滇西地区行政干部、中小学教师开展了各级各类培训服务。二是将学科优势和特色产业发展对接，上海交通大学、陕西师范大学、北京中医药大学等高校选派专家到滇西开展现代农业技术推广、中药材种植计划制定、节水灌溉项目建设、城镇规划和旅游发展规划编制等工作。三是将科研优势和资源开发利用对接。南京大学在帮扶县推广"塔器分离技术"成果转化，促成了总投资1100万元的"尿激酶"产品加工销售项目落地。中国农业大学启动实施了"镇康蚌孔智慧畜牧庄园物联网建设项目"，覆盖20万亩草山及畜牧庄园。四是将信息技术优势与网络互联需求对接。中山大学、清华大学、重庆大学、电教馆等单位在帮扶县开发农产品电子商务平台，设立现代远程教育教学站和网络学习中心。五是将高考招生优势与滇西学子深造愿望对接。兰州大学、大连理工大学、中南财经政法大学、东北大学等高校已与滇西高中签订优秀生源基地协议。

三、稳步推进定点扶贫工作取得新进展

按照《关于进一步完善定点扶贫工作的通知》（国开办发〔2015〕27号）部署，教育部定点扶贫县被调整为河北省青龙县、威县。2015年前定点扶贫县为河北省青龙县、新河县、威县。针对定点扶贫地区经济社会发展实际和现实需求，教育部建立健全对口帮扶保障机制，制定详细帮扶工作计划，千方百计做好对口帮扶工作。

一是持续开展春节慰问家庭经济困难教师和贫困农户活动。从2012年起，每年春节前后，教育部都组织到定点扶贫县和对口支援县开展春节慰问活动（每年每县约10万元，每县慰问特困户8户，每户5000元；一般困难户30户，每户2000元），给贫困教师和贫困农户送去了党和政府对他们的关心和温暖，帮助他们树立信心，通过自己的努力早日脱贫致富。

二是通过深入调研，建立对口帮扶的长效机制。2013年，由我部组织调研组分别赴河北省青龙县、新河县和威县开展为期两天的调研工作。扶贫调研组按照部内的统一要求，通过走访农户、交流座谈、实地考察等形式，深入一线了解三个县的基层情况。2014年，我部调研组再赴河北省威县开展为期两天的调研工作。调研组通过交流座谈、实地考察等形式，深入一线了解威县的基层情况。通过调研，研究建立健全对口帮扶保障机制，实施原有帮扶项目，并力求拓展新的帮扶项目，千方百计做好对口帮扶工作。

三是有针对性地组织对口帮扶县干部到发达地区学习考察。2013年起，每年组织每县3-5名干部到经济发达地区学习考察，通过听专题汇报、学习职业院校先进办学经验、进工厂和企业洽谈对口合作等，提高贫困县干部水平。同时通过"国培计划"中西部项目和幼师国培项目，以中央财政转移支付形式支持河北省青龙、威县、新河县教师培训工作，推动教师全员培训，提升教师队伍素质。主要采取集中培训、置换脱产研修、远程培训等方式，共投入经费129万元，培训农村中小学幼儿园教师1491人。

四是促进校企合作，提高定点扶贫县中等职业学校汽车运用与维修专业实习实训基地建设水平。2013 年，协商部分企业向阜平职业技术教育中心、涞源县职业技术教育中心、石家庄工程技术学校、邯郸市职业技术教育中心、新河县职业技术教育中心和威县职业技术教育中心共捐赠了价值 31.9 万元的汽车维修工具和 24.3 万元的发动机及台架，供学生实习使用。2015 年，协调广汽丰田向河北省威县、青龙县和江西赣州市上犹县等贫困县赠送 7 台教具车，供职业学校汽修专业学生实习使用；协调河北农业大学、河北医科大学、河北科技大学和河北师范大学四所大学对口帮扶河北省新河县产业与教育发展。

（教育部发展规划司 吴延磊）

科技部扶贫开展情况

“十二五”期间，科技部认真落实中央扶贫工作部署，扎实开展了行业扶贫、定点扶贫和集中连片特殊困难地区扶贫工作，以提高贫困地区内生发展动力为目标，以深化科技体制改革为动力，以政策、资金、人才支持为抓手，加大科技扶贫工作力度，依靠创新驱动，突出创业扶贫，营造双创环境，构建长效机制，为打赢脱贫攻坚战提供强有力的科技支撑和引领，科技扶贫已经成为扶贫工作的新亮点和重要组成部分。

一、科技扶贫工作主要做法及成效

一是深入推行科技特派员制度，促进贫困地区创新创业。自2002年在西北五省区开展试点，2009年科技部等9部门启动科技特派员农村科技创业行动以来，科技特派员工作覆盖了全国90%的县（市、区），有72.9万名科技特派员长期活跃在农村基层，辐射带动农民6000多万人，为促进农民脱贫致富、农业转型升级和新农村建设发展做出了积极贡献。

二是实施科技计划项目，加快先进实用技术的应用推广，促进贫困地区特色产业培育和农民增收。统筹安排星火计划、火炬计划、农业成果转化计划、中小企业创新基金、科技富民强县等科技计划，加强集成创新和引进消化吸收再创新，加快成熟适用技术在贫困地区特色产业发展中推广应用，突破一批农业技术瓶颈，在良种培育、新型肥药、加工贮存、疫病防控、农村民生等方面取得一批重大实用技术成果，形成一批贫困地区急需适用的“技术成果包”、“产品成果包”、“装备成果包”，保障农村科技成果的有效供给，提高贫困地区创新创业能力和内生发展动力。在中西部地区先后认定了36个科技特派员创业链和31个创业培训基地。

三是加快构建新型农业社会化科技服务体系，努力解决贫困地区科技服务“最后一公里”问题。结合农村信息化示范省建设，以12396公益电话号码作为全国统一农业科技服务热线接入号码，构建全国统一的农村科技信息服务平台。在中西部地区先后认定了19家高等学校新农村发展研究院，并成立了协同创新战略联盟，发挥高等学校在贫困地区的示范推广作用。积极鼓励有条件地区成立科技特派员协会，服务科技特派员。

四是加强贫困地区国家农业科技园区建设。立足贫困地区的优势和特色，加快指导中西部地区建设175家国家农业科技园区，发挥国家农业科技园区在扶贫开发中的技术集成、要素聚集、应用示范、辐射带动作用，引进、孵化和培育科技型农业企业，促进贫困地区农业产业化进程和农民增收致富。

五是实施“三区”人才支持计划科技人员专项计划，加强贫困地区人才队伍建设。2014年，科技部联合中组部、财政部、人力资源社会保障部和国务院扶贫办，组织实施边远贫困地区、边疆民族地区和革命老区人才支持计划科技人员专项计划，两年落实中央财政投入5.4亿元，支持中西部省份选派“三区”科技人员34437名，培养“三区”本土人才5558名，深受“三区”地方党委政府和老百姓欢迎。

六是加强科技示范，促进社会主义新农村建设。依托村镇建设综合技术集成示范等科技计划项目，在贫困地区组织开展科技扶贫示范乡村建设示范试点，在定点帮扶县形成“县有科技示范园，乡有科技示范村，村有科技示范户”的三级科技示范体系，建立了40多个科技扶贫示范基地，如井冈山市山陂楼村、安塞县侯沟门村、英山县东冲河村、光山县胡楼村、永新县樟枧村、佳县打火店村等典型示范村，有效带动了当地经济建设和社会事业发展。

七是建立挂职制度，实施团队扶贫。自1980年代开始共选派科技扶贫团28届，累计477人次，2015年启动了向重点贫困村选派“第一书记”的工作。扶贫团岗前有培训、新老有交接、工作常交流、总结加考核，而且各项管理都制定详细工作程序和规定。大别山、井冈山和陕北三个分团分别安排一名司局级领导作为团长，对两位团员进行传帮带，既保证定点扶贫工作的顺利落实，又有效培养了年轻干部。

八是加强部门联合，认真做好片区扶贫攻坚联系工作。作为秦巴山片区牵头联系单位，积极与国家铁路局、中国铁路总公司等有关部门协同配合，共同推进《秦巴山片区区域发展与扶贫攻坚规划》的实施。组织开展“秦巴山片区科技创业扶贫专题调研”，围绕片区创新创业能力、政策环境，以及创业案例、经验等进行全面、深入的了解，提出了加强“一县一品”特色产业发展的工作思路。定期组织召开秦巴山片区区域发展与扶贫攻坚工作推进会，协调相关行业部门共同推进秦巴山片区的扶贫攻坚与区域发展。同时，积极配合相关部门，做好其余13个集中连片特困地区的扶贫工作。

二、科技扶贫工作经验与体会

（一）顶层设计，四级联动

科技部将科技扶贫工作摆在科技创新工作重中之重位置。由科技部牵头协调，建立了部、省、市、县四级科技管理部门抓科技扶贫工作的联动机制，形成合力。成立了由主要领导任组长、分管领导任副组长，有关司局为成员的科技扶贫领导小组，全面负责科技扶贫工作的规划指导、统筹协调、工作推进、督导检查。省、市科技管理部门也成立了相应组织机构，切实承担起了本地区的科技扶贫工作的组织协调。

（二）找准需求，项目带动

在充分考虑贫困地区和革命老区扶贫攻坚中的科技需求的同时，将依靠创新驱动促进贫困地区、革命老区经济社会发展作为科技创新发展的重要任务。同时，科技管理部门多次深入调研，与贫困地区科技扶贫需求精准对接，找准着力点和切入点，编制领域科技扶贫规划，并与贫困地区精准扶贫规划有效衔接。加强省级科技管理部门实施“一县一策”，地市级科技管理部门推动实施“一乡一品”的措施。将地区科技扶贫规划转化成年度工作计划，将年度工作计划转化为具体科技项目，以项目实施全方位推动工作落实。

（三）加大指导，政策倾斜

科技部结合中央财政科技计划（基金、专项等）管理改革，通过重点研发计划、技术创新引导专项（基金）等加大对科技扶贫的支持力度，涉及到贫困地区的重点研发计划项目优先立项，项目成果优先在贫困地区转移转化。持续实施“三区”人才支持计划科技人员专项计划，为贫困地区、革命老区发展提供人才和技术支撑。广泛动员号召经济发达地区科技部门对口帮扶科技部定点扶贫县、秦巴山片区和革命老区，加速其脱贫步伐。继续加大对贫困地区、革命老区科技管理部门的支持，提高其管理能力和服务水平。

（四）创新方法，完善机制

结合各地科技发展规划和扶贫实际，创新科技扶贫工作方式方法，建立健全了领导责任、工作联系、考核评估、监督检查、信息报送、宣传报道等科技扶贫工作机制。强化了对科技扶贫工作的考评，围绕建档立卡贫困户精准扶贫、精准脱贫效果进行科学评估，建立了奖惩制度，加强了督导检查。同时，加强了对科技扶贫项目的执行和经费使用的监督和评估。

（五）加强宣传，营造氛围

利用各类型媒体，采取多种方式，做好正面宣传和舆论引导工作，宣传科技扶贫工作取得的进展和成效，总结推广好经验、好做法、好典型，营造科技扶贫的良好环境氛围。在科技日报、《中国农村科技》等媒体开设“科技扶贫”专栏，大力弘扬“情系老区、扎根基层、求真务实、创新创业”的科技扶贫精神。依托中国科技网建立了科技扶贫信息共享暨成果交易平台，加强扶贫政策、典型经验、先进事迹宣传，交易展示先进适用技术成果，为贫困地区、革命老区提供科技服务。

三、“十三五”时期推进科技扶贫工作的部署

“十三五”时期，我国已进入全面建设小康社会的关键时期，深化改革开放、加快转变经济发展方式的攻坚时期，2016 年 4-5 月密集出台了《国家创新驱动发展战略纲要》、《关于深入推行科技特派员制度的若干意见》、《促进科技成果转移转化行动方案》、《关于科技扶贫精准脱贫的实施意见》等重要文件，对贫困地区提高创新能力，激发创新创业活力都做出了工作部署。

（一）工作目标

组织动员 20 万名以上科技人员大军深入脱贫攻坚第一线，做给农民看，领着农民干，带着农民赚，开展科技服务和创业式扶贫。围绕贫困地区、革命老区特色支柱产业、生态农业，转化推广 5 万项以上先进适用技术成果，形成“一县一业”、“一乡一品”。在贫困地区、革命老区、少数民族地区建设 3000—5000 个“星创天地”，有条件的贫困县至少建设一个科技园区。

（二）工作重点

1. 开展智力扶贫，增强贫困地区发展内生动力

推进贫困地区科技人才队伍建设。认真落实《国务院办公厅关于深入推行科技特派员制度的若干意见》，推进实施边远贫困地区、边疆民族地区和革命老区人才支持计划科技人员专项计划。加大对乡土人才和创业队伍培养力度，在定点扶贫县探索建立科技人才创新驱动中心。

强化贫困地区新型职业农民培训。加强对贫困地区返乡农民工、本土科技人员、大学生村官、乡土人才、科技示范户等的培训。鼓励和支持高等学校、科研院所发挥人才、成果、基地等方面的优势，为贫困地区培养懂技术、会经营、善管理的新型职业农民，造就一批具有科技意识、创新精神的企业家。

加强贫困地区科普工作。继续开展科技列车行、流动科技馆进基层、文化科技卫生“三下乡”、科普大篷车万里行、科技之光青年专家服务团活动等，向定点扶贫县基层党支部赠送科技报刊。继续做好全国党员干部现代远程教育课件的制播工作，在贫困地区、革命老区电视台推广“星火科技 30 分”电视节目。

选派科技干部和科技人员到贫困地区挂职锻炼。鼓励和引导各级科技管理部门和各类科研单位的优秀年轻科技管理干部和科研人员到贫困地区挂职锻炼。

2. 开展创业扶贫，提升贫困地区产业发展水平

培育贫困地区创业主体。深入推行科技特派员制度，实施“三区”人才计划，带动人才、技术、管理、信息以及资本等现代生产要素向贫困地区逆向流动。扎实开展贫困地区创业扶贫带头人培训。

打造贫困地区创业载体。建设一批“星创天地”、科技园区，发挥星火科技 12396、农技 110、专家大院、科技特派员服务站等作用，构建线上线下相结合的一站式开放性综合服务平台，支持科技特派员、大学生、返乡农民工、职业农民等开展创新创业，推动“大众创业、万众创新”。

壮大贫困地区特色支柱产业。征集、凝炼、发布一批贫困地区、革命老区急需适用的“技术成果包”、“农村科技口袋书”。鼓励贫困地区、革命老区建立完善技术中介机构，发展技术市场，推动产学研合作。发展农产品加工业，延长产业链，推动一二三产融合发展。发展电子商务，引导建设贫困地区农产品网上销售平台，加强贫困地区、革命老区农村电商人才培训。发展光伏农业，加强技术研发和示范应用，推动光伏扶贫。加强中药材、经济林果等规范化种植技术普及推广。发挥科技成果转化引导基金的带动作用，促进科技和金融结合，支持龙头企业提高创新创业能力，推动贫困地区、革命老区特色支柱产业发展。

鼓励与贫困地区对接帮扶。鼓励国家高新技术产业开发区、国家农业科技园区与贫困地区对接，帮助筹建科技园区、产业园区，实现贫困地区人员转移就业。鼓励支持国家重点实验室、工程技术研究中心与贫困地区对接。鼓励支持国家高新技术企业到贫困地区投资兴业。发挥高等学校新农村发展研究院作用，建立专家储备和后台支持机制。

“十三五”期间，将持续加强4个定点帮扶县科技创新体系建设，认真落实秦巴山片区牵头单位职责，重点推进相关工作，全面探索可复制、可推广的贫困地区创新驱动发展模式。到2020年，将科技部定点扶贫县建设成为创新驱动精准脱贫的试验田和示范点，推动秦巴山片区成为“科技扶贫示范区”。

（科技部农村司 霍季春）

工业和信息化部扶贫开展情况

工业和信息化部高度重视扶贫开发工作，全面贯彻习近平总书记新时期扶贫开发战略思想，认真落实中央扶贫开发工作会议以及《中共中央、国务院关于打赢脱贫攻坚战的决定》战略部署，强化“创新、协调、绿色、开放、共享”五大发展理念，切实增强加快推进脱贫攻坚的责任感、使命感和紧迫感。2015 年，具体围绕以下几方面开展扶贫工作。

一、统筹工作部署，加强调研指导

强化顶层设计，我部定期召开会议研究部署部扶贫开发工作，重点工作报部长办公会审议。2015 年 5 月 26 日召开了部 2015 年扶贫工作会议，部扶贫领导小组组长苗圩部长作重要讲话，国务院扶贫办副主任洪天云出席会议，会议总结近两年扶贫工作，表彰先进，动员系统力量，统筹部署下一步工作。2015 年 9 月，第 16 次部长办公会专门听取了部扶贫工作汇报，研究部扶贫重点工作，强化工作任务落实。

工业和信息化部积极组织开展多层次、多领域、全方位的调研工作，了解贫困地区实情，加强对地方业务工作指导，协调解决地方实际需求。2015 年，苗圩、莫玮同志分别带队赴燕山－太行山片区和定点贫困县进行专题调研，部机关司局、部属高校和事业单位及各级工业和信息化主管部门以多种形式深入基层，开展扶贫调研，结合各自业务优势，努力为当地发展出谋献策。

二、发挥行业优势，培育特色产业

工业和信息化部充分发挥行业优势，按照精准扶贫、精准脱贫原则，在规划制定、政策指导、项目安排、人才培养等方面，因地制宜，坚持以多种渠道、多种方式，加大培育贫困地区特色产业力度，提高贫困地区的自我发展能力努力。一是推进落实《工业和信息化部关于全国工业和信息化系统支持集中连片特殊困难地区发展的意见》。号召全系统发挥行业优势，积极参与和支持贫困地区脱贫攻坚工作，重点推进信息服务应用、通信服务能力与提升、基础能力培育和产业项目扶持等工程。二是加大项目资金支持。利用现有资金渠道，对贫困地区符合产业政策的项目给予倾斜，工业强基工程对于贫困地区项目予以加分倾斜支持。2015 年，支持定点县和燕太片区县扶贫项目 26 项，帮扶资金 1500 万元。三是培育特色优势产业发展。扶持燕山－太行山片区和定点扶贫县发展食品、服装、绿色建材、清洁能源等特色优势产业。积极推进怀安县应急产业示范基地建设，支持围场县尾矿资源综合开发利用，指导大同县“中小微企业示范园区”建设。协调中国安全产业协会在河南定点洛宁县实施安全清洁燃料技术项目。四是加强部省合作，形成扶贫工作合力。2015 年，工业和信息化部与河北省人民政府签订《推进河北省转型升级绿色发展战略合作协议》，协议中明确提出指导河北省做好燕山－太行山片区省级“十三五”实施规划与国家相关行业（专项）规划的衔接，以重大基础设施建设项目为切入点，督促指导片区规划实施。

三、坚持网络先行，完善通信基础设施

工业和信息化部高度重视贫困地区通信基础设施建设，落实“宽带中国”战略，通过持续实施“通信村村通工程”和宽带中国年度专项行动，不断完善电信普遍服务补偿机制，深入实施贫困村信息化工作，进一步缩小“城乡数字”鸿沟。支持包括燕山－太行山片区在内的集中连片特困地区地区宽带发展，提高农村信息化水平，积极推进连片特困地区已通电行政村的通信基础设施建设。截至2014年底，已实现100%行政村通电话、100%乡镇通宽带。到2015年底基本实现《关于创新机制扎实推进农村扶贫开发工作的意见》确定的片区已通电行政村互联网全覆盖任务目标。通过网络扶贫，为贫困地区带来了丰富的物流、商流、信息流、资金流，助力实施电子商务扶贫工程，拓展了扶贫新渠道。

四、选派优秀干部，加大智力帮扶

工业和信息化部将干部挂职锻炼与扶贫工作相结合。2015年6月，选派了5位政治和业务素质强的同志赴定点扶贫县挂职扶贫，分别任县委副书记、常委、副县长和驻村第一书记。挂职扶贫干部贯彻落实国家有关扶贫政策，按照部扶贫工作总体安排，主动融入，扎根基层，积极为地方办实事，发挥桥梁纽带作用，为当地经济社会发展做出了积极贡献，受到了地方政府和干部群众的好评。2015年1月，工信部驻豫定点扶贫工作队获得河南省扶贫开发领导小组授予“中央、国家机关驻豫定点扶贫先进集体”荣誉称号，工信部挂职扶贫干部徐鹏和鲍常科同志获得“中央、国家机关驻豫定点扶贫先进个人”荣誉称号。2015年5月，四川省委、省政府发来感谢信，高度肯定工信部在川定点扶贫工作。此外，2015年“扶贫日”活动期间，部机关党小组、团支部开展了“1+1”助学活动，延续结对帮扶定点县贫困学生103人，累计帮扶捐助资金142962元。我部会同团中央共同指导北京航空航天大学、中国人民大学组织在校学生开展“创新创业扶贫实践调研”活动，为定点县经济社会发展献计献策。

五、加大宣传力度，动员多方力量

为进一步加强与扶贫工作各方的沟通了解，加大对工业和信息化部扶贫工作的宣传力度，展现广大干部职工扶贫济困、甘于奉献的精神风貌，我部自2011年起每年编辑出版《工业和信息化部扶贫工作年鉴》，2013年起每季度编印《工业和信息化部扶贫工作情况通报》，2015年“扶贫日”活动期间还专门编印了《扶贫日活动专刊》，以期对新时期扶贫工作发挥积极的推动作用。此外，我部还协调中国电信、中国移动、中国联通3家基础电信运营企业在10月16、17日推送“扶贫日”公益短信，号召全国人民“一起关注贫困、一起扶贫济困、一起共建小康”。

（工业和信息化部规划司综合处 刘博）

国家民委扶贫开展情况

为促进少数民族和民族地区的发展，国家制定了一系列扶持少数民族贫困地区加快发展的政策措施。国家民委结合部门工作职能，以推动具有民族特色的专项工作为抓手，扎实稳步推进少数民族地区的脱贫攻坚。

一、大力推进兴边富民行动

我国陆地边境与 14 个国家接壤，有 30 多个民族与国外同一民族相邻而居。从 2000 年开始，由国家民委倡议发起了以“富民、兴边、强国、睦邻”为宗旨的兴边富民行动。实施范围包括 9 个边疆省区的陆地边境县（旗、市、市辖区）。“十二五”期间，中央累计安排专项资金 140 亿元，实施了一大批特色优势产业发展、基础设施建设和民生项目，促进了边境地区的团结稳定和经济社会事业的全面发展。

二、促进人口较少民族加快发展

针对全国总人口 30 万以下的 28 个少数民族的贫困情况，会同有关部门制定并实施扶持人口较少民族发展规划。“十二五”期间，中央安排 65 亿元专项资金，实施基础设施建设、生产发展、社会发展等各类项目 1 万多个。这些项巨重点围绕人口较少民族聚居行政村实现“五通十有”目标来实施。经过十多年的扶持，人口较少民族地区发生了显著变化，乡村基础设施和群众生产生活条件日益改善，增收渠道不断拓宽，社会事业协调并进，人口较少民族群众精神面貌焕然一新。

三、保护发展少数民族特色村寨

为了传承和弘扬少数民族传统文化，保护中华文化多样化，探索在保护中发展、在发展中保护的路子，从改善群众生产生活条件、保护特色民居、培育特色产业、传承民族文化和民族团结进步创建“五位一体”入手，国家民委与财政部联合开展少数民族特色村寨保护与发展工作，截至 2015 年底，中央财政累计安排少数民族发展资金 20 亿元，目前，全国共开展实施特色村寨建设项目约 1000 个，其中有 340 个村寨列为首批国家民委命名挂牌的“中国少数民族特色村寨”，受益人口达 20 多万人，涉及 40 多个少数民族，在地域分布上覆盖了大多数民族地区。“中国少数民族特色村寨”品牌的影响力和辐射力持续加大，在民族地区形成了一道亮丽的风景线。

四、制定实施民贸民品优惠政策

为满足少数民族群众的特殊消费需求，保障少数民族民生，国家制定实施以财政、金融和税收为核心内容的扶持民族贸易和民族特需商品生产优惠政策，覆盖 435 个民贸县、1903 家少数民族特需商品定点生产企业。“十二五”前四年，中央财政安排民族贸易和民族特需商品生产流动资金贷款贴息 119.9 亿元，安排扶持民贸企业网点建设和民品企业技术改造专项资金4.4亿元。启动实施“千家培育百家壮大”工程。从2007年起，国家民委对边销茶、民族毯、民族体育用品、民族乐器、民族工艺美术品等少数民族特需商品独特生产工艺和技术，组织实施“中国少数民族特需商品传统生产工艺和技术保护工程”，共开展了十期，推动了少数民族特需商品独特生产工艺和技术的有效保护、传承和发展。会同有关部门制定颁布《少数民族特需商品目录》，包括10个大类、500多种，基本保障了少数民族群众生产生活的特殊需要。清真食品、民族药、边销茶等定点生产企业在技术改造、基地建设等方面有了很大提升。少数民族文字印刷品、语言文字软件等文体用品类特需商品市场供给更加丰富，尊重和保障了少数民族语言文字的使用和发展权利。

五、推动武陵山片区脱贫攻坚与区域发展

2011年国家民委负责联系武陵山片区扶贫开发工作，积极协调相关部门加大支持力度，据不完全统计，国家和省相关部门“十二五”期间支持片区发展的各类资金达1.43万亿元。联合国家开发银行加大开发性金融支持武陵山片区发展的力度，与4省市签订四省六方《共同推进武陵山片区区域发展与扶贫攻坚试点合作协议》，“十二五”期间，开发银行向武陵山片区发放贷款944亿元，投放专项建设基金69亿元，支持片区水电、水利、土地储备、高速公路等基础设施和棚户区改造、农业产业化发展、助学贷款等民生领域发展。与国家旅游局、全国工商联、国家开发银行和4省市共同签订四省八方《推进武陵山片区旅游减贫致富与协同发展合作协议》，推动片区旅游扶贫与协同发展。委属高校通过校地合作“十二五”期间投入5838.5万元支持片区发展，增加招生计划。与贵州省政府共建铜仁职业技术学院，推动职业教育精准扶贫助推片区脱贫攻坚。

六、开展定点扶贫、对口支援和干部人才培训

国家民委承担定点帮扶内蒙古巴林右旗、广西德保县，对口支援江西乐安县的扶贫工作。建立委领导联系扶贫点制度，增加安排帮扶资金，选派优秀干部到定点扶贫县挂职帮扶和任贫困村第一书记，举办脱贫攻坚专题研修班，提高基层干部脱贫攻坚创新能力。协调东中部21个省市民族工作部门对口援藏援疆。会同中央组织部、中央统战部选派546名西部地区和其他少数民族地区干部到东部发达地区以及中央和国家机关部委、国有重要骨干企业挂职锻炼，加强少数民族干部队伍建设。

（国家民委经济发展司 袁彦）

民政部低保开展情况

一、农村低保制度建制情况

农村最低生活保障（以下简称农村低保）制度，是在改革农村定期定量救济、农村特困户救助的基础上逐步探索建立的新型社会救助制度，是农村社会救助体系的核心内容。

2006 年 10 月，党的十六届六中全会作出《中共中央关于构建社会主义和谐社会若干重大问题的决定》，第一次提出了在全国“逐步建立农村最低生活保障制度”的普遍性要求。2007 年 7 月，国务院印发《关于在全国建立农村最低生活保障制度的通知》（国发〔2007〕19 号），对农村低保标准、保障对象、规范管理、资金落实等内容作出了明确规定，标志着农村低保制度进入了全面推进阶段。到 2007 年底，全国 31 个省（区、市）全部建立实施农村低保制度。2012 年 9 月，国务院下发《关于进一步加强和改进最低生活保障工作的意见》（国发〔2012〕45 号），对城乡低保制度进一步作出规范。2014 年 2 月，国务院颁布《社会救助暂行办法》（国务院第 649 号令），在行政法规层面把农村低保和城市低保统一规定为最低生活保障制度，并在低保资格条件、低保标准制定、低保申请审核审批程序、社会救助家庭经济状况核对等方面提出明确要求。

二、农村低保制度的主要内容

（一）制定低保标准

根据《国务院关于在全国建立农村最低生活保障制度的通知》，农村低保标准由县级以上地方人民政府制定并公布执行。为加强标准制定的城乡和区域统筹，《国务院关于加强和改进最低生活保障工作的意见》明确，“省级人民政府可根据区域经济社会发展情况，研究制定本行政区域内相对统一的区域标准，逐步缩小城乡差距、区域差距”。《社会救助暂行办法》在此基础上明确规定，低保标准由省、自治区、直辖市或者设区的市级人民政府制定或调整。

制定低保标准的主要依据是维持当地居民基本生活所必需的吃饭、穿衣、用水、用电（燃煤、燃气）等费用。考虑到农业生产的季节性特征，农村低保标准一般按年计算。同时，当地政府每年都会根据生活必需品价格变化情况和经济社会发展水平适当提高低保标准。为应对食品类物价突发性上涨，而低保标准不能及时调整的问题，国家还建立了低保标准与物价上涨挂钩的联动机制。当居民基本生活费用价格指数（或居民消费价格指数）月度涨幅达到临界条件时，启动联动机制，发放价格临时补贴；连续一定时期回落至临界条件以下时，停止发放价格临时补贴；连续发放价格临时补贴一定时期以上时，按照正常程序提高城乡低保标准，停止发放价格临时补贴，以保障困难群众生活水平不受物价上涨因素影响。目前，所有省份均已建立这项机制，并实现良性运行。

（二）补差发放低保金

低保金发放的具体金额与救助对象的家庭人均收入直接相关。原则上按照申请人家庭人均收入与低保标准之间的差额发放。如果没有任何收入来源，则可以全额享受低保金。计算家庭人均收入时，按照共同生活的家庭成员的全部收入平均计算。《国务院关于在全国建立农村最低生活保障制度的通知》提出，可以在核查申请人家庭收入的基础上，按照家庭困难程度和类别分档发放。《国务院关于加强和改进最低生活保障工作的意见》和《社会救助暂行办法》统一明确为补差发放。补差救助的政策规定，有利于从根本上解决“政策保”、“搭车保”、定比例、分指标的顽疾，维护制度的权威性和严肃性。

（三）低保资金筹集

《社会救助暂行办法》规定，县级以上人民政府应当将社会救助纳入国民经济和社会发展规划，完善社会救助资金、物资保障机制，将政府安排的社会救助资金和社会救助工作经费纳入财政预算。为了确保经济欠发达地区低保制度的顺利实施，中央财政建立了低保资金补助制度。2011-2014 年，农村低保资金共计支出 3122.8 亿元，其中，中央财政支出 1865.28 亿元，约占 59.7%（不包含一次性补助资金）。2015 年，中央财政将城乡低保资金统筹使用，当年全国共支出城乡低保资金 1596.6 亿元，其中中央财政补助 1171.48 亿元，占 73.4%。

（四）经济状况调查

低保以家庭为单位提出申请，凡申请低保的家庭，必须接受家庭经济状况调查，以确定其家庭人均收入低于当地公布的低保标准，家庭财产状况符合当地规定的有关条件。申请家庭收入和财产状况的核实与计算，是低保管理工作核心环节。《社会救助暂行办法》明确，低保家庭收入状况、财产状况的认定办法，由省（区、市）或者设区的市级政府制定。近年来，省级民政部门加大统筹协调力度，按照《最低生活保障审核审批办法（试行）》（民发〔2012〕220 号）有关规定，立足本地区实际，制（修）订农村低保或者城乡低保家庭收入、财产状况认定办法，细化工资性、经营性、财产性和转移性等方面的收入项目，分项确定核算方法和工作程序，同时，制定低保家庭的住房、机动车、银行存款、有价证券等大额财产的认定标准和条件，明确核算和评估的具体方法。同时，越来越多的地区建立核对机构，查询申请人及其家庭成员在住房、车辆、社会保险、金融等部门和机构的收入和财产信息，极大地提高了救助对象认定的准确率。

（五）实行分类施保

分类施保，就是对低保对象中的特殊困难群体，通过增发低保金的方式保障其基本生活。《国务院关于在全国建立农村最低生活保障制度的通知》明确，农村低保对象生活常年困难的原因“主要是因病残、年老体弱、丧失劳动能力以及生存条件恶劣等”。《社会救助暂行办法》明确要求，县级以上地方人民政府对于低保家庭中生活仍有困难的老年人、未成年人、重度残疾人和重病患者等4种类型特困群众，应当采取必要措施给予生活保障。分类施保政策，体现了对特殊困难群体的特别关爱。目前，全国各地普遍实行了分类施保，使特殊困难群体基本生活得到更好的保障。

（六）加强动态管理

动态管理是低保工作的基本原则之一，是规范化管理的主要内容。加大动态管理力度，实现应保尽保、应退尽退，是确保有限的救助资金真正用于最需帮助的困难群众身上，提高资金使用效益、维护社会公平正义的重要手段。动态管理主要体现在两个方面：一是人员的动态调整，及时将符合条件的纳入低保范围，不符合条件的退出救助范围，实现“对象有进有出”；二是待遇的动态调整，按照补差发放的原则，根据定期核查低保家庭的人口、财产和收入等变化情况，重新计算应当享受的低保待遇，增发、减发或停发低保金，实现“补助水平有升有降”的政策要求。为落实相关规定，各地普遍对动态管理的具体内容、时限、实施办法等做出详细的规定。《社会救助暂行办法》也再次明确，对于停发低保金的要书面说明停发理由，这也是保护低保对象权利的具体举措。

（七）强化制度衔接

1. 农村低保与专项救助制度的衔接。为解决困难群众在住房、医疗、教育等方面的难题，政府逐步建立了各项专项救助制度。《社会救助暂行办法》在梳理、归纳原来以其他法制形式分立的社会救助制度的同时，对各项社会救助作出了一系列新规定。低保和特困人员供养、受灾人员救助、医疗救助、教育救助、住房救助、就业救助、临时救助等8项制度和社会力量参与共同作为社会救助基本内容，构建了一个分工负责、相互衔接、协调实施，政府救助和社会力量参与相结合的具有中国特色的社会救助制度体系。

2. 农村低保与扶贫开发制度的衔接。低保制度维持生存，扶贫开发促进发展。农村低保和扶贫开发作为解决农村贫困问题的两项重要措施，相辅相成、相互促进，共同保障了农村困难群众的生存和发展权益。2015年，中共中央、国务院印发的《关于打赢脱贫攻坚战的决定》（中发〔2015〕34号）要求，“尽快制定农村最低生活保障制度与扶贫开发政策有效衔接的实施方案”。为实现农村低保与扶贫开发的有效衔接，切实发挥好农村低保在脱贫攻坚战中的兜底保障作用，去年以来，民政部会同扶贫办、中央农办、财政部、统计局和中国残联，多次赴各地进行实地调研，召开部门协调会议，在此基础上研究起草了关于做好农村低保制度与扶贫开发政策有效衔接的政策措施，明确了加强农村低保制度与扶贫开发政策衔接的目标原则、重点任务、工作要求和保障措施，并从政策衔接、对象衔接、标准衔接和管理衔接等方面，提出了一系列政策措施。

3. 农村低保与新农保制度的衔接。为指导各地做好新型农村居民社会养老保险与农村低保制度的衔接工作，积极引导和支持低保对象参加新农保，以解决其老年的后顾之忧，提高生活水平，2012 年 2 月民政部会同人力资源社会保障部等部门联合下发了《关于做好新型农村和城镇居民社会养老保险制度与城乡居民最低生活保障农村五保供养优抚制度衔接工作的意见》（人社部发〔2012〕15 号），要求各地按照待遇只叠加、不扣减、不冲销并兼顾现行政策的原则做好政策衔接工作，鼓励有条件的地方为低保对象参保提供资助；在审批低保对象时，中央确定的基础养老金“十二五”时期暂不计入家庭收入。

三、农村低保制度的发展现状

（一）“十二五”期间农村低保基本情况

1. 低保人数有所减少。农村低保在全面建制前保障人数较少，2001 年仅 305 万人，2006 年为 1209.1 万人；2007 年全面建制后人数迅速攀升，达到 3451.9 万人；之后逐年增加，到 2010 年底，基本实现“应保尽保”。“十二五”期间，全国农村低保对象规模基本稳定在 5000 万左右，截至 2015 年底，农村低保对象数为 4903 万人，占全国农业人口数的 5.5%。

图6-6-1 “十二五”期间农村低保对象数量图

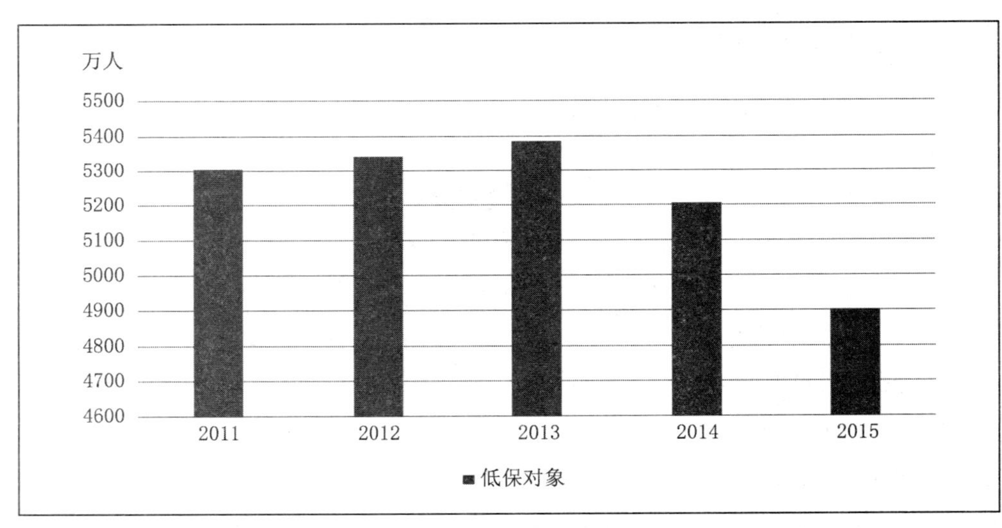

数据来源：民政部社会救助司

2. 低保标准不断提高。2007 年农村低保全面建制时，全国农村低保平均标准为每人每月 70 元，月人均补助 38.8 元。2010 年，中央提出了“十二五”期间低保标准年均增长 10% 的目标。截至 2015 年底，全国农村低保平均标准达到每人每年 3178 元。“十二五”期间，全国农村低保平均标准年均增长 17.8%，实现了预期目标。

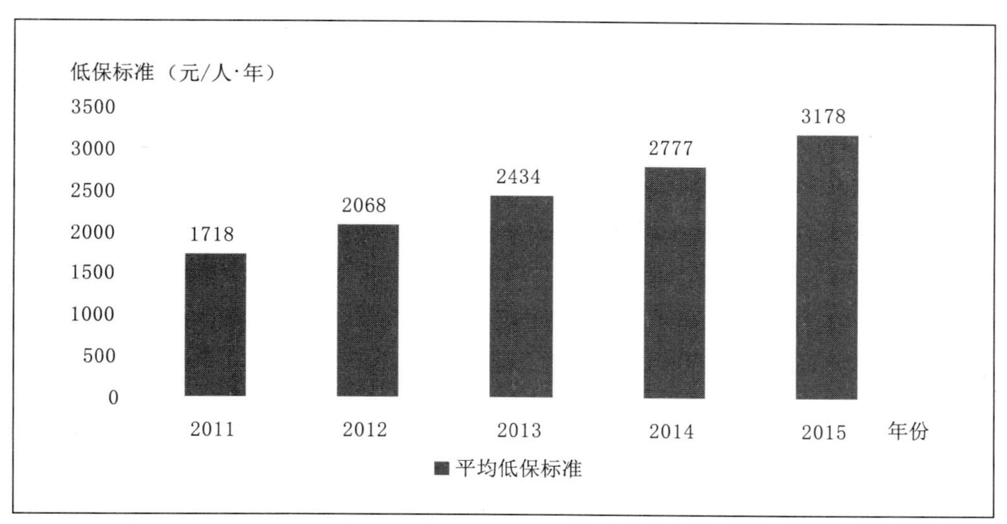

图6-6-2 “十二五”期间农村低保标准图

数据来源：民政部社会救助司

3. 资金投入持续增加。2007 年全国建制后，当年支出农村低保资金 109 亿元。“十二五”期间，农村低保资金支出大幅增长，2011 年全国支出农村低保 667.7 亿元，2015 年全国支出农村低保资金 931.5 亿元。在农村低保资金总支出中，中央财政投入从 2011 年的 345 亿元增加到 2014 年的 582.6 亿（2015 年，中央财政将城乡低保资金统筹使用，不再区分城乡），所占比例从 27.5% 提高到 66.9%。财政投入特别是中央财政投入的持续增加，确保了城乡低保资金的稳定来源，对于低保制度的顺利实施起到了基础性作用。

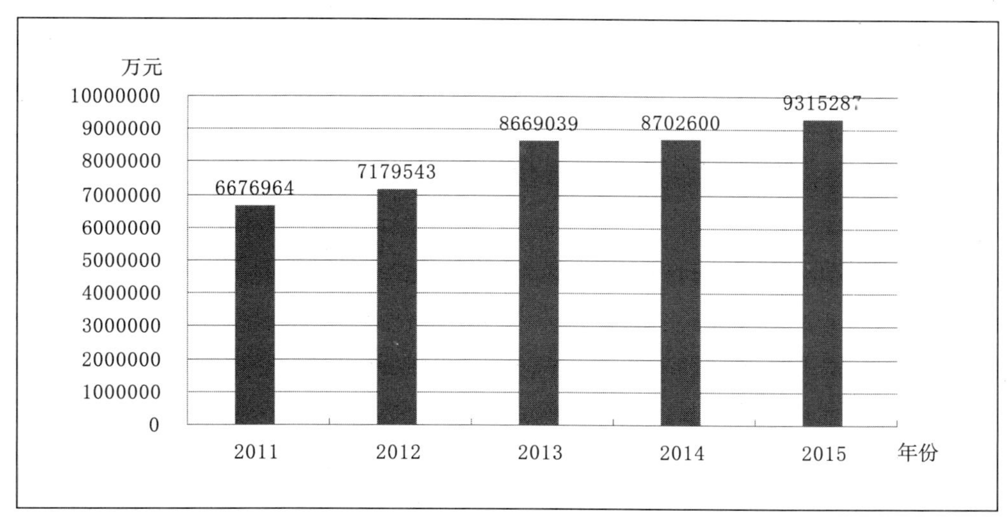

图 6-6-3 历年农村低保资金支出图

数据来源：民政部社会救助司

（二）工作成效

农村低保制度自建立以来，在健全农村社会保障体系、构建社会主义和谐新农村、促进社会公平正义等方面发挥着重要作用。

一是保障了农村困难群众基本生活。农村低保制度的建立和实施，对于保障经济欠发达地区困难群众的基本生存权发挥了重要作用。截至 2015 年底，全国纳入农村低保的困难群众达 4903 万人，约占全国农业人口的 5.5%。从保障对象看，主要是因病残、年老体弱、丧失劳动能力以及生存条件恶劣等原因造成生活常年困难的农村居民。从地域分布看，农村低保对象主要集中在中、西部经济欠发达地区，其中西部 12 省份农村低保对象 2387.7 万人，占全国农村低保对象总数的 48.7% 以上，占西部农业人口总数的 8.3%；农村低保人数占当地农业人口数比例超过全国平均数的 13 个省份中，有 11 个西部省份，2 个中部省份。

二是维护了农村和谐稳定，促进了社会公平正义。农村低保制度的建立和实施，标志着中国社会救助制度由传统向现代的转型。在救助理念上，实现了由“施舍、恩赐”向“公民法定权利”和“政府法定责任”的转变；在救助对象认定上，由依据困难群众的社会身份向依据贫困程度和救助标准转变；在工作方式上，由以往的随意性、临时性向科学化、规范化、制度化转变。低保制度不仅让农村困难群众实实在在地享受到了国家改革发展的成果，体会到了共和国公民的尊严，而且实现了社会财富对困难群众的“二次分配”，弥补了市场经济分配机制的缺陷，缩小了城乡收入差距，维护了农村社会稳定，促进了社会公平正义。

三是开创了中国反贫困工作的新模式。农村低保制度自建立以来，取得了举世瞩目的成绩，不仅有效解决了我国数千万农村贫困群众的温饱问题，而且为我国贫困治理模式创新探索了新路子。在此之前，中国的贫困治理主要采取基础设施建设、项目扶持等形式，将现金直接发放到困难群众手中的方式少，规模也小。农村低保制度建立后，直接现金转移支付的贫困治理模式逐渐成为我国反贫困工作中的最主要的政策措施之一，发挥着越来越重要的作用。

四、面临的挑战和展望

（一）推动农村低保申请家庭经济状况核查

由于城乡二元结构的影响，农村家庭经济状况、社会信息化管理水平等，同城市相比有其自身特点。目前的一些办法普遍缺乏针对性，操作性还不强。一是核查项目难细化。随着农村劳动力的转移，农村居民收入来源更趋多元化，既有传统的农业生产性收入，也有各类工资性、转移性和财产性收入，部分省份虽然制定了较为详细的核算办法，但难以反映现实繁多复杂的收入、财产的实际，可操作性较差。二是核算标准难量化。农村种植、养殖等农业生产收入需通过产量、市场价格和成本投入进行核算。由于种植、养殖品种的多样性、生长的季节周期性、地域分布的特殊性、生产技能的差异性、市场价格的不确定性等因素，目前还缺少公平合理的量化核算标准。三是核查政策执行难。农村低保须以家庭经济状况作为认定依据，但由于农村收入、财产构成复杂，计算项目繁多，逐项核实成本高，大多靠申请人申报和邻里反映。虽然各地在大力加强居民家庭经济状况核对机制建设，但由于农村条件有限，信息化程度低，信息比对等核对办法在农村适用程度低。从根本上解决一些地方农村低保定比例、分指标、错保漏保的顽疾，必须统一思想、下定决心、排除阻力，全面推行农村低保申请家庭经济状况核查，以实际核查并经民主评议的收入和财产状况作为认定农村低保对象的唯一依据，确保对象认定客观真实、群众认可、经得住检验。

（二）加快推进城乡低保统筹发展

党的十八届三中全会提出，“推进城乡最低生活保障制度统筹发展”。统筹城乡低保制度，既要着眼于缩小城乡、区域差异，又要实现低保制度与户籍制度改革同步调整。一是进一步加强城乡低保制度及其他社会救助政策与户籍改革制度的衔接，按照国家户籍改革的整体部署，结合城镇化发展规划纲要，鼓励有条件的地方探索试行在居住地申请低保。二是完善低保标准动态调整机制。加强制度顶层设计，明确标准制定主体、提高标准制定层级、统一标准制定方法、规范标准调整程序；建立低保标准与居民基本生活消费支出水平挂钩机制，明确对低保标准的动态调整要求，使城乡低保标准与当地经济社会发展水平相适应。三是加强城乡低保资金统筹使用。以资金效益最大化为原则，合理安排、使用低保资金，加强资金使用的城乡统筹，为实现城乡低保待遇公平创造条件。

（三）整合加强基层经办力量

根据《社会救助暂行办法》的规定，指导各地加强基层社会救助能力建设，不断提升服务能力和水平。一是指导省级政府出台并落实工作人员配备的量化措施。按照乡镇人口或救助对象数量的一定比例，通过“带编抽人”、公开招聘、开发公益性岗位等形式，充实到县乡两级社会救助经办机构。二是保障工作经费，推行政府购买服务。指导各地量化安排社会救助工作经费并纳入财政预算，督促省级财政安排资金用于补助基层工作经费，出台政府购买社会救助服务的具体办法和措施，将部分事务性、临时性、服务性工作承包给社会组织、专业社会工作机构和竞争性市场主体承担。三是加强资源整合，建设社会救助统一经办窗口。研究在乡镇（街道）建立社会救助经办（服务）中心的政策措施，依托现有政府办事大厅等设施，建设统一受理社会救助申请的经办窗口。四是推进居民家庭经济状况核对机制建设，抓紧健全县级以上民政部门的核对工作机构和核对信息平台，提高经办管理效率。

（民政部社会救济司 钟一涵）

国土资源部扶贫开展情况

“十二五”时期，国土资源部认真落实《中国农村扶贫开发纲要（2011-2020年）》，定点扶贫赣州市8个国家扶贫开发工作重点县，比照定点扶贫支持河北省阜平县、广西靖西县扶贫开发，牵头联系乌蒙山片区区域发展与扶贫攻坚工作，出台了一系列支持贫困地区的政策和措施，大力实施土地整治、矿产资源开发、地质灾害防治和地质公园建设项目，通过部、省、市、县四级国土资源部门联动，为推动“十二五”时期扶贫开发工作发挥了积极作用。形成了国土资源扶贫的特点并积累了经验。

一、国土资源扶贫的特点

（一）以项目为依托，政策“落地”性强

土地政策有力保障了基础设施、民生工程和产业项目及时落地，支撑了贫困地区发展，增强了贫困地区“造血”功能和内生动力。根据第二次全国土地调查及年度变更调查成果，支持贫困地区开展土地利用总体规划调整完善工作，划定永久基本农田，统筹各类各业用地，在严守耕地红线的基础上，保障“十二五”时期经济社会发展和扶贫开发用地空间。本着“应保尽保”的原则，专项安排贫困地区土地利用计划，2013 － 2014 年，对乌蒙山片区、赣州革命老区等每年每县单独安排新增建设用地指标 300 亩；2015 年对 592 个国家扶贫开发工作重点县每县单独安排新增建设用地指标 300 亩。2011 年以来，共批准 14 个集中连片特困地区增减挂钩规模 68 万亩，占全国的 26%。

（二）牵头联系与定点扶贫助推国土扶贫瞄准性高

国土资源部采用“订单式”扶贫政策扶贫，极大地支持了赣南特色农业产业和工业支柱产业的发展。2012 年以来，赣州市经济社会发展稳中加速，主要经济指标增幅连续 3 年高于全国平均水平、位居全省前列。国土资源部总结赣州扶贫经验，在牵头联系的乌蒙山片区和定点扶贫地区推广国土资源部认真总结赣州定点扶贫经验的基础上，及时推广到牵头联系的乌蒙山片区，并在定点扶贫的湖南省新田县及部扶贫联系的河北省阜平县、广西靖西县推广。结合各地实际情况，出台针对性支持措施，包括出台支持毕节试验区的差别化国土资源政策；根据云南省政府请国土资源部支持的有关事项，提出了支持乌蒙山云南片区耕地保护补偿机制建设、高标准基本农田建设和石漠化治理、矿产资源整装勘查力度等 6 个方面的支持意见；针对四川省凉山州提出的需求，部在用地指标倾斜、土地综合整治、矿山环境治理、耕地占补平衡、矿业用地试点、地质灾害防治等方面出台了 19 项支持措施，有效支持了凉山州资源优势转化和民生改善。

（三）国土开发体现扶贫的正外部性明显

支持贫困地区开展废弃矿山地质环境综合治理，改善生态环境。支持贫困地区25度以上坡耕地有序退耕还林还草，相应核减耕地保有量和基本农田面积，保护自然生态。在贫困地区和革命老区开展地下水勘查与供水安全示范工程，解决了2200多万人口缺水问题。完成连片特困地区680个贫困县地质灾害调查，建立健全群测群防体系，提高了地质灾害防范治理能力，保障了人民群众财产安全。中国地质调查局在赣州开展土地质量化学调查，查明一批富硒土壤，当地依托调查成果，采用企业+农户模式建起了蔬菜大棚，开启了农民致富新路。

（四）借助增减挂钩政策，发挥主导型作用

扶贫开发，特别是易地搬迁过程中，项目实施需要大量的资金相匹配，通过增减挂钩的手段，能让项目区贫困人口实现搬得出、稳得住、能致富的巨标。为充分显化土地级差收益，支持扶贫开发，巴中市将4500亩增减挂钩节余指标流转到成都高新区，获得收益13.28亿元，用于支持“巴山新居”等扶贫工程建设。河北阜平将700亩增减挂钩节余指标流转到廊坊市，获得收益5.59亿元，支撑村庄迁并工程；陕南地区运用增减挂钩政策支持生态移民搬迁，解决了20亿元建设资金。实践表明，这项政策措施拓宽了扶贫开发资金渠道，可以有效解决扶贫开发筹资难题，成为脱贫攻坚的有力支撑。

（五）以土地利用基础要素为媒介奠定大扶贫基础

“十二五”期间，全国共安排贫困地区土地整治项目5200多个，整治规模6100多万亩，投入资金940多亿元，极大改善了贫困地区农村面貌和产业生产条件，提高了粮食综合生产能力，吸引了大量企业参与到扶贫开发当中来，增加了农民收入，经济、社会、生态综合效益显著。河北阜平是一个年财政收入不到3亿元的贫困县，将土地整治增加的耕地指标流转用于占补平衡，已获资金23亿元；同时引进农业开发企业，采用PPP模式开展农业产业化经营，农民拿到了租金、股金、薪金，政府增加了财政收入，企业投资有稳定回报，实现了多方共赢。通过指标的市场化运作和农用地土地流转方式，城镇获得了用地新空间，农村释放了闲置的土地资源，农民提前获得了未来的土地增值收益，推动了项目区的经济发展和土地增值。

二、国土资源扶贫的经验

（一）用好用活增减挂钩政策，为脱贫攻坚提供资金保障

用好用活增减挂钩政策支持易地扶贫搬迁规划工作平台建设。以发改、规划、国土、住建、扶贫等部门为主体，建立省级投融资工作平台。主要是统筹全省国家扶贫开发工作重点县和片区县范围内新增建设用地计划指标和城乡建设用地增减挂钩计划指标。实现项目区分别管理，认真审查把关实施规划调整，保证合法合规用地，保证贫困户足额占用土地面积，从申请到入库要建立一笔台帐。从市域范围和省域范

围内对节余指标的使用统一管理。专项安排用于商住用地。增减挂钩政策保障信贷资金偿还来源。从政府主导到贫困群众入住，需要多部门的协同完成，任何一个部门的作为都会成为下一个环节的前提。

（二）用好土地整治政策，助推扶贫开发与可持续发展

土地整治项目的实施，通过“田、水、路、林、村”的综合整治，使项目区土地成为田成方、路相通、渠相连的高产稳产农田，云南省土地整治完成后，土地利用程度普遍提高了3%以上，生产能力普遍提高了10%以上，生产成本降低了10%以上，增强了耕地综合生产能力。云南省“十二五”间实施的土地整治项目惠及80多万农民群众，人均增加粮食400余公斤，人均增加纯收入500余元，新增耕地还解决了20多万农民的长远生计，为我省粮食安全做出了积极贡献。同时，所实施的部分项目还为3万多易地扶贫移民安置提供了生产生活用地，保证了移民能够“搬得来、留得住、能发展，可致富”。

（三）落实“四级联动”工作机制，加强政策配套设计和保障

国土资源部作为一个部门，建立了中央统筹政策、省负总责、市、县抓落实的四级国土资源部门联动工作机制，中央政策从国土资源部到省、市县的国土资源部门负责落实，以此完成精准扶贫精准脱贫战略及其政策的精准而有效投放。中央层面政策出台后，各地结合本省、市、县实际制定符合地区实际需要的可落地的政策。在国土资源助力扶贫开发方面的政策相对完善，以省国土资源厅为主导出台实施了一整套国土扶贫政策体系，在市、县层面落实，全面推进脱贫攻坚工作。

（四）抓住国土资源改革试点契机，让贫困群众分享土地增值收益

通过国土资源管理改革创新，激活贫困地区资源要素，释放改革红利，加快脱贫致富。支持贫困地区开展城镇低效用地再开发、工矿废弃地复垦利用、低丘缓坡荒滩未利用地开发试点，优化城乡用地布局，拓展建设用地空间。实施旅游扶贫用地政策，增加贫困地区收入。开展绿色矿山、和谐矿区建设试点，将资源开发收益向原产地原住民倾斜，使当地群众共享矿业开发成果。开展农村土地制度改革试点，让贫困群众合理分享土地增值收益，有更多“获得感”。2011年以来，在国土资源部支持乌蒙山片区四川、贵州和云南3省国土资源管理改革试点，四川省将对国土资源部下达的2万亩工矿废弃地复垦利用指标给乌蒙山片区适度倾斜；2013－2015年，共实施16个挂钩项目、安排周转指标485公顷。

（五）公益性地质调查为贫困地区和革命老区经济社会发展提供支撑

先后在乌蒙山、太行山、六盘山、滇黔桂石漠化片区等贫困地区和陕甘宁、沂蒙山革命老区开展了地下水勘查与供水安全示范，完成水文地质调查面积22 万平方千米，施工探采结合深井6000 余眼、浅井200 余万眼，解决了2200 多万人的缺水问题。完成了680 个县（市、区）的地质灾害调查，有序推进了地质灾害详查，累

计查明地质灾害隐患点 11.6 万处，威胁人员 720 万人，建立了群测群防体系。完成了以流域为单元的地质灾害调查与风险区划示范 4 万平方千米，为防灾减灾和人民群众生命安全提供了保障。完成土地质量地质调查 24 万平方千米，圈出富硒土地 1.1 万平方千米，调查发现 118 个国家扶贫开发工作重点县和片区县存在不同类型的富硒土壤资源，为贫困地区发展富硒产业提供支撑。

（六）地质公园建设成为国土资源扶贫新载体

国土资源部按照全国主体功能区规划和国家公园体制建设要求，已批复贫困地区国家地质公园 80 处，申办成功世界地质公园 10 处，这些地质公园通过在国家地质公园和世界地质公园网络名录中的影响，激发了国内外众多游客来旅游，已经成为贫困地区发展旅游产业实现贫困群众脱贫的新动力。2012 年 10 月，国土资源部批复贵州赤水丹霞国家地质公园。2014 年以来旅游扶贫成为赤水市精准扶贫的主要措施，围绕扶贫整合旅游资源发展产业增加就业，已实现 2.75 万人精准脱贫。2015 年 9 月，织金洞国家地质公园被联合国教科文组织正式批准为世界地质公园新成员，国内外慕名而来旅游的人数成倍增加。2015 年的旅游人数就达 68 万人门票收入 7000 万元，园区内全年实现旅游综合收入 5.6 亿元。织金洞世界地质公园的世界影响力正逐步显现。

三、国土资源扶贫的四个案例

（一）陕南 3 市的成功实践促进了跨区域流转节余指标政策的出台

陕西省汉中、安康、商洛 3 市 27 县位于秦巴山片区，由于山洪、泥石泥等地质灾害频发，3 市 28 县有 60 万户 240 万人需要实施生态扶贫移民搬迁。2013 年国土资源部因势利导出台支持政策，首次提出允许上述 3 市将增减挂钩指标在市域范围内使用，并将土地增值收益全部返还搬迁区。据测算，移民搬迁用地 20.5 万亩，资金缺口 600 亿元。每个集中安置点规模达到 30 户以上，集中安置每户用地控制在 0.2 亩以内，分散安置每户用地控制在 0.25 亩以内，通过搬迁可腾退宅基地 41.5 万亩，除安置用地外可节余 12.7 万亩用于在省内市域范围内流转，以每亩出让收入 30 万元计可达 380 亿元，为移民搬迁提供 50%以上的资金。截至目前，陕南 3 市已从节余指标在市域范围内交易中获得土地出让收益 40 亿元，65 万人因此实现易地搬迁脱贫。增减挂钩政策在陕南 3 市生态扶贫移民搬迁的实践，直接导致 2014 年国土资源部出台政策允许贫困地区增减挂钩节余指标在省域范围内流转使用。

（二）四川省巴中市在增减挂钩新政策出台后迈出节余指标省域交易第一步

巴中市 3 县 1 区位于秦巴山片区，41.39 万户、152 万人长期生活在高寒山区、地质灾害隐患区易地扶贫搬迁任务重。2011 年以来，巴中市依托城乡建设用地增减挂钩项目，启动实施以“巴山新居”建设为首的六大扶贫工程。2014 年国土资源部出台政策支持巴中市在市域范围内开展流转增减挂钩节余指标的探索。到 2015 年底，巴中市申报增减挂钩项目 119 个，建成“巴山新居”中心村 102 个、聚居点 1549 个，15.3 万户、55.08 万人搬进新居。2016 年 3 月，巴中市与成都市高新区签署协议，巴中市 4500 亩增减挂钩节余指标以 29.5 万元 / 亩的价格转让给成都市高新区有偿使用，指标流转总额 13 亿元。首批 2100 亩节余指标已在高新区确定对应建新地块，正在按程序报批。这是增减挂钩新政出台后，巴中市成为全国第一个增减挂钩节余指标在省域范围内实现流转的贫困地区。

（三）河北省阜平县实现贫困群众搬得出稳得住

河北省阜平县地处燕山－太行山片区，总面积 2496 平方公里，山地面积占 87%，未利用地资源丰富。现有人口 22.98 万人，其中贫困人口 6.5 万人。作为“燕山－太行山片区阜平试点”成员单位，国土资源部在用地政策上给予了阜平县大力支持。阜平县对全县 209 个行政村、1208 个自然村进行城乡总体规划和村庄布点规划，建立“1（县城）+6（中心镇）+43（农村中心社区）+37（基层村）+32（特色保留村）”的城乡发展格局。全县搬迁人口 4.7 万户 14.9 万人（其中，贫困户 2.3 万户，贫困人口 6.5 万人）。2016 年 3 月，成功实现跨市交易增减挂钩节余指标，阜平县与廊坊市大厂县签署土地指标有偿流转使用协议，以每亩 80 万元流转阜平县寺口、全庄、楼房 3 村（3 村建档立卡贫困户 327 户，贫困人口 519 人）节余指标 717.06 亩，获得收益 5.74 亿元。以楼房村为例，有建档立卡贫困户 119 户，贫困人口 214 人，将 8 个自然村进行搬迁整合建设美丽乡村预计需要 8000 万元，109 亩增减挂钩节余指标流转获得 8720 万元满足搬迁需要，实现了易地搬迁脱贫。

（四）四川省泸州市利用土地政策发行易地扶贫搬迁债券

2015 年 10 月，泸州市叙永县和古蔺县政府与成都市双流县政府签订增减挂钩指标转让协议，所得收益用于 2 县易地扶贫搬迁工程建设。国家发展改革委批准的 20 亿元债券，发行时间为 2 年，每次发债 5 亿元，分 4 次完成。前 2 年作为发债时间，第 3 年开始还款，按年息不低于 5.30% 支付利息，还款额每年不低于发债总款项 10%，10 年内还清全部款项。还款资金来源为叙永县和古蔺县增减挂钩项目节余指标流转收益、财政专项补助资金，若上述 2 项资金不能满足还款时由泸州市政府安排其他资金补足。由泸州市农村开发建设投资公司发行、华西证券承销的首期 5 亿元易地扶贫搬迁项目债券在发行时，获得 6.79 倍认购，社会反响强烈，利率最终定在 4.30%。其前提是发行债券所涉增减挂钩节余指标以每亩 60 万元的价格协议转让，四川省国土资源厅对省域内交易控制在每年 5000 亩以内。泸州市级融资平台公司泸州市农村开发投资建设有限公司作为发债主体，叙永县和古蔺县向平台公司申报项目，平台公司根据项目拨付资金。易地扶贫搬迁债券的发行主要是基于增减挂钩政策，但信贷产品的设计必须市场化，以充分降低风险，吸引投资者。叙永县和古蔺县这一创新模式成为全国首个以增减挂钩节余指标融资用于易地扶贫搬迁的成功典型。

（国土资源部扶贫办公室 郑子敬）

交通运输部扶贫开展情况

（一）概况。交通运输是扶贫开发的重要内容，是贫困地区脱贫攻坚的基础性和先导性条件。2015 年，交通运输部深入贯彻落实党中央国务院关于脱贫攻坚的部署要求，将交通扶贫和农村公路工作摆到更加重要、更为突出的位置，坚持精准扶贫、精准脱贫，加大工作力度，推动交通建设扶贫、联系六盘山片区、定点扶贫阿坝州和对口支援安远县等扶贫工作再上新台阶，圆满完成了“十二五”目标任务，创新思路制定了“十三五”交通扶贫脱贫攻坚规划和投资政策。

（二）交通建设扶贫。2015 年，交通运输部以集中连片特困地区为主战场，加快推进《集中连片特困地区交通建设扶贫规划纲要（2011-2020 年）》和《“溜索改桥”建设规划（2013-2015 年）》，大力推进贫困地区交通基础设施建设，提升农村公路质量与安全水平，推进农村客货运输良性发展，为贫困地区与全国同步建成小康社会提供坚实的交通运输保障。2015 年全年安排超过 1300 亿元车购税资金，支持 14 个集中连片特困地区改造建设 3980 公里高速公路、2.3 万公里普通国省道和 7.7 万公里农村公路、110 个县级客运站、1.86 万个乡村客运站点，解决片区 143 个乡镇、1.05 万个建制村通畅问题。安排 6 亿元资金，推进 110 个“溜索改桥”项目建设。

2015 年，14 个集中连片特困地区共完成公路水路交通固定资产投资 4188.6 亿元，同比增长 1.1%，自 2012 年开展集中连片特困地区扶贫攻坚工作以来，四年间 14 个片区共完成公路水路交通固定资产投资 15329.4 亿元，年均增长 9.5%。截至 2015 年年底，14 个集中连片特困地区公路总里程达 132 万公里，比上年增加 4.05 万公里，同比增长 3.2%，高于全国平均增幅 0.7 个百分点；比 2011 年增加 16.25 万公里，增长 14.0%，高于全国平均增幅 2.5 个百分点。农村公路里程达到 115 万公里，比上年增加 3.53 万公里，增长 3.2%，高于全国平均增幅 0.7 个百分点，比 2011 年增加 14.5 万公里，增长 14.5%，高于全国平均增幅 2.8 个百分点。农村通达通畅水平显著提升，14 个片区 14.8 万个建制村中通硬化路率达到 86.23%，比上年提高 7.57 个百分点，比 2011 年提高 28.17 个百分点，西部地区通硬化路率达到 81%，圆满完成了《中国农村扶贫开发纲要（2011-2020 年）》提出的“到 2015 年除西藏外西部地区 80% 的建制村通沥青（水泥）路”的任务要求。

（三）完成国务院两大年度目标任务。2015 年政府工作报告明确交通运输部完成“新改建 20 万公里农村公路”和“完成西部边远山区溜索改桥建设任务”两项目标任务。交通运输部高度重视，对任务进行细化分解并列入交通运输贴近民生 10 件实事，与全年重点任务同时督查、统筹推进。一是及时下达资金计划，明确项目清单，全面推进项目实施。二是细化各项工作措施。制定印发了《关于落实 2015 年国务院政府工作报告新改建农村公路 20 万公里任务目标的通知》和《关于加快推进农村公路和溜索改桥建设的通知》，对任务进行细化分解并列入交通运输贴近民生 10 件实事，与全年重点任务同时督查、统筹推进，并督促各省份做好任务分解、建立台账、倒排工期、落实责任并按月上报进度资料。三是协调解决困难问题。部领导带队赴建设任务最重的四川、云南两省督查调研，协调解决规划项目调整和金沙江特大桥问题，协调国务院扶贫办及时下达专项扶贫资金支持项目建设。四是加强督促检查。2015年10月，部党组成员分别带队赴河北、广东等7省（区、市），围绕2015年党中央、国务院重大决策部署，全国交通运输工作会议重点目标任务以及以农村公路建设为重点的民生实事开展专题调研和现场督查，对进展相对滞后省份进行了约谈。在部省共同努力下，到2015年底，全国实际完成新改建农村公路25.1万公里，与国务院扶贫办共同支持的309个溜索改桥项目全部开工，圆满完成国务院下达的年度目标任务。

（四）编制"十三五"交通扶贫规划。交通运输部深入贯彻落实习近平总书记关于扶贫开发、支持革命老区、民族地区等系列重要讲话精神，在全面完成"十二五"交通扶贫攻坚工作的基础上，提前谋划，组织调研组赴重庆、四川、云南、陕西、甘肃、青海、宁夏等省开展实地调研，组织召开西南和西北两个片区座谈会，开展摸底调查，找准问题，提出对策，编制"十三五"交通扶贫规划。在党的十八届五中全会和中央扶贫开发工作会议之后，交通运输部立即按照中央最新精神，对照全面建成小康社会要求和脱贫攻坚总目标，细化实化优化"十三五"交通扶贫脱贫攻坚工作思路、主要任务和支持政策。规划按照"精准扶贫、精准脱贫"的要求，以"五大发展"理念为引领，进一步加大支持力度，把集中连片特困地区、国贫县、革命老区、民族地区和边疆地区都纳入支持范围，重点建设"康庄大道路""幸福小康路""平安放心路""特色致富路"，抓好创新扶贫理念、扶贫政策、扶贫机制、建设模式、服务标准"五个创新"。2015年12月1日，交通运输部邀请国务院扶贫办和其他10个片区牵头联系部委进行座谈，听取对交通运输部《"十三五"交通扶贫规划》的意见建议，研究共同做好片区牵头联系工作的机制和做法。2015年12月2日，杨传堂部长主持召开部务会议，审议通过了《"十三五"交通扶贫规划》。

（五）全国交通扶贫工作会议、六盘山片区扶贫攻坚部省协调推进会。为深入贯彻落实党的十八届五中全会和中央扶贫开发工作会议精神，2015年12月4日，交通运输部在兰州召开了全国交通扶贫工作会议，并套开了六盘山片区扶贫攻坚部省协调推进会，对打赢"十三五"交通扶贫脱贫攻坚战和六盘山片区扶贫工作进行了全面动员部署。全国交通扶贫工作会议提出要凝心聚力、精准施策，实现交通扶贫脱贫工作先行一步、率先突破。杨传堂部长要求各级交通运输主管部门要把交通扶贫脱贫工作放在心上、扛在肩上、抓在手上，着力构建主体责任落实机制，强化政府主导、部省联动机制，完善政策保障机制，强化工作监督考核，坚决打赢交通扶贫脱贫攻坚战，确保小康路上决不让任何一个贫困地区因交通而掉队。六盘山片区扶贫攻坚部省协调推进会重点是协调动员片区四省区和中央各有关部门力量，坚持规划引领，加强政策保障，完善工作机制，强化责任落实，确保六盘山片区如期完成脱贫任务、与全国共同进入全面小康社会。

（六）联系六盘山区、定点扶贫、对口支援。2015年，交通运输部按照国务院的工作部署，扎实有序推进六盘山片区、定点扶贫阿坝州、对口支援安远县等专项工作。一是倾斜支持加快这些地区的交通建设，安排了近 170 亿元车购税资金支持六盘山片区加快交通基础设施建设，在交通扶贫规划的基础上又分别多安排 1 亿元和 2 亿元资金支持阿坝州和安远县公路建设。二是深入开展调查研究。杨传堂部长等部领导赴六盘山片区甘肃、宁夏等地开展实地调研，部综合规划司、公路局、运输司等业务司局分赴六盘山片区、阿坝州和安远县调研，协调解决有关问题。三是深化干部人才支持。向阿坝州派出第四批驻州扶贫联络组（3 人），向六盘山片区派出第 2 批挂职干部（7 人）赴固原市、西吉县、淳化县、临洮县、乐都区基层挂职，充分发挥桥梁纽带作用，为当地加快实现振兴发展和脱贫致富贡献力量。四是深入推进六盘山片区扶贫试点，积极探索扶贫体制机制创新。截至 2015 年底，5 个试点县提前完成了建制村通硬化路、通班车的小康目标，分别建立了工作方案和制度，按计划加快了交通等基础设施建设，带动一批特色产业发展、招商引资、城镇建设等不断取得新成果，因地制宜逐步探索促进城乡客运发展新思路和农村公路建管养新体制。

（七）部、行合作破解交通扶贫融资难题。为破解交通扶贫融资难题，交通运输部分别与国家开发银行和中国农业发展银行进行了多次座谈和交流，研究推进开发性金融支持交通扶贫攻坚有关事宜。2015 年 11 月 26 日，交通运输部杨传堂部长与国家开发银行胡怀邦董事长就加大开发性金融对交通扶贫攻坚支持力度进行会谈，并签署了《开发性金融推进交通扶贫攻坚合作协议》。2015 年 8 月 18 日，交通运输部和中国农业发展银行联合印发了《关于充分发挥农业开发性金融作用支持农村公路建设的意见》。根据协议和意见，双方将围绕全面建成小康社会和交通扶贫脱贫攻坚目标任务，充分发挥交通运输部门的组织协调优势和两行的中长期投融资优势，在融智、融资等方面开展广泛合作，破解交通扶贫融资难题，共同支持贫困地区交通基础设施建设，为这些地区整体脱贫致富、全面建成小康社会提供保障。

（八）片区部际联系。2015 年，交通运输部积极配合各集中连片特困地区牵头联系单位的工作，扎实推进各片区交通建设扶贫规划，支持各片区加快建设“外通内联、通村畅乡、班车到村、安全便捷”的交通运输网络，为片区扶贫脱贫攻坚中提供基础支撑。积极配合国务院扶贫办、民政部、工信部、水利部、住建部、国家民委、卫计委、教育部、国土部等做好罗霄山、燕山一太行山、滇桂黔石漠化、大别山、武陵山、吕梁山、滇西边境、乌蒙山等片区扶贫攻坚部际联系事宜，参加相应的片区部际联系会议，帮助解决片区交通发展问题。

（九）定点扶贫阿坝州。按照国务院扶贫办、中央组织部等 8 部门《关于做好新一轮中央、国家机关和有关单位定点扶贫工作的通知》（国开办发〔2013〕78 号）的有关要求，交通运输部负责定点扶贫四川阿坝州的黑水、小金、壤塘三个国家扶贫工作重点县。2015 年，交通运输部从阿坝州州情出发，立足精准识别、精准扶贫、精准脱贫总体要求，把推进阿坝州定点扶贫工作作为保障和改善民生的大事，细化工作思路，加强项目管理，注重扶贫实效，稳步推进阿坝州交通扶贫各项工作。（1）大力推进交通扶贫项目建设，提升交通运输保障能力。2015 年共安排阿坝州实施交通扶贫项目17个，项目总投资1.535亿元，其中交通运输部车购税投资1亿元，四川省交通运输厅配套补助2000万元。（2）派出第四批驻阿坝州扶贫联络组，扎根基层做好定点扶贫服务工作，其中组长挂职任州委常委、副州长，一名成员挂职任州交通运输局副局长，另一名成员担任小金县营盘村第一书记，工作周期2年，通过实职实权的挂职方式，加强部、省、州对交通扶贫工作的统一部署与决策协调。（3）开展农村公路建设管理人才培训。由交通运输部管理干部学院自筹资金，以“交通运输安全管理”为专题于2015年5月4日至10日成功举办了阿坝州第六期交通运输人才培训班，培训交通技术管理人员40人。此外，交通运输部管理干部学院远程教育部专门针对阿坝州组织实施了交通运输系统在职人员专升本的学历教育工作，共为阿坝州培养交通人才43名。

（交通运输部扶贫办 汪忠）

水利部扶贫开展情况

水利部党组高度重视水利扶贫开发工作，特别是十八大以来，按照党中央、国务院的决策部署，举全行业之力加大水利扶贫攻坚力度，形成了水利行业扶贫、滇桂黔石漠化片区联系、水利定点扶贫、重点地区对口支援、贵州水利扶贫试点的“五位一体”水利扶贫新格局。

一、“十二五”水利扶贫主要做法

一是加强组织领导，高位推动工作落实。水利部党组始终把水利扶贫放在水利工作的突出位置，成立了以分管副部长为组长、15个主要司局为成员的部扶贫领导小组。2011年以来，部主要领导和分管领导先后20多次组织召开会议研究部署工作，解决重大问题，推动工作落实。我部组织的贫困地区水利专题调研100多人次，其中部领导参加的有20多人次。

二是注重规划引领，认真编制扶贫规划。根据扶贫开发工作要求，我部先后组织编印了《全国水利扶贫规划》《全国水利定点扶贫专项规划》《全国水利扶贫规划滇桂黔石漠化片区水利扶贫实施方案》《贵州省铜仁地区水利扶贫试点规划》等10个水利扶贫规划或重点项目实施方案。这些规划和方案作为水利扶贫的纲领性文件，在资金落实、项目安排、政策倾斜等方面发挥了重要的引领作用。

三是建立健全机制，扎实开展精准扶贫。我部认真落实精准扶贫、精准脱贫方略，建立了水利扶贫需求调查机制、项目储备机制、投资倾斜机制、扶贫统计机制、扶贫考核机制等五项水利扶贫精准工作机制。通过精准机制的建立，各地在精准谋划水利项目、精准对接扶持对象、精准使用水利资金等方面下功夫，优先解决贫困村、贫困户的用水问题，切实改善贫困地区生活和生产条件。

四是实行差别政策，加大投资倾斜力度。我部加强与中央有关部门的沟通协调，将西部地区农村饮水安全、病险水库除险加固、大型灌区续建配套与节水改造等公益性水利工程的中央补助比例提高到项目总投资的80%。同时，督促省级水行政主管部门加大对本地区贫困县水利项目投资倾斜，确保符合条件的水利项目优先列入年度计划，实现项目落地、资金落地。

五是组织对口支援，实施人才技术帮扶。我部印发了《关于推进贫困地区水利人才队伍建设的指导意见》和《加强对贫困地区水利工程建设技术支持工作方案》，采取多种方式，加强对贫困地区水利人才和技术支持力度。2011年以来，我部连续派出3期34名干部下挂贫困县，有近百名贫困县水利干部上挂省、部学习，组织举办各类培训班100余期，培训水利干部7000余人次。

二、2015年水利扶贫主要成效

据统计，2015年，贫困地区共安排中央水利投资477亿元，占中央水利投资总规模的29%。贫困地区的水利工程建设明显加快，取得了显著成效。

一是农村人饮安全问题逐步解决。安排贫困地区农村饮水安全工程中央投资91亿元。截止2015年底，贫困地区农村集中式供水工程43万处，供水量71亿立方米，覆盖1.9亿人；农村分散式供水工程872万处，供水量36亿立方米，覆盖5525万人。

二是农田灌溉条件进一步改善。2015年，安排贫困地区灌区建设和节水灌溉工程中央投资31亿元，小型农田水利建设中央投资89亿元，新增耕地灌溉面积634千公顷，新增节水灌溉面积651千公顷。截止2015年底，贫困地区总灌溉面积16409千公顷，耕地灌溉面积（有效灌溉面积）14942千公顷；节水灌溉面积6098千公顷；规模以上灌区5873处。

三是防洪抗旱减灾效益突出。2015年，安排贫困地区水库除险加固中央投资16亿元，大江大湖、重要支流和中小河流治理中央投资49亿元，新增堤防长度2977公里，新增达标堤防长度3114公里，实施治理的河段长度3340公里，新增除涝面积132千公顷。截止2015年底，贫困地区堤防长度75139公里，达标堤防长度34012公里；已治理河段长度36317公里，治理达标河段长度21539公里；除涝面积3662千公顷。

四是水土流失治理步伐明显加快。2015年，安排贫困地区水土流失治理、流域生态综合治理中央投资24亿元，新增水土流失综合治理面积2553千公顷，新增小流域综合治理面积869千公顷。截止2015年底，水土流失综合治理面积52194千公顷，其中：小流域综合治理面积18519千公顷。

五是农村水电受益面进一步扩大。2015年，安排贫困地区水力发电工程中央投资8亿元，电网建设与改造中央投资18亿元，小水电代燃料中央投资5亿元。

（水利部扶贫办　靳宏强 蓝希龙）

农业部扶贫开展情况

“十二五”期间，农业部积极探索新时期扶贫开发之路，以规划引领、政策支持、资金扶持、技术推广、人才培养、市场开拓、生态保护等为重点，构建扶贫开发工作长效机制。

（一）深入基层调研，做好顶层设计

农业部始终围绕不同时期贫困地区农业农村发展重点，每年都由部领导亲自带队调研，并组织开展系列调研，谋划创设支持特殊区域农业发展的政策措施。一是开展产业精准扶贫调研。2015 年 11 月底中央扶贫开发工作会议以来，农业部党组书记、部长韩长赋先后带队赴江西赣南等原中央苏区以及我部定点帮扶的湖北恩施、湖南湘西调研，部党组副书记、副部长余欣荣赴山西、河北、内蒙古等贫困地区，宣讲中央脱贫政策，了解贫困实际，研究帮扶举措。二是开展贫困地区农业发展调研。部领导深入南疆、西藏、四省藏区、定点扶贫地区、大兴安岭南麓片区、贵州毕节等贫困地区调研，帮助当地明确发展思路。其中，2015 年 7 月，韩长赋部长赴贵州毕节调研，提出贵州贫困地区在保住集中连片水田的基础上，可以大幅度调整农业种植结构，根据当地实际种什么有收益就种什么。三是开展南疆农业结构调整调研。2014 年，部领导多次带队深入南疆调研。四是开展西藏绿色发展系列调研。2015 年年初在深入西藏、四省藏区调研基础上，形成《“十三五”西藏和四省藏区农牧业发展专题研究报告》等。

（二）加强宏观指导，理清发展思路

农业部坚持加强对贫困地区农业农村发展指导，帮助当地转变发展理念、明确主攻方向、把握重点任务。一是出台指导性文件。2012 年，为贯彻《中国农村扶贫开发纲要（2011-2020 年）》和新时期中央部署，出台《农业部关于加强农业行业扶贫工作的指导意见》，作为新时期农业扶贫开发的纲领性文件。2014 年，为贯彻落实中办、国办印发的《关于创新机制扎实推进农村扶贫开发工作的意见》，会同国家林业局、国务院扶贫办、国家发改委等 6 个部门联合印发《特色产业增收工作实施方案》，形成推动贫困地区产业发展合力。2015 年底以来，为贯彻中央脱贫攻坚决策部署，会同国务院扶贫办制定《特色产业精准扶贫脱贫工作方案》，研究起草《贫困地区发展特色产业促进精准脱贫指导意见》，拟以国务院扶贫开发领导小组名义印发，加大对各地特色产业发展指导。立足特殊区域发展需求，出台《“十二五”期间农业部支持定点扶贫地区农业发展重点和分工方案》、《农业部关于加快青海省藏区农牧业发展的指导意见》、《农业部关于支持江西省信丰县现代农业发展实施方案》、《农业部办公厅关于支持毕节试验区现代农业加快发展的指导意见》等支持文件，力争将各项帮扶措施落到实处。二是指导编制规划。组织编制《农业行业扶贫开发规划（2012-2020 年）》以及支持新疆、西藏、四省藏区、大兴安岭南麓片区农牧业发展 5 项规划，确定各个区域农业发展重点。发布《特色农产品区域布

局规划（2012-2020年）》，将贫困地区96个特色品种纳入规划范围，引导多方力量加大投入。会同新疆农口部门编制《南疆农业发展规划（2016-2020年）》和南疆种植业结构调整、草食畜牧业和农业产业化实施方案，指导编制西藏自治区"十三五"农牧业发展和加工业发展、新疆维吾尔族自治区"三个千万亩"高产田建设、湖北恩施州现代农业发展等数十部发展与建设规划，为贫困地区农业发展提供了科学依据。

（三）争取特殊政策，强化倾斜支持

农业部坚持立足贫困地区农业发展特殊性，积极谋划、多方争取特殊扶持政策，确保贫困群众得到实惠。一是推动落实新疆小麦、西藏青稞良种补贴等政策。2011年，推动新疆小麦良种补贴标准从每亩10元提高到15元；落实西藏青稞、牦牛、马铃薯等良种补贴政策，其中青稞良种补贴10元/亩；推动继续实施出疆棉、棉纱运费补贴，标准由每吨400元提高到500元；推动解决新疆地方农场享受农业补贴政策问题。二是推动提高户用沼气标准。2011年，协调国家发展改革委将新疆一般地区每户中央补助标准由1500元提高到2000元，南疆三地州和青海藏区提高到每户3000元，西藏由2200元提高到3500元。三是推动加大西藏高原特色农产品基地支持力度。积极协调国家发展改革委，进一步加大对西藏农牧业特色产业生产基地建设的支持，"十二五"期间共落实中央预算内投资2.5亿元、比"十一五"增长43%，对西藏农牧民就业增收发挥了重要作用。四是推动完善草原保护政策。为进一步加强西藏草原生态环境保护，积极协调财政部、国家发展改革委在西藏继续实施草原生态保护补助奖励政策并适当提高补助标准，扩大退牧还草工程实施范围。五是推进新一轮退耕还林还草。积极协调有关部门适当扩大新一轮退耕还林还草规模，支持贫困地区按照农民自愿、政府引导的原则，将陡坡耕地中基本农田逐步调整为非基本农田，并将退耕还草标准从每亩800元提高到1000元。

（四）加大资金投入，培育主导产业

农业部紧紧围绕贫困地区农业重点产业，对符合国家投资方向、具备支持条件的项目优先予以安排，并指导贫困地区做好项目前期工作。一是加大行业支持力度。2011-2015年，农业部会同有关部门累计安排14个片区约1220亿元，年均约240亿元，其中农业基本建设资金330多亿元、财政专项资金890多亿元，重点用于生态环境保护类、农业服务体系建设类、生产发展类工程。其中，分别安排定点扶贫地区、大兴安岭南麓片区、新疆、西藏、四省藏区等贫困地区约42亿元、73亿元、363亿元、149亿元、240亿元，其中，安排定点扶贫地区、新疆、西藏投资分别是"十一五"的1.8倍、2.8倍和5.4倍，有力促进了当地农业综合生产能力、可持续发展能力提升和农民生产生活条件改善。二是突出支持重点。坚持围绕农业农村发展主攻方向安排投资，在定点扶贫地区突出茶叶、马铃薯等特色产业发展，在大兴安岭南麓片区突出现代化大农业建设，在新疆、西藏、四省藏区突出草食畜牧业发展和草原生态环境保护与建设。三是争取特殊投资。为加快南疆农业结构调整，协调落实专项资金支持南疆肉羊良种繁育体系建设，2015年已安排资金1亿元，2016年初步确定

将继续安排1亿元。同时，专门安排5000万元支持南疆设施农业示范实训基地建设和农业结构调整补助，探索各地结构调整的模式。四是实施试点项目。把定点扶贫地区、大兴安岭南麓片区等贫困地区作为试验基地，在实施南方现代草地畜牧业发展补助、区域性金融支农等试点时，优先安排，为当地农业发展注入新的动力。

（五）强化科技支撑，提高自身发展能力

农业部始终注重在贫困地区推广先进农业科技，帮助提高产业发展素质和效益。一是提升基层农技推广能力。依托基层农技推广服务体系建设项目，在全国范围基本实现乡镇或区域性农技推广机构条件建设全覆盖。为定点扶贫地区、大兴安岭南麓片区、新疆、西藏等地区配备农业科技直通车，积极推进科技进村入户。针对西藏仍有331个牧业半牧业县未建设乡镇农牧综合服务中心问题，安排1655万元帮助解决配套资金。二是发挥科研单位和专家力量。依托现代农业产业技术体系专家团队，开展贫困地区共性关键技术研究、集成和示范。发挥中国农业科学院、中国水产科学院、中国热带农业科学院等部属单位专家力量，每年和贫困地区共同开展新品种选育、节水灌溉、保护性耕作、畜禽养殖、农产品加工、绿色防控、农机等方面的科研项目。其中，中国农业科学院与新疆自治区人民政府签署农业科技合作协议，在大兴安岭南麓片区开展东北地区黑土保育及有机质提升关键技术研究与示范；针对西藏水生生物保护滞后，安排科研专项资金，委托中国水产科学院与西藏农牧科学院联合开展渔业科学研究，促进当地特色渔业资源的保护与开发；聘请中国农业大学、中国农业科学院、中国农业机械化科学研究院等单位15名专家，对接南疆农产品烘干等约30项技术需求，帮助解决特色产品加工中的实际问题。三是遴选推介农业适用品种和技术。2013年以来，每年组织专家帮助14个片区遴选农业适用品种和技术，全网发布并直接寄送到各有关省农业、扶贫系统；2015年专门面向南疆三地州和西藏，编印当地农业适用品种和技术维文版和藏文版，取得良好效果。四是支持农业信息化建设。通过金农工程项目，为西藏建成自治区农业数据中心、粮食流通数据中心、农业行业电子政务应用支撑平台、农业科技联合服务子系统、西藏农牧信息网等，建成连接农业部和自治区7地市的视频会议系统，派出信息技术人员帮助西藏自治区农牧厅建设农业信息网。在部分贫困县开展信息进村入户试点，整县推进行政村信息服务站，实现农业公益服务、便民服务、电子商务、培训体验等服务进村入户。

（六）培养农业人才，增强发展后劲

农业部不断加大对贫困地区农民培训的支持力度，加快提升农村劳动力科技素质、职业技能和经营能力。一是强化新型职业农民培育和农村实用人才培养。初步统计，“十二五”期间，累计安排14个片区县新型职业农民培育中央资金8亿元。依托农业部农村实用人才培养基地，每年为新疆、西藏、四省藏区等贫困地区培养一大批农村发展带头人。在培训过程中，充分考虑民族地区在语言、习俗等方面的特殊性，优化课程设置和师资配备，坚持授课、实训相结合，保证培训质量。二是

举办各种培训班。每年专门针对定点扶贫地区、大兴安岭南麓片区、新疆、藏区等贫困地区，举办3-4期农业管理干部、农技人员或农民培训班。组织贫困地区有关人员参加国家重点龙头企业负责人、西部农产品加工业高层管理人员、乡镇企业管理人员、畜禽养殖技术大讲堂、田间管理技术等一系列培训班。大力开展农民远程教育培训，充分利用新疆、西藏的农广校卫星小站举办网络大讲堂。三是实行特殊人才政策。针对贫困地区农业人才短缺现状，采取特殊扶持政策。比如：2014年以来，对西藏执业兽医资格考试给予特殊倾斜政策，采取与其他地区不同的评价标准，促进解决西藏执业兽医供需矛盾问题。四是开展与贫困地区互派干部挂职。目前农业部有38名干部在定点扶贫地区、新疆、西藏和青海藏区挂职锻炼，并积极接收贫困地区挂职干部和“西部之光”访问学者。特别是1986年以来，农业部共选派336名干部到武陵山区挂职锻炼，其中司局级47人、处级145人、科级144人，目前农业部系统70多名司局级干部曾到武陵山区挂职。

（七）保护生态环境，促进农业可持续发展

农业部注重贫困地区生产发展与生态保护协调兼顾，立足资源环境承载力推进各项帮扶措施，避免走先发展后治理的老路。一是践行绿色发展理念。针对南疆水资源短缺现状，率先提出调减次宜棉区低产棉田、加快发展农区畜牧业等农业结构调整的建议，得到俞正声主席的充分肯定。立足西藏国家重要的生态安全屏障的战略定位，出台《农业部关于支持西藏农牧业绿色发展促进农牧民增收致富的意见》，明确思路目标、重点任务和保障措施。二是加强草原生态保护与建设。通过退牧还草工程、草原生态保护补助奖励政策等，支持贫困地区开展草原围栏、饲草基地和圈舍建设，促进贫困地区草原生态修复和生态畜牧业发展。三是支持发展南方草地畜牧业。利用新一轮退耕还林还草工程扩大范围、提高还草补助标准的时机，结合畜禽良种工程、南方草地畜牧业发展试点等项目，积极促进南方山地草地畜牧业发展，保护草山草坡。四是推进种养循环。把农村沼气建设作为扶贫的重要内容，农村沼气项目优先向贫困地区倾斜，目前仅定点扶贫地区就有户用沼气池约80万口，约占适宜地区农户的60%，有效保护了生态环境，初步形成了种养加协调发展的猪－沼－茶等循环农业发展模式。

（八）开拓农产品市场，促进农业产业化经营

农业部始终把促进农产品市场营销、延伸产业链条，作为保障贫困地区农民稳定收益和提高产业效益的重要途径。一是促进农产品产销对接。支持贫困地区举办农产品推介会、农超对接、等活动，通过在CCTV7、农民日报、中国农业信息网等媒体免费广告、开设专栏等形式，宣传推介特色农产品。每年与新疆共同举办新疆农产品北京交易会，交易额均达到100亿元以上。2014年在全国农业援青合作对接活动中，对口支援及有合作关系的省市农口部门与青海省有关地州、内地企业与青海企业签署合作协议，金额达33亿元。在中国农业信息网长期免费链接中国湘西柑橘网，开发“新疆特色农产品（北京）展销中心”专网、西藏农牧厅“政务信息公开”、“大

兴安岭南麓片区精品展示”栏目。协调京东商城免费为大兴安岭南麓片区企业和合作社的生态产品在京东商城网站开通专销馆，提供网络平台、进入端口、技术支持和推广营销，前期技术费用均免收。二是开展农业产业化需求对接。2015 年，组织编制南疆农业产业化需求指南，积极与对口援疆省市对接，在农产品销售、技术研发等方面达成一批合作意向；9 月初召开农业产业化援疆工作座谈会，一批加工企业、批发市场、科研院校与新疆方面签署了合作协议。举办农业产业化龙头企业援藏合作对接交流活动，组织内地 47 家龙头企业与西藏对接，有 34 家企业与西藏方面在产品加工、市场营销、技术指导等方面初步达成合作意向。三是支持“三品一标”认证。支持贫困地区创建绿色或有机食品原料生产基地，减免贫困地区绿色食品和有机食品认证费和标志使用费。仅 2015 年，就减免国家级扶贫开发重点县 251 家企业 560 个产品标志使用费 139 万元。

（九）坚持强化部署，健全工作机制

农业部不断健全完善扶贫开发机制，努力形成规范化、制度化的帮扶机制。一是完善会议制度。每年年初组织召开部扶贫开发及援疆、援藏工作领导小组会议，研究部署当年工作；并根据工作需要随时召开专题会，及时传达中央精神，研究解决工作中的困难和问题。每年针对性地在 1-2 个区域开展农业扶贫开发工作会议，2011 年以来先后召开了武陵山区定点扶贫暨行业扶贫工作会议、大兴安岭南麓片区区域发展与扶贫攻坚工作座谈会、农业行业扶贫工作座谈会、全国农业援青合作对接活动、全国农业援疆工作座谈会、农业产业化援疆工作座谈会、支持西藏农牧业发展座谈会、定点扶贫工作座谈会等多个会议，动员全国农业系统加大支持力度。2015 年，为学习贯彻中央第六次西藏工作座谈会和中央扶贫开发工作会议精神，部党组专题研究农业援藏和农业扶贫工作。二是强化帮扶制度。建立大兴安岭南麓片区结对帮扶、专家咨询、挂职锻炼以及部际联系会议制度，加强对片区资金、技术、人才等方面的支持力度，要求我部结对帮扶单位每年至少为对口帮扶地区办一件实事。三是建立督促检查机制。对我部有关单位与西藏、新疆、大兴安岭南麓片区、定点扶贫地区签署的合作协议开展定期摸底，确保各项工作落到实处。建立信息宣传制度。利用农民日报、中国农业电影中心、农业部网站、中国农业信息网等多种渠道，宣传我部扶贫开发工作成效、经验和典型，引导全社会力量加大对贫困地区支持力度。

（农业部发展规划司区域开发处）

审计署扶贫开展情况

“十二五”期间，审计署党组认真贯彻落实党中央、国务院的关于扶贫工作的重大决策部署，按照习近平总书记提出的“扶贫要实事求是，因地制宜”的要求，扎实推进对定点扶贫河北省顺平县、贵州省丹寨县和对口支援江西省会昌县的脱贫攻坚工作，同时始终高度重视并切实加强扶贫审计工作，积极发挥审计监督在推进精准扶贫、精准脱贫中的监督和保障作用，取得了显著成效。

一、扎实推进定点扶贫和对口支援工作，促进当地经济社会持续健康发展

审计署党组高度重视定点扶贫和对口支援工作，认真贯彻落实中央扶贫开发工作会议精神和习近平总书记关于扶贫开发工作重要讲话精神，着力推动改革发展，积极支持帮扶县重大基础设施、民生和社会事业建设，促进了当地经济社会持续健康发展。

（一）领导高度重视，深入基层调研，明确发展思路

审计署党组深刻认识到，做好扶贫工作是审计署义不容辞的政治责任。为推动定点扶贫工作取得实效，审计署成立了对口支援和扶贫工作领导小组，署领导多次深入一线调研，广泛征求当地党委政府和普通群众对审计署对口支援及扶贫工作的意见建议，多次召开专题会议，研究发展思路。如针对贵州省丹寨县土地贫瘠、生态脆弱的实际情况，审计署主要领导率队赴当地就定点扶贫工作开展了专题调研，掌握第一手资料，研究推动当地经济社会发展和扶贫的“药方”。经与省、州、县领导研究商议，一致同意调整“小县大城、推山建城”的传统发展思路，决定以制定丹寨县“十三五”规划为契机，确立“以新型集镇建设为平台，以特色产业发展为支撑，加大生态移民力度，走出一条脱贫致富与生态环保并重的新路子”的扶贫开发新思路。在审计署领导的协调推动下，万达集团、南方电网、杭州市滨江区、农发行贵州省分行等帮扶单位与丹寨县签署了扶贫开发协议，一批重点扶贫项目随即启动。

（二）出台帮扶工作方案，全面部署定点帮扶工作

为切实履行定点帮扶职责，推动国家扶贫开发和脱贫攻坚各项政策措施落到实处，审计署近年来先后研究出台了《关于进一步推进定点扶贫工作的意见》和《审计署加大脱贫攻坚力度帮扶定点扶贫和对口支援县工作方案》，同时和质检总局联合制定并下发了《对口支援赣南苏区（会昌）振兴发展实施方案》。这些方案全面部署了对定点扶贫河北省顺平县、贵州省丹寨县和对口支援江西省会昌县的脱贫攻坚工作，提出了切实落实脱贫攻坚方案、推动财政专项资金有效整合使用、支持帮扶县重大基础设施建设、民生建设、社会事业发展、教育扶贫工程、特色产业建设、生态环境保护等多项重要措施，着力推进定点扶贫和对口支援县实施精准扶贫、精准脱贫，

着力破解制约当地经济社会发展的瓶颈问题和突出困难，为做好新时期定点扶贫和对口支援工作指明了方向，明确了重点和任务，打下了坚实基础。

（三）着力推动改革，探索扶贫开发新模式

在对丹寨县的扶贫工作中，审计署发现扶贫资金种类多、项目散等“碎片化”问题十分突出。在国务院扶贫办等有关部门的支持下，审计署与贵州省委省政府研究商议，积极推动丹寨县成为贵州省财政资金统筹使用改革的试点县，最大限度发挥扶贫政策和财政资金带动作用。审计署还协调其他对口帮扶丹寨县的单位与地方党委政府共同深入研究贯彻落实党中央、国务院关于精准扶贫、精准脱贫的战略部署，研究如何从实际出发，整合扶贫资金、聚合扶贫资源，在全力帮助丹寨县早日实现整体脱贫的同时，探索一种可推广、可复制的全社会共同参与扶贫开发的新模式。在审计署的大力帮扶下，经全国人大常委会授权、国务院批准，会昌县成为全国 59 个试点县之一，开展农民住房所有权及宅基地使用权作为抵押、银行业金融机构向符合条件的农民住房所有人发放贷款的农民住房财产权抵押贷款试点。通过赋予农民更多财产权利，深化农村金融改革创新，有效盘活农村资源、资金、资产，增加农业生产中长期和规模化经营的资金投入，探索稳步推进农村土地制度改革的经验和模式，促进农民脱贫增收致富和农业现代化加快发展。

（四）支持重大基础设施建设，破除制约脱贫攻坚和经济社会发展的瓶颈问题

为了解决会昌县部分县乡道路路况差、水利生态设施薄弱等群众反映突出的民生问题，审计署积极协调水利部、财政部、交通部等国家部委，促成会昌县域至永隆县道升级改造项目开工建设，庄口至庄埠等县道升级改造项目纳入“十三五”集中连片特困地区交通扶贫规划；促成会昌县总投资额 5.09 亿元的 10 个水生态环境治理修复项目成功列入《国土江河综合整治东江流域试点总体方案（2014—2017 年）》。为帮扶“最受社会关注、最需要帮助的对象、最迫切解决的问题”，审计署积极协调社会各方力量，切实做好经济和社会发展的基础性工作。积极争取资金投入，为顺平县饮水特别困难的青榆沟村、东荆尖村等地建设了多个水窖，修建了大口井和机井，解决了当地村民的饮水困难和浇水难问题，还改善了安阳乡西白司城村、蒲阳镇永禄村的村内道路照明设施，为村民出行提供安全保障。通过聚集使用对口支援帮扶政策和资金，重点加强和完善了对口支援工作示范点会昌县庄埠乡的教育、医疗卫生、道路交通、敬老院等民生项目基础设施建设，有效推进了乡村面貌的改变，获得了当地群众的高度赞誉。

（五）支持帮扶县产业建设，促进“输血式”扶贫向“造血式”扶贫转变

针对顺平县工业基础薄弱的情况，积极帮助县委县政府完善招商引资规范和激励措施，帮助加强省级开发区“顺平工业聚集区”的建设和管理，促进顺平县与国家、省相关部门和银行等单位的联系。协助组织实施概算投资 52 亿元的顺平县塑料产业

循环经济园区项目和概算投资2500万元的肠衣基地污水处理厂项目。稳步推进光伏扶贫工作，设计谋划和运作概算投资约6亿元的蒲阳镇东委村农光互补项目。积极推动帮扶县农业转型升级，协调落实会昌县南方现代草地畜牧业推进行动、育繁推一体化种子企业良种繁育及加工基地建设等现代农业项目成功落地。

（六）把“智力帮扶”作为重要抓手，支持加快教育扶贫工程

人力资源是振兴发展的核心因素、关键因素，也是扶贫县振兴发展的最大“短板”。审计署对此高度重视，把“智力帮扶”作为对口支援的重要抓手，给予了倾力支持。从2012年开始，审计署每年从办公经费中节约出30万元，在顺平县启动了“审计长奖（助）学金”项目。截至2015年，审计长奖（助）学金累计发放90万元，受益贫困学生2000余人。2015年，审计署投入38万元，为白云乡常大明德小学等8个山区小学安装多媒体教学设施（电子白板）19套，提高了教学现代化水平。审计署还协调有关部门促成华东师大及其附中、附小对口支援会昌教育工作，每年安排专家为会昌县开展暑期教师、校长培训，并已免费接收五批共计138名骨干教师前往华东师大附中、附小进行为期1个月的跟班学习，极大提高了会昌县的基础教育师资水平。为了更好地帮扶贫困学生，审计署、江西省审计厅、赣州市审计局共同捐资3100万元设立审爱助学金，专项帮扶会昌县贫困学生，目前该县第一批117名学生已经获得了资助，第二批473人的资助正在审核发放中。

此外，审计署还不断加强对帮扶县审计机关的扶持和指导。通过干部双向交流、业务培训、计算机技能培训、吸收业务骨干参加审计署重大审计项目等方式，加大对帮扶县审计队伍的培训力度，提升县审计机关履职尽责水平，强化审计服务地方社会经济发展和推动改革的保障作用。

二、加强扶贫资金审计工作，促进提高扶贫实效

“十二五”期间，为促进精准扶贫、精准脱贫，打赢脱贫攻坚战，审计署认真履行法定职责，不断加大审计力度，在组织开展扶贫资金专项审计的基础上，持续对扶贫政策贯彻落实情况进行跟踪审计。审计中，始终坚持“两手抓”，一方面，注重严肃查处扶贫资金管理使用、扶贫政策贯彻落实中存在的重大损害国家和人民利益、重大违纪违法、重大履职不到位等问题，另一方面，密切关注扶贫政策贯彻落实中出现的新情况新问题，深入分析原因，推动建立健全体制机制制度，促进深化改革。

一是组织开展财政扶贫资金专项审计。2013年，审计署组织对6个省（区）19个国家扶贫开发工作重点县的财政扶贫资金进行了审计，共抽查85个乡镇、578个贫困村、273家单位和1650个扶贫项目，涉及财政扶贫资金12.4亿元、扶贫贴息贷款3375万元，查出违法违规和损失浪费问题金额2.34亿元，占抽查资金的18.4%。审计署从扶贫资金管理机制、监管责任、基层作风等方面分析了问题症结，并建议相关部门进一步研究完善财政扶贫投入机制、加强扶贫资金监督检查，强化扶贫工作绩效考核。审计反映的问题和建议受到国务院领导同志、国务院扶贫办和相关地

方政府的高度重视。为加强扶贫资金管理，2013 年 12 月，中央下发了《关于创新机制扎实推进农村扶贫开发工作的意见》，国务院扶贫办及相关地方根据审计结果出台或修订规范性文件 40 多项，归还和发放扶贫资金 1.38 亿元，清理消化闲置资金 1.45 亿元，查处 171 名责任人员。

二是持续跟踪审计扶贫政策贯彻落实情况。在国家重大政策落实跟踪审计和经济责任审计等审计中，审计署持续关注扶贫政策落实情况，结合国务院及相关部门制定的减贫、扶贫任务、分工及工作要求，将"实施精准扶贫、精准脱贫"相关政策落实情况作为审计重点内容，要求各地审计机关结合不同地区情况开展工作。审计揭示了部分地区扶贫开发信息系统部分数据不准确、不完整，一些地方财政扶贫资金大量结存、未充分有效进行整合，多个扶贫项目建设进展缓慢，个别扶贫对象不符合建档立卡标准、违规享受扶贫政策等问题。审计结果公告后，各有关部门和地方积极采取措施，以整改为契机，盘活并统筹使用扶贫资金，建立扶贫审计整改长效机制，完善制度，严肃问责，切实规范管理、提高绩效，如国务院扶贫办为促进提高贫困人口建档立卡对象精准度，对建档立卡对象识别不精准的地区进行专项督导并在全国范围内组织开展建档立卡"回头看"工作，剔除识别不精准贫困对象。审计后，多名问题责任人受到问责处理。

三是加强对地方审计机关扶贫资金审计的领导和指导。为充分发挥地方审计机关的作用，近年来，署党组立足全国审计"一盘棋"，认真履行主管全国审计工作的职责，采取系列措施加强全国审计工作的统筹，尤其是每年下发地方审计机关开展审计业务的指导意见，明确要求地方审计机关紧密结合各地实际，以促进深化改革、保障和改善基本民生、维护人民利益为目标，加大民生审计特别是加大扶贫资金和扶贫项目的审计力度，重点监督检查脱贫工作责任制落实情况，精准扶贫、精准脱贫相关项目实施和资金管理使用情况，推动扶贫资金统筹整合使用，促进提高扶贫实效，打赢脱贫攻坚战。审计中循着资金流向，从政策要求、预算安排、资金拨付追踪到项目和个人，为确保惠民政策落地生根、促进扶贫资金高效使用作出了积极贡献。

（审计署财政审计司 周岩
外资运用审计司 刘伟
办公厅 王婷）

林业局扶贫开展情况

2011 年，以中央扶贫开发工作会议为标志，国家启动了新一轮扶贫开发工作。工作的重点从 592 个国家级重点贫困县扩大到涉及全国 22 个省区的集中连片特殊困难地区。林业扶贫做了如下工作。

一、加强了林业扶贫工作的指导

（一）部署了新一轮林业扶贫攻坚工作

2011 年中央启动新一轮扶贫开发后，以国家林业局文印发了《关于贯彻落实中央扶贫开发工作会议精神深入开展林业扶贫攻坚有关问题的通知》，部署各省利用林业资源优势，大力开展林业扶贫攻坚工作。2015 年为贯彻落实习近平总书记在参加十二届全国人大三次会议江西代表团审议时关于发展油茶产业扶贫的重要指示精神，组织到赣州市兴国等 5 个县进行了实地调研，局主要领导与国务院扶贫办主要领导共同主持召开了林业扶贫座谈会，研究商讨林业、扶贫相关政策资金叠加，推进贫困地区油茶、核桃等木本油料产业发展，促进贫困群众脱贫致富，并印发了《国家林业局、财政部、国务院扶贫办、国家开发银行关于整合和统筹资金支持贫困地区油茶核桃等木本油料产业发展的指导意见》。

（二）编制了林业扶贫规划

组织全国片区各省按照《中国农村扶贫开发纲要（2011-2020 年）》确定的林业任务编制印发了《全国林业扶贫攻坚规划》及 11 个集中连片特困地区林业扶贫攻坚规划。

（三）开展了滇桂黔石漠化片区牵头联系工作

配合水利部，加大了对滇桂黔片区的支持力度。分别在北京、贵州、广西、云南组织召开 4 次片区联系（推进）会议。对片区实施林业重点工程全覆盖，到 2015 年，片区森林覆盖率比上一次森林资源清查提高近 4 个百分点，林业产业年产值达到 2130 亿元。

（四）打响了林业脱贫攻坚战

2015 年底，为贯彻落实 11 月召开中央扶贫开发工作会议和《中共中央国务院关于打赢脱贫攻坚战的决定》精神，在福建宁德市霞浦县召开了木本油料产业开发脱贫现场会，对全行业林业脱贫攻坚进行部署。

二、加大了林业扶贫的投入力度

2011—2015 年，共安排 14 个片区中央林业投资 1600 亿元资金，加强生态建设和产业发展。实现了天然林资源保护、退耕还林、京津风沙源治理、石漠化综合治理、防护林建设、湿地保护、野生动植物保护及自然保护区建设等林业重点工程的全覆盖。据不完全统计，片区贫困人口通过参与林业生态建设和产业发展获得的收入占总收入的27%。

三、加强了林业定点扶贫工作

林业局自1987年参与中央国家机关扶贫，定点帮扶黔桂九万大山19个县，局领导每年赴定点扶贫县实地考察调研解决实际困难。加强对定点扶贫县贫困人口一对一进行帮扶，在定点扶贫县选择一批妇女等弱劳力，免费培训竹编工艺，为贫困地区培养一批致富带头人。坚持开展送报下乡活动，向贵州、广西九万大山19个贫困县380个乡镇林业站每期发送《中国绿色时报》500份，2014年扩大到800份。2012年利用中央财政造林、抚育补贴资金1200万元在定点扶贫县中选择6个县，开展贫困地区营造生态林和名特优新经济林示范。通过实施产业扶贫，促进了当地经济社会发展和农民脱贫致富。到2014年底， 19个对口县林业产值由2000年的10亿元增加到242亿元，GDP由115亿元增加到729亿元，农民人均纯收入由1277元增加到6113元，森林覆盖率由59%增加到69%。2011、2014年被国务院扶贫开发领导小组连续评为定点扶贫先进单位。

四、实施对滇桂黔石漠化片区智力帮扶

2011至2015年先后派出两批32名挂职干部赴滇桂黔扶贫挂职。组织开展对滇桂黔石漠化片区贫困群众的技术培训，举办林业扶贫专项技术培训18期，共培训基层林业职工和农民1500多人。

专栏　发展经济林果实现脱贫致富

八烂村位于国家林业局定点扶贫县贵州省荔波县朝阳镇樟江沿岸。近年来，八烂村依托其丰富的林地资源优势，充分发掘荒山荒坡资源，发展经果林种植，探索出“支部＋合作社＋能人＋农户”的“大联产、大承包”的组织化推动、规模化种植、集约化经营、产业化带动的脱贫致富路。2015 年全村农民人均纯收入 8766 元，位居荔波县全县之首，从过去无产业、无集体经济、无增收渠道的“三无”贫困村蜕变成美丽八烂、活力八烂、幸福八烂。

一、精准脱贫显成效显著

八烂村辖 15 个村民小组 587 户 2437 人，劳动力 1500 人，全村面积 31 平方公里，其中耕地面积 3500 亩、林地面积 27000 亩（可开发利用荒坡 15000 亩）。过去的八烂村由于长期实行“分田单干”，一家一户式的小生产对接不上大市场，群众致富门路缺乏，村里大部分青壮年劳力纷纷选择外出务工，导致村里肥沃的耕地因为没有人耕种出现杂草蓬生、荒芜不良的迹象。为了让群众过上好日子，村两委曾经带领群众种植过桑树和桉树，养殖过蚕和鱼，但由于认识不到位、技术水平不高、规模较小等原因都以失败亏本而告终。2010 年，新一届“村两委”就如何让群众摆脱不再守着青山绿水过穷日子的状况，因地制宜提出了“加快土地流转，建立专合组织，发展果蔬产业，壮大集体经济，促进群众增收”的工作思路。

通过精准识别，八烂村更坡、新寨、鲁翁 3 个村民组已全部实现脱贫目标，全村现有贫困户 197 户 365 人。近年来，在外打工的 1400 余名青壮年劳动力先后返家参与到经果林种植行列中。八烂村种植经果林种植面积达 1.2 万多亩，挂果面积 5000 余亩，其中枇杷、蜜柚和板栗种植面积分别达到 4500 亩、7000 亩和 1000 亩，人均拥有 5 亩果园。初步估算，万亩果园全部盛产后，全村每年的产值将达数千万元甚至超亿元。2015 年，在村专业合作社的带领下，全村销售水果 1129 吨、产值 1145 万元、利润 650 万元，村民人均增收 3190 元。

2011 年 2 月 11 日，时任中央政治局常委、国务院副总理李克强同志在时任贵州省委书记栗战书、省长赵克志等中央和省领导的陪同下到八烂村调研，对八烂村依托农民专业合作社、推进土地集约化管理、提高土地利用价值、带动群众增收致富的模式给予了充分的肯定和高度的评价。

二、政策扶持项目助推林果产业发展

上世纪八十年代，八烂村就开始了的经果林种植尝试。先后从从浙江、福建、广西、四川等地引进桃、李、梨、杏子以及樱桃、枇杷、柑橘等各种苗木，经过反复试验种植，优选出枇杷、蜜柚和板栗等适合在八烂村种植的品种。为助推八烂村经果林产业发展，一系列好政策、好项目相继落地八烂村：

2002 年，获得世界银行项目支持，在山上植树造林。坡上用材林，山脚经果林，

枇杷、蜜柚和板栗等经果林种植面积增加了数百亩；

2005 年，获得退耕还林项目支持，又增加枇杷、板栗种植面积各 300 多亩；

2010 年，朝阳镇“整乡推进、连片开发”发展经果林，政府部门陆续投入上千万元，改善水、电、路等基础条件。村民以土地入股，建成高标准蜜柚基地 3000 余亩，枇杷种植面积扩大了上千亩；

2011 年获九万大山工程、植被恢复费项目等 20.9 万元政策资金支持，发展枇杷、柚子、板栗等经果林 3000 余亩；

2012 年再次获得植被恢复费项目，发展经果林 500 余亩

2013 年以后，政府部门因势利导，支持村民发展水果产业，种植面积每年都在扩大。

随着政策、项目的落地，当地政府部门顺势而为，因势利导，项目“推动”毫不费力，项目资金也发挥了杠杆“撬动”作用，带动村民积极参与并自筹资金求发展，目前全村种植经果林 1.2 万多亩。主动发展起来的经果林产业，村民格外“卖力”，精心种植、细心管理、加入合作社，主动寻找销路，真正把小水果做成了大产业。

三、示范带动引来了精准帮扶的源头活水

原来在荔波承包工程的肖连坤，看中当地的良好生态，来到八烂村，承包荒山种植枇杷等经果林，并将种植基地逐步扩大，成为农民创业致富的带头人。肖连坤的到来，无形中成了村民的“榜样”，发挥了“示范”作用。在肖连坤毫无保留的“示范”作用下，当时的村民看到了“示范”的成效，跟着“示范”的路径找到了适合本村脱贫致富的门路。

在政府的推动、项目的注入、能人的带动和村民的自愿参与下，目前，全村户户参与经果林种植，家家有果园，其中种植 100 亩以上的 10 户，50 亩以上的 50 户。看到“种水果有搞头”，外出打工的村民纷纷返家参与其中。经果林种植不仅吸引了 1400 余名青壮年返乡，还吸纳了周边村寨 260 余名青壮劳动力就业。村民们还积极投工投劳，修通果园路和入组串户路，由村民投工完成的村内公路总长 4000 余米，极大方便了群众出行和水果运输，更是激发了贫困人口“我要发展”的积极性。特别是更坡、新寨、鲁翁 3 个村民组 2015 年人均收入实现 2 万元以上，呈现出“无在外打工人员，无孤寡老人、无留守儿童”的现象。今年，全村精准识别的贫困户也将通过土地流转、特色经果林种植和退耕还林项目政策支持等方式进行精准扶贫全覆盖。

四、组织化推动、产业化带动实现村强民富家美

近年来，八烂村两委根据农户的情况、致富意愿、致富能力等个体差异，在村民自愿的基础上，通过合作社共流转荒坡荒山种植经果林 5000 余亩，流转田地 800 亩，小田变大田整理 400 余亩。目前，村合作社会员达 300 余户，占全村总户数的 57.8%。合作社开发种植的经果林进入挂果期后，以土地入股的农民可从合作社反承

包连片果树进行管理，除交一定租金外所有收入归农民所有，也可以全部交由合作社管理，收益按一定比例分成。三年后，全村果树进入挂果期，按现价产值 4000 元/亩计算，全村果树年收入预计可达 4800 万元，纯收入达 2800 万元，单项人均纯收入达 1.35 万元。其中村委组织农民将土地交由合作社开发的 5000 余亩产值为 2000 万元，纯收入 1100 万元，以土地入股群众和合作社按各 50% 分成，入股群众和合作社收入分别为 550 万元；按 5% 从合作社收益金中提取红利作为村集体经济积累，八烂村每年村集体经济收入将达 27.5 万元，全村上下形成了干群齐心协力共促发展的浓厚氛围。

目前，村里还建起了果蔬集散中心和冷库，组建了土枇杷专业合作社、兴农果蔬专业合作社等，合力打开销售渠道。八烂村在基层民主管理、发展方式和淳朴民风建设等方面也取得了“生态美、百姓富、乡村强”的效果。现在的八烂村已基本实现“人人有产业、人人能就业、人人能脱贫”的目标。

（国家林业局计划财务司 熊晓斐）

全国妇联扶贫开展情况

全国妇联深入贯彻落实党的十八大、十八届三中、四中五中全会和中央关于扶贫开发的决策部署，深入学习贯彻习近平总书记扶贫开发战略思想，按照精准扶贫精准脱贫的工作要求，立足建档立卡贫困家庭妇女儿童的实际需求，充分发挥妇联组织独特作用，进一步加大对贫困地区妇女儿童的扶持力度，为推动贫困地区经济社会的发展和妇女儿童事业的进步做出了积极贡献。

一、制定的主要政策

全国妇联高度重视妇女脱贫的政策制定与顶层设计，积极维护贫困妇女生存权和发展权，全面部署妇联系统参与扶贫开发，努力帮助妇女摆脱贫困。一是在源头参与上，全国妇联积极推动政府部门将性别平等原则贯穿扶贫全过程，在出台扶贫法律、制定扶贫政策、编制扶贫规划、部署扶贫工作中考虑性别差异，维护贫困妇女权益。在扶贫对象方面，推动实行分性别统计；在脱贫成效方面，明确了每年脱贫人口中妇女比例不低于 40%。二是在出台政策文件上，2011 年以来，全国妇联相继下发了《全国妇联关于贯彻落实中央扶贫开发工作会议精神的意见》、《巾帼关爱行动指导意见》、《全国妇联国务院扶贫办关于在扶贫开发中做好贫困妇女脱贫致富工作的意见》、《全国妇联关于在脱贫攻坚战中开展“巾帼脱贫行动”的意见》等政策文件，推动各项扶贫政策、资金、措施要在同等条件下优先向贫困妇女倾斜。

为落实精准扶贫的工作要求，全国妇联大力实施“巾帼脱贫行动”，提出了妇联组织参与精准扶贫的七项重点举措，全力推进贫困妇女精准脱贫。一是开展宣传教育、注重立志脱贫。大力宣传中央扶贫开发决策部署和各项惠民政策，树立和宣传脱贫致富妇女典型，引导贫困妇女坚定脱贫志向、弘扬“四自”精神，激发参与脱贫攻坚的内生动力。二是加强技能培训、提高能力脱贫。协调争取资源面向贫困妇女开展有针对性的培训，组织贫困妇女踊跃参与各种实用技能培训，帮助贫困妇女提高脱贫能力。三是用好小额贷款、助推创业脱贫。用好扶贫小额贷款政策，帮助建档立卡贫困妇女解决脱贫资金困难。四是发展妇女手工、实施巧手脱贫。探索“公司＋协会＋基地＋妇女”发展模式，引导贫困妇女积极参与发展妇女手工产业，用自己一双巧手编织出幸福美好生活。五是注重能人引领、带动互助脱贫。发展各种形式的妇女互助组、合作社和巾帼脱贫示范基地，鼓励女能人与贫困妇女结对帮扶、抱团发展。六是做好“两癌”检查、推动健康脱贫。协调相关部门，加大对适龄贫困妇女“两癌”免费检查力度，力争将“两癌”患病贫困妇女全部纳入妇联组织救助范围，着力提高贫困妇女健康水平。七是凝聚社会力量、爱心助力脱贫。发挥妇联慈善公益平台作用，动员社会组织和爱心人士为贫困妇女儿童做好事、办实事、解难事。

二、开展的主要工作及成效

（一）实施妇女小额贷款，为贫困妇女提供资金支持

继续实施妇女小额担保贷款财政贴息政策。在政策推动过程中，始终坚持“扶小、扶弱、扶贫”的原则，“十二五”期间，全国发放妇女小额贷款共计 2336.51 亿元，获贷妇女 414 万人次，中央及地方落实财政贴息资金 246.52 亿元，其中三分之二在贫困地区，为贫困地区妇女发展生产解决了资金困难。许多贫困妇女通过小额贷款，发展种植、养殖、农产品加工、手工编织、庭院经济等，提高了地位，增加了收入，改善了家庭生活，逐步摆脱了贫困。

（二）开展“两癌”免费检查，推动贫困妇女健康脱贫

全国妇联与国家卫生计生委共同开展农村妇女“两癌”免费检查项目。2009 年项目实施以来，共为 5195 万农村妇女进行了宫颈癌检查，为 747 万名农村妇女进行了乳腺癌检查，有效促进了早诊早治，提高了广大农村妇女健康水平。为推动解决农村贫困妇女“两癌”治疗难题，2011 年，全国妇联在财政部中央彩票公益金的支持下设立了“贫困母亲两癌救助专项基金”，对符合条件的贫困患病妇女每人一次性救助 1 万元。“十二五”期间共投入贫困母亲“两癌”专项救助金 4 亿元，加上全国妇联筹集的社会资金，累计救助 41693 名贫困患病妇女，在防止患病妇女因病致贫、因病返贫方面发挥了积极作用。

（三）加强教育培训，提高贫困地区妇女发展能力

为提高农村妇女增收致富能力，“十二五”期间，全国妇联以新型职业女农民培训、家政技能培训以及手工编织培训为重点，以“阳光工程”“星火计划”“百万新型女农民培训”“5123”等培训项目为载体，以妇女之家、妇女学校、远程教育网、巾帼现代农业科技示范基地等 16 多万个教育培训单位为依托，面向中西部贫困地区直接举办连片特困地区妇联干部、巾帼致富带头人和农产品流通女经纪人各类妇女骨干培训班约 140 期，培训妇女近 15000 名，带动中西部省区市各级妇联举办农村妇女培训近万期，培训各级学员 200 余万人，提高了贫困地区妇联干部和贫困妇女的反贫困能力。

（四）促进创业就业，帮助贫困妇女稳定脱贫

根据贫困妇女发展需求，全国妇联大力发展妇女特色优势产业，将妇女手工编织、家政服务、巾帼电商与扶贫开发相结合，走出了一条“小群体大事业、小技艺大舞台、小资金大品牌”的扶贫模式。一是引导贫困地区妇女从事手工编织和来料加工，实现就地就近居家灵活就业。2013 年，全国妇联与人社部共同下发了文件，积极引导各地因地制宜发展妇女手工。目前，全国已建立县级以上妇女手工编织协会（商会）1000 多个，创建并扶持了 4000 多个妇女手工编织基地（工作室或专业合作社），积极探索“协会（合作社）+ 企业 + 妇女”、“企业 + 基地 + 农户”等产业扶贫模式，直接从业妇女 332.8 万多人，辐射带动就业 1000 多万人。二是发展巾帼家政服务，

帮助贫困地区妇女转移就业。目前，各地妇联已建立家政培训基地1500多个，全国巾帼家政培训示范基地139个，年培训家政服务员60余万人次，积极引导农村贫困妇女劳动力向家政服务业有序转移，起到了转移一人，脱贫一户的积极作用。三是发展巾帼电商，带动贫困妇女创业增收。全国妇联面向六盘山片区、新疆南疆四地州等国家集中连片特困地区举办农村妇女电商示范培训班，示范带动各省区市妇联大力开展妇女电商培训班近800期，培训妇女电商骨干10余万人，带动贫困地区农村妇女实现电商创业，脱贫致富。

（五）建立妇字号示范基地，带动贫困妇女增收致富

全国妇联把建立示范基地作为帮助贫困妇女增收致富的重要平台，通过基地的示范带动，做给贫困妇女看，带着贫困妇女干。“十二五”期间，在中西部地区共投入项目资金4230万元，扶持创建了530个全国巾帼现代农业科技示范基地、133个全国“三八绿色工程”示范基地。通过基地的示范带动，引导贫困地区妇女依靠科技发展生产，增加收入，实现稳定脱贫。

（六）动员社会力量，关爱帮扶贫困妇女儿童

全国妇联依托中国妇女发展基金会和中国少年儿童基金会，在贫困地区深入实施“母亲水窖”“母亲健康快车”“春蕾计划”等妇女儿童公益项目。2011-2015年，累计投入1261辆母亲健康快车，发放“母亲邮包”57万个，新建水窖1.3万口，发放“母亲创业循环金”1.19亿元，捐建402所春蕾学校，资助春蕾生81万人次，捐建517个“儿童快乐家园”，为西部97万名婴幼儿发放“消除婴幼儿贫血行动”营养包，为40万农村留守儿童开展关爱服务，救助2400多名儿童。上述公益项目的实施，为改善贫困妇女儿童生存发展状况，促进贫困妇女儿童共享改革发展成果作出了积极的贡献。

（七）加大定点扶贫力度，帮助两县加快脱贫步伐

自1998年国务院确定漳县为全国妇联定点帮扶县以来，历届书记处领导均高度重视定点扶贫，按照“举全会之力、助漳县脱贫”的总思路，在智力扶贫、项目扶贫、产业扶贫等方面进行了全方位的帮扶。“十二五”期间，先后派遣5批10人次挂职扶贫，累计直接投入各类帮扶资金及物资1245.7多万元，帮助协调争取各类项目30多个，引进资金达10亿多元，改善了定点扶贫基础设施建设，实现了群众收入稳步增长，促进了当地经济社会发展。

2015年9月，根据中央单位新一轮定点帮扶工作安排，全国妇联在原有帮扶甘肃漳县的基础上，新增了甘肃西和县。全国妇联党组书记、副主席、书记处第一书记宋秀岩带领全国妇联调研组，深入漳县、西和县开展定点扶贫调研。在充分了解当地精准扶贫现状与需求的基础上，全国妇联研究制定了“十三五”定点扶贫工作规划，以帮扶漳县、西和县2020年实现贫困人口全部脱贫、贫困县摘帽为目标，坚持“举全会之力、助两县脱贫”的总体思路，进一步加大定点扶贫力度，全力配合

两县党委政府，加快推进脱贫攻坚。

2011 年，全国妇联被甘肃省委、省政府授予“中央国家机关定点帮扶先进单位”，2016 年被评为“甘肃省双联行动暨精准扶贫省外帮扶单位‘民心奖’”。

（全国妇联妇女发展部扶贫处 符鸽）

中国残联扶贫开展情况

贫困残疾人是贫困人口中贫困程度最深、脱贫难度最大、返贫率最高的特殊困难群体。“十二五”以来，中国残联认真贯彻落实中央扶贫开发工作会议精神，深入实施《农村残疾人扶贫开发纲要（2011-2020年）》，充分发挥残联组织在残疾人扶贫工作中的作用，残疾人扶贫工作取得了积极进展和显著成效。

一、残疾人扶贫的主要政策措施

从2011年开始，残疾人扶贫开发工作全面推进，一是农村残疾人扶贫开发进一步纳入我国全面实现小康进程和新一轮扶贫开发攻坚战的战略布局之中，并在国家“十二五”规划纲要、《中国农村扶贫开发纲要（2011—2020年）》等文件中明确优先安排，专门印发了《农村残疾人扶贫开发纲要（2011—2020年）》（国办发〔2012〕1号）；二是农村残疾人扶贫开发进入“强化社保保基本，完善服务促发展”双轮驱动、促进残疾人“两个体系”建设的新阶段；三是农村残疾人扶贫开发进入政府负责、部门落实、量化评估、全面推进的新时期。部门协作、社会帮扶、行业助残扶贫工作向纵深发展，中国残联与商务部开展“万村千乡市场工程助残扶贫”项目，与中组部开展“基层党组织助残扶贫工程”项目，与新闻出版广电总局开展优先选聘贫困残疾人担任农家书屋管理员项目，与国务院扶贫办印发了《关于在集中连片特困地区加强残疾人扶贫开发工作的通知》，与农业部印发了《关于加强农业行业助残扶贫工作促进农村残疾人增收的通知》，与住房城乡建设部印发了《关于优先支持农村贫困残疾人家庭危房改造的通知》；四是针对农村贫困残疾人进一步摸清底数实情，建立了实名制农村贫困残疾人信息调查系统，为制定残疾人扶贫政策法规提供了可靠依据。

2014年1月，中办、国办印发了《关于创新机制扎实推进农村扶贫开发工作的意见》。《意见》针对扶贫开发工作和贫困地区存在的主要问题，提出了六项改革措施和十项重点工作。这标志着中国扶贫开发进入了改革深化创新的新时期，残疾人扶贫开发进入了改革创新、精准扶贫的新阶段。

为在国家扶贫开发工作机制中做好农村残疾人扶贫工作机制创新，确保残疾人扶贫工作同步精细化、精准化，按照《意见》的工作要求和责任分工，结合当前农村残疾人的贫困状况和实际存在的困难和需求，2014年6月，中国残联与国务院扶贫办、财政部、人民银行、住房城乡建设部等部门共同印发了《关于创新农村残疾人扶贫开发工作的实施意见》，从扶贫考核机制、社会帮扶、资金扶持、金融扶持、危房改造等各角度提出加强残疾人精准扶贫工作的意见，成为创新残疾人扶贫工作机制、指导残疾人精准扶贫的重要政策文件。

2015年2月，为加快推进残疾人小康进程，实现残疾人与全国人民共享小康，国务院印发了《关于加快推进残疾人小康进程的意见》（国发〔2015〕7号），在《意见》中专节提出加大农村残疾人扶贫开发力度的系列举措，明确要求把农村贫困残疾人作为重点扶持对象纳入精准扶贫工作机制和贫困监测体系，将农村贫困残疾人生活水平提高和数量减少纳入贫困县考核指标；组织农村贫困残疾人家庭参与合作经济组织和产业化经营，保障残疾人土地承包经营权和土地流转合法收益。

二、残疾人扶贫开发工作的经验体会

“十二五”时期，在各级党委、政府的关心支持下，通过政府主导、部门联动、社会参与的扶贫模式，以多种方式扶持1140万贫困残疾人发展生产、就业增收，其中588万贫困残疾人摆脱了贫困；中央安排康复扶贫贴息贷款48.5亿元，解决了39万贫困残疾人生产资金短缺的问题；中央和地方各级财政投入专项资金帮助61万贫困残疾人家庭实施了危房改造；176万贫困残疾人在农村扶贫基地的辐射带动下实现了生产增收，有409万贫困残疾人接受了各种实用技术培训，掌握了生产技能。残疾人扶贫工作取得显著成绩，有力促进了经济社会发展、减贫事业和民生改善，为我国农村贫困人口减少、加快农村居民小康进程作出了特殊贡献，有力推动了贫困地区经济发展与社会和谐。主要有以下体会：

一是始终坚持党政主导，与国家整体扶贫战略统一纳入、同步实施，优先安排。政府高度重视扶贫事业，努力缩小贫富差距，走共同富裕的道路，不断将农村残疾人等贫困人口纳入扶贫开发的重点，不断加大扶持力度；各级残联成为政府扶贫开发领导小组成员单位，主动配合扶贫办等有关部门协调解决残疾人扶贫工作中出现的问题；国家有关扶贫工作的纲要和政策文件中都明确农村残疾人扶贫的政策措施，贫困残疾人已成为扶贫开发的重点难点人群。

二是始终坚持部门配合、社会参与，发挥行业助残扶贫作用。充分依靠政府扶贫部门的主导作用和有关部门职责，从解决农村残疾人的基本生活、医疗、教育、社保、就业、住房、生产等需求入手，联手行动，研究解决农村残疾人扶贫工作中出现的新情况、新困难。近年来，各级残联与组织部门实施的“基层党组织助残扶贫工程”、与商务部门实施的万村千乡市场助残扶贫、与新闻出版广电部门实施的优先选聘农村贫困残疾人担任农家书屋管理员项目、与农业部实施了农业行业助残扶贫等行业助残扶贫项目整体推进。

三是始终坚持多渠道筹措资金，千方百计增加投入。国家投放康复扶贫贷款不断增加，慈善组织，民间力量也积极参与农村残疾人扶贫，出钱献策，日益活跃。各地残联组织也积极争取财政专项扶贫资金，或利用就业保障金支持农村贫困残疾人就业脱贫。

四是始终坚持创新扶贫方式，帮扶带动贫困残疾人。多年来，“公司加农户”、“整村赶平均”、“一户一策滚动发展”、“农机合作社”等地方创造的有效残疾人扶贫方式，带动众多农村残疾人及家庭摆脱贫困。当前，要进一步利用国家精准扶贫工作机制，继续创新残疾人扶贫开发工作方式。

五是始终坚持宣传动员，大力营造助残扶贫氛围。充分借助大众传媒和农村有效宣传形式和载体，广泛宣传残疾人扶贫政策信息及残疾人扶贫解困典型，为社会和贫困残疾人搭建了沟通联系的桥梁，激励了广大农村残疾人奋发自强、生产自救的勇气和信心，扩大了残疾人扶贫工作的影响，在发动社会、营造氛围及鼓舞残疾人方面发挥了积极作用。

六是始终坚持把贫困残疾人作为主体力量，激发脱贫致富的内生动力。贫困残疾人自身有摆脱贫困的强烈愿望，有自强不息的坚强毅力，同样是脱贫攻坚的重要力量。激发出贫困残疾人脱贫致富的内生动力，残疾人同样可以成为脱贫解困的榜样，能够起到常人起不到的感召和带动示范作用，这是一笔宝贵的精神财富。

（中国残联扶贫办 郝大鹏）

铁路扶贫开展情况

"十二五"期间，中国铁路总公司认真贯彻落实党中央、国务院关于扶贫开发工作的决策部署，加强与地方党委政府的协调配合，发挥铁路特点和优势，大力开展铁路建设扶贫和运输扶贫，切实做好定点扶贫、片区联系等工作，在促进贫困地区扶贫开发、贫困人口脱贫致富上发挥了积极作用。

（一）铁路建设扶贫开发成效显著

"十二五"期间，国家铁路对中西部地区的基建投资完成 1.94 万亿元（西部地区 1.06 万亿元），占 72.1%；新线投产 2.22 万公里（西部地区 1.18 公里），占 74.5%，其中高铁 1.05 万公里，占 71.4%。对全国 14 个片区所在 21 个省区市的基建投资完成 1.92 万亿元，新线投产 2.19 万公里，其中高铁 10194 公里。截至 2015 年底，中西部地区铁路营业里程为 9.22 万公里（西部地区 4.8 万公里），占全国的 76.2%，其中高铁 1.27 万公里（西部地区 4424 公里），占全国的 64.1%。中西部地区持续大规模铁路建设，不仅直接拉动了当地经济发展，也为改善这些地区发展环境和条件提供了重要支撑。

（二）铁路运输扶贫保障作用突出

随着新线投产和路网完善，铁路对中西部地区经济社会发展和贫困地区扶贫开发的运力保障能力进一步提升。旅游开发方面，通过对接各地旅游开发需求，增开旅客列车、增加客车停站、改善服务设施等系列措施，全国铁路动车组和提速客车开行范围不断扩大，旅行时间不断压缩，有力地支撑了中西部地区旅游业发展，新疆、内蒙古、甘肃、青海、贵州、广西等西部省区和多个著名旅游城市、革命老区首次开行动车组列车，青藏线、宜万线等旅游热门线路和云南、江西等热点地区的旅客列车进一步增加。重点货物运输方面，通过运力倾斜、运价优惠、"门到门"运输等措施，精心组织新疆棉花、东北地区粮食、西北地区化肥、西南地区果蔬等货物运输，推出客车化的货物快运班列，较好地保障了各类涉农物资、特需货物运输需求。农民工运输方面，在农民工客流较大的方向继续增开普速客车，高铁开通后在既有线仍然大量保留普速客车，春运期间大量增开旅客列车，保证农民工旅客有较多的选择。

（三）定点扶贫和片区联系工作扎实推进

认真落实中央单位定点扶贫任务，"十二五"期间原铁道部、铁路总公司累计向定点扶贫县投入资金 4959 万元，实施整村推进扶贫、农村特色产业开发、教育扶贫、医疗卫生扶贫、乡村公路建设等项目 96 个，取得了实实在在的成效。所属单位参与地方扶贫工作，对当地贫困县、乡、村因地制宜进行帮扶，5 年间铁路系统共计投入扶贫资金约 1.5 亿元。经过贫困地区人民艰苦奋斗，受帮扶地区的贫困面貌得到改善，贫困人口数量和贫困发生率进一步下降，农民人均收入大幅提高，经济实力和发展后劲明显增强。与此同时，参与做好片区联系工作，推动了各集中连片特困地区区域发展与扶贫攻坚规划实施。

（中国铁路总公司办公厅 戴飞翔）

农业银行扶贫开展情况

“十二五”期间，农业银行认真贯彻落实中央脱贫攻坚战略部署，以高度的政治责任感、使命感和紧迫感，求真务实，周密安排，精准施策，扎实推进金融扶贫工作，取得了积极成效。2011 年新十年农村扶贫开发纲要印发以来，农业银行在 832 个扶贫重点县累计投放贷款 12851 亿元，到 2015 年末贷款余额达 5907 亿元，比 2011 年初增加 3315 亿元，5 年复合增长率达 17.9%，增幅比全行同期高 6 个百分点。2015 年，汪洋副总理先后三次作出重要批示，对农业银行金融扶贫工作给予充分肯定。

一、突出产业辐射带动

充分发挥大型商业银行的综合优势，集中力量，重点支持扶贫带动效应显著的产业或项目，助力贫困地区经济社会发展和贫困农户增收脱贫。到 2015 年末，在 832 个贫困县支持了 651 家农业产业化龙头企业、3.1 万个专业合作社及社员和 7.5 万户家庭农场（专业大户），贷款余额达 297.4 亿元，5 年复合增长率 22.4%，增强农业产业链对贫困农户增收的带动效应；水、电、路、网等重大基础设施建设贷款余额 2103.9 亿元，5 年复合增长率 17.6%，破解发展瓶颈；支持 4258 个小微企业，余额 976.9 亿元，5 年复合增长率 21.8%，促进贫困户就创业；支持旅游业贷款余额 61.5 亿元，5 年复合增长率 19.4%，拓宽贫困农户增收渠道。

二、探索金融扶贫模式

在贫困地区探索了政府增信带动模式，即政府通过专业化担保公司和风险补偿基金等方式，为贷款客户进行增信；农行按照担保公司资本金或风险补偿资金的一定比例（一般为 8-10 倍）为增信对象发放贷款。如“甘肃“双联农户贷”、内蒙古“金融扶贫富民工程”模式等。这些以“银政合作、政府增信、协同扶贫”为主要特点的金融扶贫模式有效整合了财政扶贫资金和信贷扶贫资金，契合了政府和商业银行的共同诉求，满足了贫困农户生产发展的资金需求，到 2015 年末，已推广到 19 家一级分行，累计发放贷款 479 亿元，支持了 93 万农户发展生产经营。

三、制定差异化扶贫政策

研究制定区域性、差异化信贷政策，定向加大对新疆、西藏等少数民族地区及原川陕苏区、中央苏区、贵州毕节试验区等革命老区的支持力度。针对贫困地区的特色农业产业，在信贷政策方面大力创新，支持了林果、油茶、畜牧养殖等特色农业发展。如，江西“油茶贷”：仅 2015 年，在赣南苏区发放油茶贷款 13.5 亿元，支持当地 29 家企业、9500 户农户种植油茶 83.4 万亩，有力带动了当地贫困农户增收；新疆“林果贷”：在新疆累计投放贷款 190 亿元，支持当地特色林果业发展，帮助南疆 5 个地州近 7 万户果农受益。

四、创新精准扶贫产品

努力在精准扶贫上下功夫、想办法、出实招、见真效。如，在甘肃，与省政府合作推出“精准扶贫贷”，自 2015 年 10 月工程启动以来，已发放贷款 21 亿元，惠及 4.3 万户建档立卡贫困户；在西藏，以“钻金银铜”四卡为标识，累计发放农牧户信用贷款 393 亿元，覆盖了全区 90% 以上农牧户；在贵州，推出“美丽乡村贷”，截至 2015 年末，发放贷款 51.5 亿元，支持辖内三个集中连片特困地区建设小康路 1.2 万公里、小康水项目 3929 个、小康房 4 万户、小康寨 3.1 万个，惠及人口 470 万；在江西、安徽等地推出“光伏贷”，支持贫困户通过光伏发电实现增收，仅在老区于都县已为 1378 户建档立卡户授信 3859 万元。

五、提升基础金融服务

加快“金穗惠农通”工程实施进度，打通贫困农村普惠金融服务“最后一公里”。截至 2015 年末，在 832 个国家贫困县设立惠农金融服务点 17.1 万个，布放电子机具 23.7 万台，行政村覆盖率达到 72.6%，对具备固话通讯条件的行政村基本覆盖，满足贫困农户日常的小额存取、转账、代收代缴等基础金融服务需求。依托惠农金融服务点，在贫困地区推广“E 农管家”、“银讯通”、“四融平台”等电商平台，推进了消费品下乡、农产品进城。截至 2015 年末，全行已有 19 家分行上线“E 农管家”平台，其中在湖北已实现 69 个县域全覆盖，链接农家店、农超 52371 户，累计交易额突破百亿元。

六、实施惠农金融服务

截至 2015 年末，在 832 个贫困县农户贷款余额 1184.4 亿元，并对贷款执行优惠利率，平均定价比照同业水平下浮 20-30%，每年可节省贫困地区农户利息开支 16 亿元，特别是针对贫困农户贷款执行基准利率，如甘肃分行双联贷款严格执行人行同档次基准利率不上浮。同时，对贫困地区农户实行惠农卡免收工本费、小额账户管理费，减半收取年费的“两免一减半”优惠政策。

七、开展挂点帮扶工作

2015 年建立了领导干部挂点指导贫困地区县支行制度，并将挂点效果纳入领导干部任职考核。全年总分支行领导干部挂点覆盖了所有县域和 14767 个重点乡镇，直接联系了 17275 个“三农”客户，协调解决了基层反映的 108 项具体问题，有效推动了服务“三农”和服务扶贫工作。此外，全行选派优秀干部赴 576 个贫困村实施驻村帮扶，帮助贫困村找准致富路。

下一步，农业银行将深入贯彻落实中央扶贫开发工作会议精神，扛起政治使命，负起社会责任，切实增强金融扶贫工作的责任感、使命感和紧迫感，紧扣“精准扶贫、精准脱贫”基本方略，进一步加大金融扶贫力度，抓好各项工作落实，努力为打赢脱贫攻坚战作出更大贡献。一是抓支持重点落实，做好脱贫攻坚关键领域和重点环节的金融服务；二是抓资源保障落实，提升贫困县域支行金融服务能力；三是抓精准施策落实，将产业扶持与精准扶贫有机结合起来；四是抓产品创新落实，为贫困地区和贫困人口提供普惠、特惠金融服务；五是抓脱贫成效落实，批量扶持带动建档立卡贫困户增收脱贫。

（农业银行扶贫开发金融部 王瑜洁）

第七部分　扶贫政策汇编

中共中央国务院关于打赢脱贫攻坚战的决定

确保到 2020 年农村贫困人口实现脱贫，是全面建成小康社会最艰巨的任务。现就打赢脱贫攻坚战作出如下决定。

一、增强打赢脱贫攻坚战的使命感紧迫感

消除贫困、改善民生、逐步实现共同富裕，是社会主义的本质要求，是我们党的重要使命。改革开放以来，我们实施大规模扶贫开发，使 7 亿农村贫困人口摆脱贫困，取得了举世瞩目的伟大成就，谱写了人类反贫困历史上的辉煌篇章。党的十八大以来，我们把扶贫开发工作纳入“四个全面”战略布局，作为实现第一个百年奋斗目标的重点工作，摆在更加突出的位置，大力实施精准扶贫，不断丰富和拓展中国特色扶贫开发道路，不断开创扶贫开发事业新局面。

我国扶贫开发已进入啃硬骨头、攻坚拔寨的冲刺期。中西部一些省（自治区、直辖市）贫困人口规模依然较大，剩下的贫困人口贫困程度较深，减贫成本更高，脱贫难度更大。实现到 2020 年让 7000 多万农村贫困人口摆脱贫困的既定目标，时间十分紧迫、任务相当繁重。必须在现有基础上不断创新扶贫开发思路和办法，坚决打赢这场攻坚战。

扶贫开发事关全面建成小康社会，事关人民福祉，事关巩固党的执政基础，事关国家长治久安，事关我国国际形象。打赢脱贫攻坚战，是促进全体人民共享改革发展成果、实现共同富裕的重大举措，是体现中国特色社会主义制度优越性的重要标志，也是经济发展新常态下扩大国内需求、促进经济增长的重要途径。各级党委和政府必须把扶贫开发工作作为重大政治任务来抓，切实增强责任感、使命感和紧迫感，切实解决好思想认识不到位、体制机制不健全、工作措施不落实等突出问题，

不辱使命、勇于担当，只争朝夕、真抓实干，加快补齐全面建成小康社会中的这块突出短板，决不让一个地区、一个民族掉队，实现《中共中央关于制定国民经济和社会发展第十三个五年规划的建议》确定的脱贫攻坚目标。

二、打赢脱贫攻坚战的总体要求

（一）指导思想

全面贯彻落实党的十八大和十八届二中、三中、四中、五中全会精神，以邓小平理论、“三个代表”重要思想、科学发展观为指导，深入贯彻习近平总书记系列重要讲话精神，围绕“四个全面”战略布局，牢固树立并切实贯彻创新、协调、绿色、开放、共享的发展理念，充分发挥政治优势和制度优势，把精准扶贫、精准脱贫作为基本方略，坚持扶贫开发与经济社会发展相互促进，坚持精准帮扶与集中连片特殊困难地区开发紧密结合，坚持扶贫开发与生态保护并重，坚持扶贫开发与社会保障有效衔接，咬定青山不放松，采取超常规举措，拿出过硬办法，举全党全社会之力，坚决打赢脱贫攻坚战。

（二）总体目标

到 2020 年，稳定实现农村贫困人口不愁吃、不愁穿，义务教育、基本医疗和住房安全有保障。实现贫困地区农民人均可支配收入增长幅度高于全国平均水平，基本公共服务主要领域指标接近全国平均水平。确保我国现行标准下农村贫困人口实现脱贫，贫困县全部摘帽，解决区域性整体贫困。

（三）基本原则

——坚持党的领导，夯实组织基础。充分发挥各级党委总揽全局、协调各方的领导核心作用，严格执行脱贫攻坚一把手负责制，省市县乡村五级书记一起抓。切实加强贫困地区农村基层党组织建设，使其成为带领群众脱贫致富的坚强战斗堡垒。

——坚持政府主导，增强社会合力。强化政府责任，引领市场、社会协同发力，鼓励先富帮后富，构建专项扶贫、行业扶贫、社会扶贫互为补充的大扶贫格局。

——坚持精准扶贫，提高扶贫成效。扶贫开发贵在精准，重在精准，必须解决好扶持谁、谁来扶、怎么扶的问题，做到扶真贫、真扶贫、真脱贫，切实提高扶贫成果可持续性，让贫困人口有更多的获得感。

——坚持保护生态，实现绿色发展。牢固树立绿水青山就是金山银山的理念，把生态保护放在优先位置，扶贫开发不能以牺牲生态为代价，探索生态脱贫新路子，让贫困人口从生态建设与修复中得到更多实惠。

——坚持群众主体，激发内生动力。继续推进开发式扶贫，处理好国家、社会帮扶和自身努力的关系，发扬自力更生、艰苦奋斗、勤劳致富精神，充分调动贫困地区干部群众积极性和创造性，注重扶贫先扶智，增强贫困人口自我发展能力。

——坚持因地制宜，创新体制机制。突出问题导向，创新扶贫开发路径，由“大水漫灌”向“精准滴灌”转变；创新扶贫资源使用方式，由多头分散向统筹集中转变；创新扶贫开发模式，由偏重“输血”向注重“造血”转变；创新扶贫考评体系，由侧重考核地区生产总值向主要考核脱贫成效转变。

三、实施精准扶贫方略，加快贫困人口精准脱贫

（四）健全精准扶贫工作机制

抓好精准识别、建档立卡这个关键环节，为打赢脱贫攻坚战打好基础，为推进城乡发展一体化、逐步实现基本公共服务均等化创造条件。按照扶持对象精准、项目安排精准、资金使用精准、措施到户精准、因村派人精准、脱贫成效精准的要求，使建档立卡贫困人口中有5000万人左右通过产业扶持、转移就业、易地搬迁、教育支持、医疗救助等措施实现脱贫，其余完全或部分丧失劳动能力的贫困人口实行社保政策兜底脱贫。对建档立卡贫困村、贫困户和贫困人口定期进行全面核查，建立精准扶贫台账，实行有进有出的动态管理。根据致贫原因和脱贫需求，对贫困人口实行分类扶持。建立贫困户脱贫认定机制，对已经脱贫的农户，在一定时期内让其继续享受扶贫相关政策，避免出现边脱贫、边返贫现象，切实做到应进则进、应扶则扶。抓紧制定严格、规范、透明的国家扶贫开发工作重点县退出标准、程序、核查办法。重点县退出，由县提出申请，市（地）初审，省级审定，报国务院扶贫开发领导小组备案。重点县退出后，在攻坚期内国家原有扶贫政策保持不变，抓紧制定攻坚期后国家帮扶政策。加强对扶贫工作绩效的社会监督，开展贫困地区群众扶贫满意度调查，建立对扶贫政策落实情况和扶贫成效的第三方评估机制。评价精准扶贫成效，既要看减贫数量，更要看脱贫质量，不提不切实际的指标，对弄虚作假搞“数字脱贫”的，要严肃追究责任。

（五）发展特色产业脱贫

制定贫困地区特色产业发展规划。出台专项政策，统筹使用涉农资金，重点支持贫困村、贫困户因地制宜发展种养业和传统手工业等。实施贫困村“一村一品”产业推进行动，扶持建设一批贫困人口参与度高的特色农业基地。加强贫困地区农民合作社和龙头企业培育，发挥其对贫困人口的组织和带动作用，强化其与贫困户的利益联结机制。支持贫困地区发展农产品加工业，加快一二三产业融合发展，让贫困户更多分享农业全产业链和价值链增值收益。加大对贫困地区农产品品牌推介营销支持力度。依托贫困地区特有的自然人文资源，深入实施乡村旅游扶贫工程。科学合理有序开发贫困地区水电、煤炭、油气等资源，调整完善资源开发收益分配政策。探索水电利益共享机制，将从发电中提取的资金优先用于水库移民和库区后续发展。引导中央企业、民营企业分别设立贫困地区产业投资基金，采取市场化运作方式，主要用于吸引企业到贫困地区从事资源开发、产业园区建设、新型城镇化发展等。

（六）引导劳务输出脱贫

加大劳务输出培训投入，统筹使用各类培训资源，以就业为导向，提高培训的针对性和有效性。加大职业技能提升计划和贫困户教育培训工程实施力度，引导企业扶贫与职业教育相结合，鼓励职业院校和技工学校招收贫困家庭子女，确保贫困家庭劳动力至少掌握一门致富技能，实现靠技能脱贫。进一步加大就业专项资金向贫困地区转移支付力度。支持贫困地区建设县乡基层劳动就业和社会保障服务平台，引导和支持用人企业在贫困地区建立劳务培训基地，开展好订单定向培训，建立和完善输出地与输入地劳务对接机制。鼓励地方对跨省务工的农村贫困人口给予交通补助。大力支持家政服务、物流配送、养老服务等产业发展，拓展贫困地区劳动力外出就业空间。加大对贫困地区农民工返乡创业政策扶持力度。对在城镇工作生活一年以上的农村贫困人口，输入地政府要承担相应的帮扶责任，并优先提供基本公共服务，促进有能力在城镇稳定就业和生活的农村贫困人口有序实现市民化。

（七）实施易地搬迁脱贫

对居住在生存条件恶劣、生态环境脆弱、自然灾害频发等地区的农村贫困人口，加快实施易地扶贫搬迁工程。坚持群众自愿、积极稳妥的原则，因地制宜选择搬迁安置方式，合理确定住房建设标准，完善搬迁后续扶持政策，确保搬迁对象有业可就、稳定脱贫，做到搬得出、稳得住、能致富。要紧密结合推进新型城镇化，编制实施易地扶贫搬迁规划，支持有条件的地方依托小城镇、工业园区安置搬迁群众，帮助其尽快实现转移就业，享有与当地群众同等的基本公共服务。加大中央预算内投资和地方各级政府投入力度，创新投融资机制，拓宽资金来源渠道，提高补助标准。积极整合交通建设、农田水利、土地整治、地质灾害防治、林业生态等支农资金和社会资金，支持安置区配套公共设施建设和迁出区生态修复。利用城乡建设用地增减挂钩政策支持易地扶贫搬迁。为符合条件的搬迁户提供建房、生产、创业贴息贷款支持。支持搬迁安置点发展物业经济，增加搬迁户财产性收入。探索利用农民进城落户后自愿有偿退出的农村空置房屋和土地安置易地搬迁农户。

（八）结合生态保护脱贫

国家实施的退耕还林还草、天然林保护、防护林建设、石漠化治理、防沙治沙、湿地保护与恢复、坡耕地综合整治、退牧还草、水生态治理等重大生态工程，在项目和资金安排上进一步向贫困地区倾斜，提高贫困人口参与度和受益水平。加大贫困地区生态保护修复力度，增加重点生态功能区转移支付。结合建立国家公园体制，创新生态资金使用方式，利用生态补偿和生态保护工程资金使当地有劳动能力的部分贫困人口转为护林员等生态保护人员。合理调整贫困地区基本农田保有指标，加大贫困地区新一轮退耕还林还草力度。开展贫困地区生态综合补偿试点，健全公益林补偿标准动态调整机制，完善草原生态保护补助奖励政策，推动地区间建立横向生态补偿制度。

（九）着力加强教育脱贫

加快实施教育扶贫工程，让贫困家庭子女都能接受公平有质量的教育，阻断贫困代际传递。国家教育经费向贫困地区、基础教育倾斜。健全学前教育资助制度，帮助农村贫困家庭幼儿接受学前教育。稳步推进贫困地区农村义务教育阶段学生营养改善计划。加大对乡村教师队伍建设的支持力度，特岗计划、国培计划向贫困地区基层倾斜，为贫困地区乡村学校定向培养留得下、稳得住的一专多能教师，制定符合基层实际的教师招聘引进办法，建立省级统筹乡村教师补充机制，推动城乡教师合理流动和对口支援。全面落实连片特困地区乡村教师生活补助政策，建立乡村教师荣誉制度。合理布局贫困地区农村中小学校，改善基本办学条件，加快标准化建设，加强寄宿制学校建设，提高义务教育巩固率。普及高中阶段教育，率先从建档立卡的家庭经济困难学生实施普通高中免除学杂费、中等职业教育免除学杂费，让未升入普通高中的初中毕业生都能接受中等职业教育。加强有专业特色并适应市场需求的中等职业学校建设，提高中等职业教育国家助学金资助标准。努力办好贫困地区特殊教育和远程教育。建立保障农村和贫困地区学生上重点高校的长效机制，加大对贫困家庭大学生的救助力度。对贫困家庭离校未就业的高校毕业生提供就业支持。实施教育扶贫结对帮扶行动计划。

（十）开展医疗保险和医疗救助脱贫

实施健康扶贫工程，保障贫困人口享有基本医疗卫生服务，努力防止因病致贫、因病返贫。对贫困人口参加新型农村合作医疗个人缴费部分由财政给予补贴。新型农村合作医疗和大病保险制度对贫困人口实行政策倾斜，门诊统筹率先覆盖所有贫困地区，降低贫困人口大病费用实际支出，对新型农村合作医疗和大病保险支付后自负费用仍有困难的，加大医疗救助、临时救助、慈善救助等帮扶力度，将贫困人口全部纳入重特大疾病救助范围，使贫困人口大病医治得到有效保障。加大农村贫困残疾人康复服务和医疗救助力度，扩大纳入基本医疗保险范围的残疾人医疗康复项目。建立贫困人口健康卡。对贫困人口大病实行分类救治和先诊疗后付费的结算机制。建立全国三级医院（含军队和武警部队医院）与连片特困地区县和国家扶贫开发工作重点县县级医院稳定持续的一对一帮扶关系。完成贫困地区县乡村三级医疗卫生服务网络标准化建设，积极促进远程医疗诊治和保健咨询服务向贫困地区延伸。为贫困地区县乡医疗卫生机构订单定向免费培养医学类本专科学生，支持贫困地区实施全科医生和专科医生特设岗位计划，制定符合基层实际的人才招聘引进办法。支持和引导符合条件的贫困地区乡村医生按规定参加城镇职工基本养老保险。采取针对性措施，加强贫困地区传染病、地方病、慢性病等防治工作。全面实施贫困地区儿童营养改善、新生儿疾病免费筛查、妇女“两癌”免费筛查、孕前优生健康免费检查等重大公共卫生项目。加强贫困地区计划生育服务管理工作。

（十一）实行农村最低生活保障制度兜底脱贫

完善农村最低生活保障制度，对无法依靠产业扶持和就业帮助脱贫的家庭实行政策性保障兜底。加大农村低保省级统筹力度，低保标准较低的地区要逐步达到国家扶贫标准。尽快制定农村最低生活保障制度与扶贫开发政策有效衔接的实施方案。进一步加强农村低保申请家庭经济状况核查工作，将所有符合条件的贫困家庭纳入低保范围，做到应保尽保。加大临时救助制度在贫困地区落实力度。提高农村特困人员供养水平，改善供养条件。抓紧建立农村低保和扶贫开发的数据互通、资源共享信息平台，实现动态监测管理、工作机制有效衔接。加快完善城乡居民基本养老保险制度，适时提高基础养老金标准，引导农村贫困人口积极参保续保，逐步提高保障水平。有条件、有需求地区可以实施“以粮济贫”。

（十二）探索资产收益扶贫

在不改变用途的情况下，财政专项扶贫资金和其他涉农资金投入设施农业、养殖、光伏、水电、乡村旅游等项目形成的资产，具备条件的可折股量化给贫困村和贫困户，尤其是丧失劳动能力的贫困户。资产可由村集体、合作社或其他经营主体统一经营。要强化监督管理，明确资产运营方对财政资金形成资产的保值增值责任，建立健全收益分配机制，确保资产收益及时回馈持股贫困户。支持农民合作社和其他经营主体通过土地托管、牲畜托养和吸收农民土地经营权入股等方式，带动贫困户增收。贫困地区水电、矿产等资源开发，赋予土地被占用的村集体股权，让贫困人口分享资源开发收益。

（十三）健全留守儿童、留守妇女、留守老人和残疾人关爱服务体系

对农村“三留守”人员和残疾人进行全面摸底排查，建立详实完备、动态更新的信息管理系统。加强儿童福利院、救助保护机构、特困人员供养机构、残疾人康复托养机构、社区儿童之家等服务设施和队伍建设，不断提高管理服务水平。建立家庭、学校、基层组织、政府和社会力量相衔接的留守儿童关爱服务网络。加强对未成年人的监护。健全孤儿、事实无人抚养儿童、低收入家庭重病重残等困境儿童的福利保障体系。健全发现报告、应急处置、帮扶干预机制，帮助特殊贫困家庭解决实际困难。加大贫困残疾人康复工程、特殊教育、技能培训、托养服务实施力度。针对残疾人的特殊困难，全面建立困难残疾人生活补贴和重度残疾人护理补贴制度。对低保家庭中的老年人、未成年人、重度残疾人等重点救助对象，提高救助水平，确保基本生活。引导和鼓励社会力量参与特殊群体关爱服务工作。

四、加强贫困地区基础设施建设，加快破除发展瓶颈制约

（十四）加快交通、水利、电力建设。推动国家铁路网、国家高速公路网连接贫困地区的重大交通项目建设，提高国道省道技术标准，构建贫困地区外通内联的交通运输通道

大幅度增加中央投资投入中西部地区和贫困地区的铁路、公路建设，继续实施车购税对农村公路建设的专项转移政策，提高贫困地区农村公路建设补助标准，加

快完成具备条件的乡镇和建制村通硬化路的建设任务，加强农村公路安全防护和危桥改造，推动一定人口规模的自然村通公路。加强贫困地区重大水利工程、病险水库水闸除险加固、灌区续建配套与节水改造等水利项目建设。实施农村饮水安全巩固提升工程，全面解决贫困人口饮水安全问题。小型农田水利、“五小水利”工程等建设向贫困村倾斜。对贫困地区农村公益性基础设施管理养护给予支持。加大对贫困地区抗旱水源建设、中小河流治理、水土流失综合治理力度。加强山洪和地质灾害防治体系建设。大力扶持贫困地区农村水电开发。加强贫困地区农村气象为农服务体系和灾害防御体系建设。加快推进贫困地区农网改造升级，全面提升农网供电能力和供电质量，制定贫困村通动力电规划，提升贫困地区电力普遍服务水平。增加贫困地区年度发电指标。提高贫困地区水电工程留存电量比例。加快推进光伏扶贫工程，支持光伏发电设施接入电网运行，发展光伏农业。

（十五）加大“互联网 +”扶贫力度

完善电信普遍服务补偿机制，加快推进宽带网络覆盖贫困村。实施电商扶贫工程。加快贫困地区物流配送体系建设，支持邮政、供销合作等系统在贫困乡村建立服务网点。支持电商企业拓展农村业务，加强贫困地区农产品网上销售平台建设。加强贫困地区农村电商人才培训。对贫困家庭开设网店给予网络资费补助、小额信贷等支持。开展互联网为农便民服务，提升贫困地区农村互联网金融服务水平，扩大信息进村入户覆盖面。

（十六）加快农村危房改造和人居环境整治

加快推进贫困地区农村危房改造，统筹开展农房抗震改造，把建档立卡贫困户放在优先位置，提高补助标准，探索采用贷款贴息、建设集体公租房等多种方式，切实保障贫困户基本住房安全。加大贫困村生活垃圾处理、污水治理、改厕和村庄绿化美化力度。加大贫困地区传统村落保护力度。继续推进贫困地区农村环境连片整治。加大贫困地区以工代赈投入力度，支持农村山水田林路建设和小流域综合治理。财政支持的微小型建设项目，涉及贫困村的，允许按照一事一议方式直接委托村级组织自建自管。以整村推进为平台，加快改善贫困村生产生活条件，扎实推进美丽宜居乡村建设。

（十七）重点支持革命老区、民族地区、边疆地区、连片特困地区脱贫攻坚

出台加大脱贫攻坚力度支持革命老区开发建设指导意见，加快实施重点贫困革命老区振兴发展规划，扩大革命老区财政转移支付规模。加快推进民族地区重大基础设施项目和民生工程建设，实施少数民族特困地区和特困群体综合扶贫工程，出台人口较少民族整体脱贫的特殊政策措施。改善边疆民族地区义务教育阶段基本办学条件，建立健全双语教学体系，加大教育对口支援力度，积极发展符合民族地区实际的职业教育，加强民族地区师资培训。加强少数民族特色村镇保护与发展。大力推进兴边富民行动，加大边境地区转移支付力度，完善边民补贴机制，充分考

虑边境地区特殊需要，集中改善边民生产生活条件，扶持发展边境贸易和特色经济，使边民能够安心生产生活、安心守边固边。完善片区联系协调机制，加快实施集中连片特殊困难地区区域发展与脱贫攻坚规划。加大中央投入力度，采取特殊扶持政策，推进西藏、四省藏区和新疆南疆四地州脱贫攻坚。

五、强化政策保障，健全脱贫攻坚支撑体系

（十八）加大财政扶贫投入力度

发挥政府投入在扶贫开发中的主体和主导作用，积极开辟扶贫开发新的资金渠道，确保政府扶贫投入力度与脱贫攻坚任务相适应。中央财政继续加大对贫困地区的转移支付力度，中央财政专项扶贫资金规模实现较大幅度增长，一般性转移支付资金、各类涉及民生的专项转移支付资金和中央预算内投资进一步向贫困地区和贫困人口倾斜。加大中央集中彩票公益金对扶贫的支持力度。农业综合开发、农村综合改革转移支付等涉农资金要明确一定比例用于贫困村。各部门安排的各项惠民政策、项目和工程，要最大限度地向贫困地区、贫困村、贫困人口倾斜。各省（自治区、直辖市）要根据本地脱贫攻坚需要，积极调整省级财政支出结构，切实加大扶贫资金投入。从 2016 年起通过扩大中央和地方财政支出规模，增加对贫困地区水电路气网等基础设施建设和提高基本公共服务水平的投入。建立健全脱贫攻坚多规划衔接、多部门协调长效机制，整合目标相近、方向类同的涉农资金。按照权责一致原则，支持连片特困地区县和国家扶贫开发工作重点县围绕本县突出问题，以扶贫规划为引领，以重点扶贫项目为平台，把专项扶贫资金、相关涉农资金和社会帮扶资金捆绑集中使用。严格落实国家在贫困地区安排的公益性建设项目取消县级和西部连片特困地区地市级配套资金的政策，并加大中央和省级财政投资补助比重。在扶贫开发中推广政府与社会资本合作、政府购买服务等模式。加强财政监督检查和审计、稽查等工作，建立扶贫资金违规使用责任追究制度。纪检监察机关对扶贫领域虚报冒领、截留私分、贪污挪用、挥霍浪费等违法违规问题，坚决从严惩处。推进扶贫开发领域反腐倡廉建设，集中整治和加强预防扶贫领域职务犯罪工作。贫困地区要建立扶贫公告公示制度，强化社会监督，保障资金在阳光下运行。

（十九）加大金融扶贫力度

鼓励和引导商业性、政策性、开发性、合作性等各类金融机构加大对扶贫开发的金融支持。运用多种货币政策工具，向金融机构提供长期、低成本的资金，用于支持扶贫开发。设立扶贫再贷款，实行比支农再贷款更优惠的利率，重点支持贫困地区发展特色产业和贫困人口就业创业。运用适当的政策安排，动用财政贴息资金及部分金融机构的富余资金，对接政策性、开发性金融机构的资金需求，拓宽扶贫资金来源渠道。由国家开发银行和中国农业发展银行发行政策性金融债，按照微利或保本的原则发放长期贷款，中央财政给予 90% 的贷款贴息，专项用于易地扶贫搬迁。国家开发银行、中国农业发展银行分别设立“扶贫金融事业部”，依法享受税收优惠。

中国农业银行、邮政储蓄银行、农村信用社等金融机构要延伸服务网络，创新金融产品，增加贫困地区信贷投放。对有稳定还款来源的扶贫项目，允许采用过桥贷款方式，撬动信贷资金投入。按照省（自治区、直辖市）负总责的要求，建立和完善省级扶贫开发投融资主体。支持农村信用社、村镇银行等金融机构为贫困户提供免抵押、免担保扶贫小额信贷，由财政按基础利率贴息。加大创业担保贷款、助学贷款、妇女小额贷款、康复扶贫贷款实施力度。优先支持在贫困地区设立村镇银行、小额贷款公司等机构。支持贫困地区培育发展农民资金互助组织，开展农民合作社信用合作试点。支持贫困地区设立扶贫贷款风险补偿基金。支持贫困地区设立政府出资的融资担保机构，重点开展扶贫担保业务。积极发展扶贫小额贷款保证保险，对贫困户保证保险保费予以补助。扩大农业保险覆盖面，通过中央财政以奖代补等支持贫困地区特色农产品保险发展。加强贫困地区金融服务基础设施建设，优化金融生态环境。支持贫困地区开展特色农产品价格保险，有条件的地方可给予一定保费补贴。有效拓展贫困地区抵押物担保范围。

（二十）完善扶贫开发用地政策

支持贫困地区根据第二次全国土地调查及最新年度变更调查成果，调整完善土地利用总体规划。新增建设用地计划指标优先保障扶贫开发用地需要，专项安排国家扶贫开发工作重点县年度新增建设用地计划指标。中央和省级在安排土地整治工程和项目、分配下达高标准基本农田建设计划和补助资金时，要向贫困地区倾斜。在连片特困地区和国家扶贫开发工作重点县开展易地扶贫搬迁，允许将城乡建设用地增减挂钩指标在省域范围内使用。在有条件的贫困地区，优先安排国土资源管理制度改革试点，支持开展历史遗留工矿废弃地复垦利用、城镇低效用地再开发和低丘缓坡荒滩等未利用地开发利用试点。

（二十一）发挥科技、人才支撑作用

加大科技扶贫力度，解决贫困地区特色产业发展和生态建设中的关键技术问题。加大技术创新引导专项（基金）对科技扶贫的支持，加快先进适用技术成果在贫困地区的转化。深入推行科技特派员制度，支持科技特派员开展创业式扶贫服务。强化贫困地区基层农技推广体系建设，加强新型职业农民培训。加大政策激励力度，鼓励各类人才扎根贫困地区基层建功立业，对表现优秀的人员在职称评聘等方面给予倾斜。大力实施边远贫困地区、边疆民族地区和革命老区人才支持计划，贫困地区本土人才培养计划。积极推进贫困村创业致富带头人培训工程。

六、广泛动员全社会力量，合力推进脱贫攻坚

（二十二）健全东西部扶贫协作机制

加大东西部扶贫协作力度，建立精准对接机制，使帮扶资金主要用于贫困村、贫困户。东部地区要根据财力增长情况，逐步增加对口帮扶财政投入，并列入年度预算。

强化以企业合作为载体的扶贫协作，鼓励东西部按照当地主体功能定位共建产业园区，推动东部人才、资金、技术向贫困地区流动。启动实施经济强县（市）与国家扶贫开发工作重点县“携手奔小康”行动，东部各省（直辖市）在努力做好本区域内扶贫开发工作的同时，更多发挥县（市）作用，与扶贫协作省份的国家扶贫开发工作重点县开展结对帮扶。建立东西部扶贫协作考核评价机制。

（二十三）健全定点扶贫机制

进一步加强和改进定点扶贫工作，建立考核评价机制，确保各单位落实扶贫责任。深入推进中央企业定点帮扶贫困革命老区县“百县万村”活动。完善定点扶贫牵头联系机制，各牵头部门要按照分工督促指导各单位做好定点扶贫工作。

（二十四）健全社会力量参与机制

鼓励支持民营企业、社会组织、个人参与扶贫开发，实现社会帮扶资源和精准扶贫有效对接。引导社会扶贫重心下移，自愿包村包户，做到贫困户都有党员干部或爱心人士结对帮扶。吸纳农村贫困人口就业的企业，按规定享受税收优惠、职业培训补贴等就业支持政策。落实企业和个人公益扶贫捐赠所得税税前扣除政策。充分发挥各民主党派、无党派人士在人才和智力扶贫上的优势和作用。工商联系统组织民营企业开展“万企帮万村”精准扶贫行动。通过政府购买服务等方式，鼓励各类社会组织开展到村到户精准扶贫。完善扶贫龙头企业认定制度，增强企业辐射带动贫困户增收的能力。鼓励有条件的企业设立扶贫公益基金和开展扶贫公益信托。发挥好“10·17”全国扶贫日社会动员作用。实施扶贫志愿者行动计划和社会工作专业人才服务贫困地区计划。着力打造扶贫公益品牌，全面及时公开扶贫捐赠信息，提高社会扶贫公信力和美誉度。构建社会扶贫信息服务网络，探索发展公益众筹扶贫。

七、大力营造良好氛围，为脱贫攻坚提供强大精神动力

（二十五）创新中国特色扶贫开发理论

深刻领会习近平总书记关于新时期扶贫开发的重要战略思想，系统总结我们党和政府领导亿万人民摆脱贫困的历史经验，提炼升华精准扶贫的实践成果，不断丰富完善中国特色扶贫开发理论，为脱贫攻坚注入强大思想动力。

（二十六）加强贫困地区乡风文明建设

培育和践行社会主义核心价值观，大力弘扬中华民族自强不息、扶贫济困传统美德，振奋贫困地区广大干部群众精神，坚定改变贫困落后面貌的信心和决心，凝聚全党全社会扶贫开发强大合力。倡导现代文明理念和生活方式，改变落后风俗习惯，善于发挥乡规民约在扶贫济困中的积极作用，激发贫困群众奋发脱贫的热情。推动文化投入向贫困地区倾斜，集中实施一批文化惠民扶贫项目，普遍建立村级文化中心。深化贫困地区文明村镇和文明家庭创建。推动贫困地区县级公共文化体育设施达到国家标准。支持贫困地区挖掘保护和开发利用红色、民族、民间文化资源。鼓励文

化单位、文艺工作者和其他社会力量为贫困地区提供文化产品和服务。

（二十七）扎实做好脱贫攻坚宣传工作

坚持正确舆论导向，全面宣传我国扶贫事业取得的重大成就，准确解读党和政府扶贫开发的决策部署、政策举措，生动报道各地区各部门精准扶贫、精准脱贫丰富实践和先进典型。建立国家扶贫荣誉制度，表彰对扶贫开发作出杰出贡献的组织和个人。加强对外宣传，讲好减贫的中国故事，传播好减贫的中国声音，阐述好减贫的中国理念。

（二十八）加强国际减贫领域交流合作

通过对外援助、项目合作、技术扩散、智库交流等多种形式，加强与发展中国家和国际机构在减贫领域的交流合作。积极借鉴国际先进减贫理念与经验。履行减贫国际责任，积极落实联合国2030年可持续发展议程，对全球减贫事业作出更大贡献。

八、切实加强党的领导，为脱贫攻坚提供坚强政治保障

（二十九）强化脱贫攻坚领导责任制

实行中央统筹、省（自治区、直辖市）负总责、市（地）县抓落实的工作机制，坚持片区为重点、精准到村到户。党中央、国务院主要负责统筹制定扶贫开发大政方针，出台重大政策举措，规划重大工程项目。省（自治区、直辖市）党委和政府对扶贫开发工作负总责，抓好目标确定、项目下达、资金投放、组织动员、监督考核等工作。市（地）党委和政府要做好上下衔接、域内协调、督促检查工作，把精力集中在贫困县如期摘帽上。县级党委和政府承担主体责任，书记和县长是第一责任人，做好进度安排、项目落地、资金使用、人力调配、推进实施等工作。要层层签订脱贫攻坚责任书，扶贫开发任务重的省（自治区、直辖市）党政主要领导要向中央签署脱贫责任书，每年要向中央作扶贫脱贫进展情况的报告。省（自治区、直辖市）党委和政府要向市（地）、县（市）、乡镇提出要求，层层落实责任制。中央和国家机关各部门要按照部门职责落实扶贫开发责任，实现部门专项规划与脱贫攻坚规划有效衔接，充分运用行业资源做好扶贫开发工作。军队和武警部队要发挥优势，积极参与地方扶贫开发。改进县级干部选拔任用机制，统筹省（自治区、直辖市）内优秀干部，选好配强扶贫任务重的县党政主要领导，把扶贫开发工作实绩作为选拔使用干部的重要依据。脱贫攻坚期内贫困县县级领导班子要保持稳定，对表现优秀、符合条件的可以就地提级。加大选派优秀年轻干部特别是后备干部到贫困地区工作的力度，有计划地安排省部级后备干部到贫困县挂职任职，各省（自治区、直辖市）党委和政府也要选派厅局级后备干部到贫困县挂职任职。各级领导干部要自觉践行党的群众路线，切实转变作风，把严的要求、实的作风贯穿于脱贫攻坚始终。

（三十）发挥基层党组织战斗堡垒作用

加强贫困乡镇领导班子建设，有针对性地选配政治素质高、工作能力强、熟

悉“三农”工作的干部担任贫困乡镇党政主要领导。抓好以村党组织为领导核心的村级组织配套建设，集中整顿软弱涣散村党组织，提高贫困村党组织的创造力、凝聚力、战斗力，发挥好工会、共青团、妇联等群团组织的作用。选好配强村级领导班子，突出抓好村党组织带头人队伍建设，充分发挥党员先锋模范作用。完善村级组织运转经费保障机制，将村干部报酬、村办公经费和其他必要支出作为保障重点。注重选派思想好、作风正、能力强的优秀年轻干部到贫困地区驻村，选聘高校毕业生到贫困村工作。根据贫困村的实际需求，精准选配第一书记，精准选派驻村工作队，提高县以上机关派出干部比例。加大驻村干部考核力度，不稳定脱贫不撤队伍。对在基层一线干出成绩、群众欢迎的驻村干部，要重点培养使用。加快推进贫困村村务监督委员会建设，继续落实好“四议两公开”、村务联席会等制度，健全党组织领导的村民自治机制。在有实际需要的地区，探索在村民小组或自然村开展村民自治，通过议事协商，组织群众自觉广泛参与扶贫开发。

（三十一）严格扶贫考核督查问责

抓紧出台中央对省（自治区、直辖市）党委和政府扶贫开发工作成效考核办法。建立年度扶贫开发工作逐级督查制度，选择重点部门、重点地区进行联合督查，对落实不力的部门和地区，国务院扶贫开发领导小组要向党中央、国务院报告并提出责任追究建议，对未完成年度减贫任务的省份要对党政主要领导进行约谈。各省（自治区、直辖市）党委和政府要加快出台对贫困县扶贫绩效考核办法，大幅度提高减贫指标在贫困县经济社会发展实绩考核指标中的权重，建立扶贫工作责任清单。加快落实对限制开发区域和生态脆弱的贫困县取消地区生产总值考核的要求。落实贫困县约束机制，严禁铺张浪费，厉行勤俭节约，严格控制“三公”经费，坚决刹住穷县“富衙”、“戴帽”炫富之风，杜绝不切实际的形象工程。建立重大涉贫事件的处置、反馈机制，在处置典型事件中发现问题，不断提高扶贫工作水平。加强农村贫困统计监测体系建设，提高监测能力和数据质量，实现数据共享。

（三十二）加强扶贫开发队伍建设

稳定和强化各级扶贫开发领导小组和工作机构。扶贫开发任务重的省（自治区、直辖市）、市（地）、县（市）扶贫开发领导小组组长由党政主要负责同志担任，强化各级扶贫开发领导小组决策部署、统筹协调、督促落实、检查考核的职能。加强与精准扶贫工作要求相适应的扶贫开发队伍和机构建设，完善各级扶贫开发机构的设置和职能，充实配强各级扶贫开发工作力度。扶贫任务重的乡镇要有专门干部负责扶贫开发工作。加强贫困地区县级领导干部和扶贫干部思想作风建设，加大培训力度，全面提升扶贫干部队伍能力水平。

（三十三）推进扶贫开发法治建设

各级党委和政府要切实履行责任，善于运用法治思维和法治方式推进扶贫开发工作，在规划编制、项目安排、资金使用、监督管理等方面，提高规范化、制度化、法治化水平。强化贫困地区社会治安防控体系建设和基层执法队伍建设。健全贫困地区公共法律服务制度，切实保障贫困人口合法权益。完善扶贫开发法律法规，抓紧制定扶贫开发条例。

让我们更加紧密地团结在以习近平同志为总书记的党中央周围，凝心聚力，精准发力，苦干实干，坚决打赢脱贫攻坚战，为全面建成小康社会、实现中华民族伟大复兴的中国梦而努力奋斗。

脱贫攻坚责任制实施办法

第一章　总则

第一条　为了全面落实脱贫攻坚责任制，根据《中共中央、国务院关于打赢脱贫攻坚战的决定》和中央有关规定，制定本办法。

第二条　本办法适用于中西部22个省（自治区、直辖市）党委和政府、有关中央和国家机关脱贫攻坚责任的落实。

第三条　脱贫攻坚按照中央统筹、省负总责、市县抓落实的工作机制，构建责任清晰、各负其责、合力攻坚的责任体系。

第二章　中央统筹

第四条　党中央、国务院主要负责统筹制定脱贫攻坚大政方针，出台重大政策举措，完善体制机制，规划重大工程项目，协调全局性重大问题、全国性共性问题。

第五条　国务院扶贫开发领导小组负责全国脱贫攻坚的综合协调，建立健全扶贫成效考核、贫困县约束、督查巡查、贫困退出等工作机制，组织实施对省级党委和政府扶贫开发工作成效考核，组织开展脱贫攻坚督查巡查和第三方评估，有关情况向党中央、国务院报告。

第六条　国务院扶贫开发领导小组建设精准扶贫精准脱贫大数据平台，建立部门间信息互联共享机制，完善农村贫困统计监测体系。

第七条　有关中央和国家机关按照工作职责，运用行业资源落实脱贫攻坚责任，按照《贯彻实施〈中共中央、国务院关于打赢脱贫攻坚战的决定〉重要政策措施分工方案》要求制定配套政策并组织实施。

第八条　中央纪委机关对脱贫攻坚进行监督执纪问责，最高人民检察院对扶贫领域职务犯罪进行集中整治和预防，审计署对脱贫攻坚政策落实和资金重点项目进行跟踪审计。

第三章　省负总责

第九条　省级党委和政府对本地区脱贫攻坚工作负总责，并确保责任制层层落实；全面贯彻党中央、国务院关于脱贫攻坚的大政方针和决策部署，结合本地区实际制定政策措施，根据脱贫目标任务制定省级脱贫攻坚滚动规划和年度计划并组织实施。省级党委和政府主要负责人向中央签署脱贫责任书，每年向中央报告扶贫脱贫进展情况。

第十条　省级党委和政府应当调整财政支出结构，建立扶贫资金增长机制，明确省级扶贫开发投融资主体，确保扶贫投入力度与脱贫攻坚任务相适应；统筹使用扶贫协作、对口支援、定点扶贫等资源，广泛动员社会力量参与脱贫攻坚。

第十一条　省级党委和政府加强对扶贫资金分配使用、项目实施管理的检查监督和审计，及时纠正和处理扶贫领域违纪违规问题。

第十二条　省级党委和政府加强对贫困县的管理，组织落实贫困县考核机制、约束机制、退出机制；保持贫困县党政正职稳定，做到不脱贫不调整、不摘帽不调离。

第四章　市县落实

第十三条　市级党委和政府负责协调域内跨县扶贫项目，对项目实施、资金使用和管理、脱贫目标任务完成等工作进行督促、检查和监督。

第十四条　县级党委和政府承担脱贫攻坚主体责任，负责制定脱贫攻坚实施规划，优化配置各类资源要素，组织落实各项政策措施，县级党委和政府主要负责人是第一责任人。

第十五条　县级党委和政府应当指导乡、村组织实施贫困村、贫困人口建档立卡和退出工作，对贫困村、贫困人口精准识别和精准退出情况进行检查考核。

第十六条　县级党委和政府应当制定乡、村落实精准扶贫精准脱贫的指导意见并监督实施，因地制宜，分类指导，保证贫困退出的真实性、有效性。

第十七条　县级党委和政府应当指导乡、村加强政策宣传，充分调动贫困群众的主动性和创造性，把脱贫攻坚政策措施落实到村到户到人。

第十八条　县级党委和政府应当坚持抓党建促脱贫攻坚，强化贫困村基层党组织建设，选优配强和稳定基层干部队伍。

第十九条　县级政府应当建立扶贫项目库，整合财政涉农资金，建立健全扶贫资金项目信息公开制度，对扶贫资金管理监督负首要责任。

第五章　合力攻坚

第二十条　东西部扶贫协作和对口支援双方各级党政主要负责人必须亲力亲为，推动建立精准对接机制，聚焦脱贫攻坚，注重帮扶成效，加强产业带动、劳务协作、人才交流等方面的合作。东部地区应当根据财力增长情况，逐步增加帮扶投入；西部地区应当主动对接，整合用好资源。

第二十一条　各定点扶贫单位应当紧盯建档立卡贫困人口，细化实化帮扶措施，督促政策落实和工作到位，切实做到扶真贫、真扶贫，不脱贫不脱钩。

第二十二条　军队和武警部队应当发挥组织严密、突击力强等优势，积极参与地方脱贫攻坚，有条件的应当承担定点帮扶任务。

第二十三条　各民主党派应当充分发挥在人才和智力扶贫上的优势和作用，做好脱贫攻坚民主监督工作。

第二十四条　民营企业、社会组织和公民个人应当积极履行社会责任，主动支持和参与脱贫攻坚。

第六章　奖惩

第二十五条　各级党委和政府、扶贫开发领导小组以及有关中央和国家机关可以按照有关规定对落实脱贫攻坚责任到位、工作成效显著的部门和个人，以适当方式予以表彰，并作为干部选拔使用的重要依据；对不负责任、造成不良影响的，依纪依法追究相关部门和人员责任。

第二十六条　各级党委和政府、扶贫开发领导小组以及有关中央和国家机关对在脱贫攻坚中作出突出贡献的社会帮扶主体，予以大力宣传，并按照有关规定进行表彰。

第七章　附则

第二十七条　中西部22个省（自治区、直辖市）应当参照本办法，结合本地区实际制定实施细则。其他省（自治区、直辖市）可以参照本办法实施。

第二十八条　本办法由国务院扶贫开发领导小组办公室负责解释。

第二十九条　本办法自2016年10月11日起施行

省级党委和政府扶贫开发工作成效考核办法

第一条 为了确保到2020年现行标准下农村贫困人口实现脱贫，贫困县全部摘帽，解决区域性整体贫困，根据《中共中央、国务院关于打赢脱贫攻坚战的决定》，制定本办法。

第二条 本办法适用于中西部22个省（自治区、直辖市）党委和政府扶贫开发工作成效的考核。

第三条 考核工作围绕落实精准扶贫、精准脱贫基本方略，坚持立足实际、突出重点，针对主要目标任务设置考核指标，注重考核工作成效；坚持客观公正、群众认可，规范考核方式和程序，充分发挥社会监督作用；坚持结果导向、奖罚分明，实行正向激励，落实责任追究，促使省级党委和政府切实履职尽责，改进工作，坚决打赢脱贫攻坚战。

第四条 考核工作从2016年到2020年，每年开展一次，由国务院扶贫开发领导小组组织进行，具体工作由国务院扶贫办、中央组织部牵头，会同国务院扶贫开发领导小组成员单位组织实施。

第五条 考核内容包括以下几个方面：

（一）减贫成效。考核建档立卡贫困人口数量减少、贫困县退出、贫困地区农村居民收入增长情况。

（二）精准识别。考核建档立卡贫困人口识别、退出精准度。

（三）精准帮扶。考核对驻村工作队和帮扶责任人帮扶工作的满意度。

（四）扶贫资金。依据财政专项扶贫资金绩效考评办法，重点考核各省（自治区、直辖市）扶贫资金安排、使用、监管和成效等。

第六条 考核工作于每年年底开始实施，次年2月底前完成，按以下步骤进行：

（一）省级总结。各省（自治区、直辖市）党委和政府，对照国务院扶贫开发领导小组审定的年度减贫计划，就工作进展情况和取得成效形成总结报告，报送国务院扶贫开发领导小组。

（二）第三方评估。国务院扶贫开发领导小组委托有关科研机构和社会组织，采取专项调查、抽样调查和实地核查等方式，对相关考核指标进行评估。

（三）数据汇总。国务院扶贫办会同有关部门对建档立卡动态监测数据、国家农村贫困监测调查数据、第三方评估和财政专项扶贫资金绩效考评情况等进行汇总整理。

（四）综合评价。国务院扶贫办会同有关部门对汇总整理的数据和各省（自治区、直辖市）的总结报告进行综合分析，形成考核报告。考核报告应当反映基本情况、指标分析、存在问题等，作出综合评价，提出处理建议，经国务院扶贫开发领导小组审议后，报党中央、国务院审定。

（五）沟通反馈。国务院扶贫开发领导小组向各省（自治区、直辖市）专题反馈考核结果，并提出改进工作的意见建议。

第七条 考核中发现下列问题的，由国务院扶贫开发领导小组提出处理意见：

（一）未完成年度减贫计划任务的；

（二）违反扶贫资金管理使用规定的；

（三）违反贫困县约束规定，发生禁止作为事项的；

（四）违反贫困退出规定，弄虚作假、搞“数字脱贫”的；

（五）贫困人口识别和退出准确率、帮扶工作群众满意度较低的；

（六）纪检、监察、审计和社会监督发现违纪违规问题的。

第八条考核结果由国务院扶贫开发领导小组予以通报。对完成年度计划减贫成效显著的省份，给予一定奖励。对出现本办法第七条所列问题的，由国务院扶贫开发领导小组对省级党委、政府主要负责人进行约谈，提出限期整改要求；情节严重、造成不良影响的，实行责任追究。考核结果作为对省级党委、政府主要负责人和领导班子综合考核评价的重要依据。

第九条参与考核工作的中央部门应当严守考核工作纪律，坚持原则、公道正派、敢于担当，保证考核结果的公正性和公信力。各省（自治区、直辖市）应当及时、准确提供相关数据、资料和情况，主动配合开展相关工作，确保考核顺利进行。对不负责任、造成考核结果失真失实的，应当追究责任。

第十条 各省（自治区、直辖市）应当参照本办法，结合本地区实际制定相关办法，加强对本地区各级扶贫开发工作的考核。

第十一条 本办法由国务院扶贫办商中央组织部负责解释。

第十二条 本办法自 2016 年 2 月 9 日起施行。2012 年 1 月 6 日印发的《扶贫开发工作考核办法（试行）》同时废止。

附件：省级党委和政府扶贫开发工作成效考核指标（略）

关于建立贫困退出机制的意见

为贯彻落实《中共中央、国务院关于打赢脱贫攻坚战的决定》和中央扶贫开发工作会议精神，切实提高扶贫工作的针对性、有效性，现就建立贫困退出机制提出如下意见。

一、指导思想

全面贯彻党的十八大和十八届三中、四中、五中全会精神，深入贯彻习近平总书记系列重要讲话精神，紧紧围绕“五位一体”总体布局和“四个全面”战略布局，牢固树立创新、协调、绿色、开放、共享的发展理念，按照党中央、国务院决策部署，深入实施精准扶贫、精准脱贫，以脱贫实效为依据，以群众认可为标准，建立严格、规范、透明的贫困退出机制，促进贫困人口、贫困村、贫困县在2020年以前有序退出，确保如期实现脱贫攻坚目标。

二、基本原则

——坚持实事求是。对稳定达到脱贫标准的要及时退出，新增贫困人口或返贫人口要及时纳入扶贫范围。注重脱贫质量，坚决防止虚假脱贫，确保贫困退出反映客观实际、经得起检验。

——坚持分级负责。实行中央统筹、省（自治区、直辖市）负总责、市（地）县抓落实的工作机制。国务院扶贫开发领导小组制定统一的退出标准和程序，负责督促指导、抽查核查、评估考核、备案登记等工作。省（自治区、直辖市）制定本地脱贫规划、年度计划和实施办法，抓好组织实施和监督检查。市（地）县汇总数据，甄别情况，具体落实，确保贫困退出工作有序推进。

——坚持规范操作。严格执行退出标准、规范工作流程，切实做到程序公开、数据准确、档案完整、结果公正。贫困人口退出必须实行民主评议，贫困村、贫困县退出必须进行审核审查，退出结果公示公告，让群众参与评价，做到全程透明。强化监督检查，开展第三方评估，确保脱贫结果真实可信。

——坚持正向激励。贫困人口、贫困村、贫困县退出后，在一定时期内国家原有扶贫政策保持不变，支持力度不减，留出缓冲期，确保实现稳定脱贫。对提前退出的贫困县，各省（自治区、直辖市）可制定相应奖励政策，鼓励脱贫摘帽。

三、退出标准和程序

（一）贫困人口退出

贫困人口退出以户为单位，主要衡量标准是该户年人均纯收入稳定超过国家扶贫标准且吃穿不愁，义务教育、基本医疗、住房安全有保障。

贫困户退出，由村“两委”组织民主评议后提出，经村“两委”和驻村工作队核实、拟退出贫困户认可，在村内公示无异议后，公告退出，并在建档立卡贫困人口中销号。

（二）贫困村退出

贫困村退出以贫困发生率为主要衡量标准，统筹考虑村内基础设施、基本公共服务、产业发展、集体经济收入等综合因素。原则上贫困村贫困发生率降至2%以下（西部地区降至3%以下），在乡镇内公示无异议后，公告退出。

（三）贫困县退出

贫困县包括国家扶贫开发工作重点县和集中连片特困地区县。贫困县退出以贫困发生率为主要衡量标准。原则上贫困县贫困发生率降至2%以下（西部地区降至3%以下），由县级扶贫开发领导小组提出退出，市级扶贫开发领导小组初审，省级扶贫开发领导小组核查，确定退出名单后向社会公示征求意见。公示无异议的，由各省（自治区、直辖市）扶贫开发领导小组审定后向国务院扶贫开发领导小组报告。

国务院扶贫开发领导小组组织中央和国家机关有关部门及相关力量对地方退出情况进行专项评估检查。对不符合条件或未完整履行退出程序的，责成相关地方进行核查处理。对符合退出条件的贫困县，由省级政府正式批准退出。

四、工作要求

（一）切实加强领导

各省（自治区、直辖市）党委和政府要高度重视贫困退出工作，加强组织领导和统筹协调，认真履行职责。贫困退出年度任务完成情况纳入中央对省级党委和政府扶贫开发工作成效考核内容。地方各级扶贫开发领导小组要层层抓落实，精心组织实施。地方各级扶贫部门要认真履职，当好党委和政府的参谋助手，协调有关方面做好调查核实、公示公告、备案管理、信息录入等工作。

（二）做好退出方案

各省（自治区、直辖市）要按照省（自治区、直辖市）负总责的要求，因地制宜，尽快制定贫困退出具体方案，明确实施办法和工作程序。退出方案要符合脱贫攻坚实际情况，防止片面追求脱贫进度。

（三）完善退出机制

贫困退出工作涉及面广、政策性强，要在实施过程中逐步完善。要做好跟踪研判，及时发现和解决退出机制实施过程中的苗头性、倾向性问题。要认真开展效果评估，确保贫困退出机制的正向激励作用。

（四）强化监督问责

国务院扶贫开发领导小组、各省（自治区、直辖市）党委和政府要组织开展扶贫巡查工作，分年度、分阶段定期或不定期进行督导和专项检查。对贫困退出工作中发生重大失误、造成严重后果的，对存在弄虚作假、违规操作等问题的，要依纪依法追究相关部门和人员责任。

教育部、财政部关于免除普通高中建档立卡家庭经济困难学生学杂费的意见

为深入贯彻党的十八大和十八届三中、四中、五中全会精神，落实《中共中央国务院关于打赢脱贫攻坚战的决定》等要求，经国务院同意，从2016年秋季学期起，免除普通高中建档立卡家庭经济困难学生学杂费。现就有关工作提出如下意见：

一、重大意义

普通高中教育是学生个性形成、能力培养、自主发展的关键时期，对于提高国民素质和培养创新人才具有特殊意义。党中央、国务院高度重视普通高中教育发展，免除普通高中建档立卡家庭经济困难学生学杂费，是完善国家助学政策体系、推进教育机会公平、阻断贫困代际传递、实施精准扶贫帮困的重要举措，也是加快普及高中阶段教育、全面建成小康社会的客观要求，具有十分重要的意义。

二、主要内容

按照“中央政策引导、地方统筹实施”的原则，从2016年秋季学期起，免除公办普通高中建档立卡等家庭经济困难学生（含非建档立卡的家庭经济困难残疾学生、农村低保家庭学生、农村特困救助供养学生）学杂费。其中：建档立卡家庭经济困难学生是指符合国务院扶贫办发布的《扶贫开发建档立卡工作方案》相关规定，在全国扶贫开发信息系统中建立电子信息档案，持有《扶贫手册》的普通高中学生。各省（区、市，下同）免学杂费学生人数由各省根据全国中小学学生学籍信息管理系统和全国扶贫开发信息系统等有关数据确定。西藏、四省藏区和新疆喀什、和田、阿克苏、克孜勒苏柯尔克孜四地州学生继续执行现行政策。

免学杂费标准按照各省级人民政府及其价格、财政主管部门批准的学费标准执行（不含住宿费）。对在政府教育行政管理部门依法批准的民办普通高中就读的符合免学杂费政策条件的学生，按照当地同类型公办普通高中免除学杂费标准给予补助。民办学校学杂费标准高于补助的部分，学校可以按规定继续向学生收取。

对因免学杂费导致学校收入减少的部分，由财政按照免学杂费学生人数和免学杂费标准补助学校，以保证学校正常运转。免学杂费补助资金由中央与地方按比例分担。其中：西部地区为8:2，中部地区为6:4；东部地区除直辖市外，按照财力状况分省确定。

中央财政逐省核定免学杂费财政补助标准，原则上三年核定一次。各省应充分考虑本行政区域内普通高中学杂费收费标准、已实施免学杂费政策补助标准等因素，合理确定免学杂费财政补助标准，并报财政部、教育部核定。

各地普通高中免学杂费政策范围宽于或标准高于本意见要求的，可继续执行。

三、工作要求

（一）加强组织领导，强化统筹协调

各省要发挥省级统筹作用，结合精准扶贫、精准脱贫的要求，制定切实可行的实施方案，逐市、逐县（区）确定免学杂费标准，明确省以下免学杂费资金分担办法，确保政策落实到位。各省应于 2016 年 8 月底前，就今年免学杂费实施方案和免学杂费财政补助标准与财政部、教育部做好衔接，确保落实。以后年度按要求申报。国务院有关部门要发挥职能作用，加强工作指导和协调。

（二）规范收费行为，强化基础管理

各公办普通高中不得因免学杂费而提高其他收费标准或擅立收费项目。各地要按照《民办教育促进法》及其实施条例的要求，进一步规范民办普通高中各项收费的管理。各级教育行政管理部门要加强普通高中基础信息管理工作，完善全国中小学学生学籍信息管理系统，做好与民政部门、扶贫办公室、残疾人联合会相关数据对接工作。普通高中要安排专人，做好免学杂费对象认定工作，保证学生基本信息真实准确。

（三）落实经费责任，强化资金管理

地方各级财政、教育部门要统筹安排中央补助资金和地方应承担的资金，并确保及时足额拨付到位。加强普通高中预算管理，细化预算编制，严格预算执行，强化预算监督。加强学校财务资产管理等基础性工作，规范会计核算，严格按规定范围和标准支出，确保免学杂费资金使用安全、规范和有效。

（四）推进信息公开，强化监督检查

各地要加强监督检查和信息公开工作，按规定公布政策落实情况，并接受社会监督。对于虚报学生人数、骗取补助资金等行为，将按照《财政违法行为处罚处分条例》等有关规定严肃处理，并追究相关学校领导的责任。

（五）加大宣传力度，形成良好氛围

各地要采取多种形式加强政策宣传解读，使这项惠民政策家喻户晓，使相关学生及时了解受助权利，营造良好的社会氛围。

人民银行、国家发展改革委、财政部、银监会、证监会、保监会、扶贫办关于金融助推脱贫攻坚的实施意见

为贯彻落实《中共中央国务院关于打赢脱贫攻坚战的决定》（中发〔2015〕34号）和中央扶贫开发工作会议精神，紧紧围绕“精准扶贫、精准脱贫”基本方略，全面改进和提升扶贫金融服务，增强扶贫金融服务的精准性和有效性，现提出如下实施意见。

一、准确把握金融助推脱贫攻坚工作的总体要求

（一）深入学习领会党中央、国务院精准扶贫、精准脱贫基本方略的深刻内涵，瞄准脱贫攻坚的重点人群和重点任务，精准对接金融需求，精准完善支持措施，精准强化工作质量和效率，扎实创新完善金融服务体制机制和政策措施，坚持精准支持与整体带动结合，坚持金融政策与扶贫政策协调，坚持创新发展与风险防范统筹，以发展普惠金融为根基，全力推动贫困地区金融服务到村到户到人，努力让每一个符合条件的贫困人口都能按需求便捷获得贷款，让每一个需要金融服务的贫困人口都能便捷享受到现代化金融服务，为实现到2020年打赢脱贫攻坚战、全面建成小康社会目标提供有力有效的金融支撑。

二、精准对接脱贫攻坚多元化融资需求

（二）精准对接贫困地区发展规划，找准金融支持的切入点。人民银行分支机构要加强与各地发展改革、扶贫、财政等部门的协调合作和信息共享，及时掌握贫困地区特色产业发展、基础设施和基本公共服务等规划信息。指导金融机构认真梳理精准扶贫项目金融服务需求清单，准确掌握项目安排、投资规模、资金来源、时间进度等信息，为精准支持脱贫攻坚奠定基础。各金融机构要积极对接扶贫部门确定的建档立卡贫困户，深入了解贫困户的基本生产、生活信息和金融服务需求信息，建立包括贫困户家庭基本情况、劳动技能、资产构成、生产生活、就业就学状况、金融需求等内容的精准扶贫金融服务档案，实行“一户一档”。

（三）精准对接特色产业金融服务需求，带动贫困人口脱贫致富。各金融机构要立足贫困地区资源禀赋、产业特色，积极支持能吸收贫困人口就业、带动贫困人口增收的绿色生态种养业、经济林产业、林下经济、森林草原旅游、休闲农业、传统手工业、乡村旅游、农村电商等特色产业发展。有效对接特色农业基地、现代农业示范区、农业产业园区的金融需求，积极开展金融产品和服务方式创新。健全和完善扶贫金融服务主办行制度，支持带动贫困人口致富成效明显的新型农业经营主体。大力发展订单、仓单质押等产业链、供应链金融，稳妥推进试点地区农村承包土地的经营权、农民住房财产权等农村产权融资业务，拓宽抵质押物范围，加大特色产业信贷投入。

（四）精准对接贫困人口就业就学金融服务需求，增强贫困户自我发展能力。鼓励金融机构发放扶贫小额信用贷款，加大对建档立卡贫困户的精准支持。积极采取新型农业经营主体担保、担保公司担保、农户联保等多种增信措施，缓解贫困人口信贷融资缺乏有效抵押担保资产问题。针对贫困户种养殖业的资金需求特点，灵活确定贷款期限，合理确定贷款额度，有针对性改进金融服务质量和效率。管好用好创业担保贷款，支持贫困地区符合条件的就业重点群体和困难人员创业就业。扎实开展助学贷款业务，解决经济困难家庭学生就学资金困难。

（五）精准对接易地扶贫搬迁金融服务需求，支持贫困人口搬得出、稳得住、能致富。支持国家开发银行、农业发展银行通过发行金融债筹措信贷资金，按照保本或微利的原则发放低成本、长期的易地扶贫搬迁贷款，中央财政给予90%的贷款贴息。国家开发银行、农业发展银行要加强信贷管理，简化贷款审批程序，合理确定贷款利率，做好与易地扶贫搬迁项目对接。同时，严格贷款用途，确保贷款支持对象精准、贷款资金专款专用，并定期向人民银行各分支机构报送易地扶贫搬迁贷款发放等情况。开发性、政策性金融与商业性、合作性金融要加强协调配合，加大对安置区贫困人口直接或间接参与后续产业发展的支持。人民银行各分支机构要加强辖内易地扶贫搬迁贷款监测统计和考核评估，指导督促金融机构依法合规发放贷款。

（六）精准对接重点项目和重点地区等领域金融服务需求，夯实贫困地区经济社会发展基础。充分利用信贷、债券、基金、股权投资、融资租赁等多种融资工具，支持贫困地区交通、水利、电力、能源、生态环境建设等基础设施和文化、医疗、卫生等基本公共服务项目建设。创新贷款抵质押方式，支持农村危房改造、人居环境整治、新农村建设等民生工程建设。健全和完善区域信贷政策，在信贷资源配置、金融产品和服务方式创新、信贷管理权限设置等方面，对连片特困地区、革命老区、民族地区、边疆地区给予倾斜。对有稳定还款来源的扶贫项目，在有效防控风险的前提下，国家开发银行、农业发展银行可依法依规发放过桥贷款，有效撬动商业性信贷资金投入。

三、大力推进贫困地区普惠金融发展

（七）深化农村支付服务环境建设，推动支付服务进村入户。加强贫困地区支付基础设施建设，持续推动结算账户、支付工具、支付清算网络的应用，提升贫困地区基本金融服务水平。加强政策扶持，巩固助农取款服务在贫困地区乡村的覆盖面，提高使用率，便利农民足不出村办理取款、转账汇款、代理缴费等基础金融服务，支持贫困地区助农取款服务点与农村电商服务点相互依托建设，促进服务点资源高效利用。鼓励探索利用移动支付、互联网支付等新兴电子支付方式开发贫困地区支付服务市场，填补其基础金融服务空白。在农民工输出省份，支持拓宽农民工银行卡特色服务受理金融机构范围。

（八）加强农村信用体系建设，促进信用与信贷联动。探索农户基础信用信息与建档立卡贫困户信息的共享和对接，完善金融信用信息基础数据库。健全农村基层党组织、“驻村第一书记”、致富带头人、金融机构等多方参与的贫困农户、新型农业经营主体信用等级评定制度，探索建立针对贫困户的信用评价指标体系，完善电子信用档案。深入推进“信用户”、“信用村”、“信用乡镇”评定与创建，鼓励发放无抵押免担保的扶贫贴息贷款和小额信用贷款。

（九）重视金融知识普及，强化贫困地区金融消费者权益保护。加强金融消费者教育和权益保护，配合有关部门严厉打击金融欺诈、非法集资、制售使用假币等非法金融活动，保障贫困地区金融消费者合法权益。畅通消费者投诉的处理渠道，完善多元化纠纷调解机制，优化贫困地区金融消费者公平、公开共享现代金融服务的环境。根据贫困地区金融消费者需求特点，有针对性地设计开展金融消费者教育活动，在贫困地区深入实施农村金融教育“金惠工程”，提高金融消费者的金融知识素养和风险责任意识，优化金融生态环境。

四、充分发挥各类金融机构助推脱贫攻坚主体作用

（十）完善内部机构设置，发挥好开发性、政策性金融在精准扶贫中的作用。国家开发银行和农业发展银行加快设立“扶贫金融事业部”，完善内部经营管理机制，加强对信贷资金的管理使用，提高服务质量和效率，切实防范信贷风险。“扶贫金融事业部”业务符合条件的，可享受有关税收优惠政策，降低经营成本，加大对扶贫重点领域的支持力度。

（十一）下沉金融服务重心，完善商业性金融综合服务。大中型商业银行要稳定和优化县域基层网点设置，保持贫困地区现有网点基本稳定并力争有所增加。鼓励股份制银行、城市商业银行通过委托贷款、批发贷款等方式向贫困县（市、区）增加有效信贷投放。中国农业银行要继续深化三农金融事业部改革，强化县级事业部经营能力。鼓励和支持中国邮政储蓄银行设立三农金融事业部，要进一步延伸服务网络，强化县以下机构网点功能建设，逐步扩大涉农业务范围。各金融机构要加大系统内信贷资源调剂力度，从资金调度、授信审批等方面加大对贫困地区有效支持。鼓励实行总、分行直贷、单列信贷计划等多种方式，针对贫困地区实际需求，改进贷款营销模式，简化审批流程，提升服务质量和效率。

（十二）强化农村中小金融机构支农市场定位，完善多层次农村金融服务组织体系。农村信用社、农村商业银行、农村合作银行等要依托网点多，覆盖广的优势，继续发挥好农村金融服务主力的作用。在稳定县域法人地位、坚持服务“三农”的前提下，稳步推进农村信用社改革，提高资本实力，完善法人治理结构，强化农村信用社省联社服务职能。支持符合条件的民间资本在贫困地区参与发起设立村镇银行，规范发展小额贷款公司等，建立正向激励机制，鼓励开展面向“三农”的差异化、特色化服务。支持在贫困地区稳妥规范发展农民资金互助组织，开展农民合作社信用合作试点。

（十三）加强融资辅导和培育，拓宽贫困地区企业融资渠道。支持、鼓励和引导证券、期货、保险、信托、租赁等金融机构在贫困地区设立分支机构，扩大业

务覆盖面。加强对贫困地区企业的上市辅导培育和孵化力度，根据地方资源优势和产业特色，完善上市企业后备库，帮助更多企业通过主板、创业板、全国中小企业股份转让系统、区域股权交易市场等进行融资。支持贫困地区符合条件的上市公司和非上市公众公司通过增发、配股，发行公司债、可转债等多种方式拓宽融资来源。支持期货交易所研究上市具有中西部贫困地区特色的期货产品，引导中西部贫困地区利用期货市场套期保值和风险管理。加大宣传和推介力度，鼓励和支持贫困地区符合条件的企业发行企业债券、公司债券、短期融资券、中期票据、项目收益票据、区域集优债券等债务融资工具。

（十四）创新发展精准扶贫保险产品和服务，扩大贫困地区农业保险覆盖范围。鼓励保险机构建立健全乡、村两级保险服务体系。扩大农业保险密度和深度，通过财政以奖代补等方式支持贫困地区发展特色农产品保险。支持贫困地区开展特色农产品价格保险，有条件的地方可给予一定保费补贴。改进和推广小额贷款保证保险，为贫困户融资提供增信支持。鼓励保险机构建立健全针对贫困农户的保险保障体系，全面推进贫困地区人身和财产安全保险业务，缓解贫困群众因病致贫、因灾返贫问题。

（十五）引入新兴金融业态支持精准扶贫，多渠道提供金融服务。在有效防范风险的前提下，支持贫困地区金融机构建设创新型互联网平台，开展网络银行、网络保险、网络基金销售和网络消费金融等业务；支持互联网企业依法合规设立互联网支付机构；规范发展民间融资，引入创业投资基金、私募股权投资基金，引导社会资本支持精准扶贫。

五、完善精准扶贫金融支持保障措施

（十六）设立扶贫再贷款，发挥多种货币政策工具引导作用。设立扶贫再贷款，利率在正常支农再贷款利率基础上下调 1 个百分点，引导地方法人金融机构切实降低贫困地区涉农贷款利率水平。合理确定扶贫再贷款使用期限，为地方法人金融机构支持脱贫攻坚提供较长期资金来源。使用扶贫再贷款的金融机构要建立台账，加强精准管理，确保信贷投放在数量、用途、利率等方面符合扶贫再贷款管理要求。加大再贴现支持力度，引导贫困地区金融机构扩大涉农、小微企业信贷投放。改进宏观审慎政策框架，加强县域法人金融机构新增存款一定比例用于当地贷款的考核，对符合条件的金融机构实施较低的存款准备金率，促进县域信贷资金投入。

（十七）加强金融与财税政策协调配合，引导金融资源倾斜配置。有效整合各类财政涉农资金，充分发挥财政政策对金融资源的支持和引导作用。继续落实农户小额贷款税收优惠、涉农贷款增量奖励、农村金融机构定向费用补贴、农业保险保费补贴等政策，健全和完善贫困地区农村金融服务的正向激励机制，引导更多金融资源投向贫困地区。完善创业担保贷款、扶贫贴息贷款、民贸民品贴息贷款等管理机制，增强政策精准度，提高财政资金使用效益。建立健全贫困地区融资风险分担和补偿机制，支持有条件的地方设立扶贫贷款风险补偿基金和担保基金，专项用于建档立卡贫困户贷款以及带动贫困人口就业的各类扶贫经济组织贷款风险补偿。支持各级政府建立扶贫产业基金，吸引社会资本参与扶贫。支持贫困地区设立政府出资的融资担保机构，鼓励和引导有实力的融资担保机构通过联合担保以及担保与保险相结合等多种方式，积极提供精准扶贫融资担保。金融机构要加大对贫困地区发行地方政府债券置换存量债务的支持力度，鼓励采取定向承销等方式参与债务置换，稳步化解贫困地区政府债务风险。各地中国人民银行省级分支机构、银监局要加强对金融机构指导，推动地方债承销发行工作顺利开展。

（十八）实施差异化监管政策，优化银行机构考核指标。推行和落实信贷尽职免责制度，根据贫困地区金融机构贷款的风险、成本和核销等具体情况，对不良贷款比率实行差异化考核， 适当提高贫困地区不良贷款容忍度。在有效保护股东利益的前提下，提高金融机构呆坏账核销效率。在计算资本充足率时，对贫困地区符合政策规定的涉农和小微企业贷款适用相对较低的风险权重。

六、持续完善脱贫攻坚金融服务工作机制

（十九）加强组织领导，健全责任机制。建立和完善人民银行、银监、证监、保监、发展改革、扶贫、财政、金融机构等参与的脱贫攻坚金融服务工作联动机制，加强政策互动、工作联动和信息共享。切实发挥人民银行各级行在脱贫攻坚金融服务工作的组织引导作用，加强统筹协调，推动相关配套政策落实。开展金融扶贫示范区创建活动，发挥示范引领作用。进一步发挥集中连片特困地区扶贫开发金融服务联动协调机制的作用，提升片区脱贫攻坚金融服务水平。

（二十）完善精准统计，强化监测机制。人民银行总行及时出台脱贫攻坚金融服务专项统计监测制度，从片区、县（市、区）、村、建档立卡贫困户等各层次，完善涵盖货币政策工具运用效果、信贷投放、信贷产品、利率和基础金融服务信息的监测体系，及时动态跟踪监测各地、各金融机构脱贫攻坚金融服务工作情况，为政策实施效果监测评估提供数据支撑。人民银行各分支机构和各金融机构要按政策要求，及时、准确报送脱贫攻坚金融服务的相关数据和资料。

（二十一）开展专项评估，强化政策导向。建立脱贫攻坚金融服务专项评估制度，定期对各地、各金融机构脱贫攻坚金融服务工作进展及成效进行评估考核。丰富评估结果运用方式，对评估结果进行通报，将对金融机构评估结果纳入人民银行分支机构综合评价框架内，作为货币政策工具使用、银行间市场管理、新设金融机构市场准入、实施差异化金融监管等的重要依据，增强脱贫攻坚金融政策的实施效果。

（二十二）加强总结宣传，营造良好氛围。积极通过报纸、广播、电视、网络等多种媒体，金融机构营业网点以及村组、社区等公共宣传栏，大力开展金融扶贫服务政策宣传，增进贫困地区和贫困人口对精准扶贫金融服务政策的了解，增强其运用金融工具的意识和能力。及时梳理、总结精准扶贫金融服务工作中的典型经验、成功案例、工作成效，加强宣传推介和经验交流，营造有利脱贫攻坚金融服务工作的良好氛围。

国家卫生计生委 国务院扶贫办 国家发展改革委 教育部 科技部 民政部 财政部 人力资源社会保障部 环境保护部 住房城乡建设部 水利部 国家中医药管理局 中央军委政治工作部 中央军委后勤保障部 中国残联关于实施健康扶贫工程指导意见

各省、自治区、直辖市人民政府，各军兵种、武警部队政治工作部、后勤部，各军区善后工作办公室政工组、保障组：

实施健康扶贫工程，对于保障农村贫困人口享有基本医疗卫生服务，推进健康中国建设，防止因病致贫、因病返贫，实现到2020年让农村贫困人口摆脱贫困目标具有重要意义。为贯彻落实党中央、国务院关于打赢脱贫攻坚战的重要战略部署，经国务院同意，现就实施健康扶贫工程提出以下意见。

一、总体要求

（一）指导思想。深入贯彻落实党的十八大和十八届三中、四中、五中全会以及中央扶贫开发工作会议精神，围绕“四个全面”战略布局，牢固树立并切实贯彻创新、协调、绿色、开放、共享的发展理念，按照党中央、国务院决策部署，坚持精准扶贫、精准脱贫基本方略，与深化医药卫生体制改革紧密结合，针对农村贫困人口因病致贫、因病返贫问题，突出重点地区、重点人群、重点病种，进一步加强统筹协调和资源整合，采取有效措施提升农村贫困人口医疗保障水平和贫困地区医疗卫生服务能力，全面提高农村贫困人口健康水平，为农村贫困人口与全国人民一道迈入全面小康社会提供健康保障。

（二）基本原则。

——坚持党委领导、政府主导。充分发挥各级党委的领导核心作用，强化各级政府的主导作用，加强组织领导，落实部门责任，发挥政治优势和制度优势，确保健康扶贫工程顺利实施。

——坚持精准扶贫、分类施策。在核准农村贫困人口因病致贫、因病返贫情况的基础上，采取一地一策、一户一档、一人一卡，精确到户、精准到人，实施分类救治，增强健康扶贫的针对性和有效性。

——坚持资源整合、共建共享。以提高农村贫困人口受益水平为着力点，整合现有各类医疗保障、资金项目、人才技术等资源，引导市场、社会协同发力，动员农村贫困人口积极参与，采取更贴合贫困地区实际、更有效的政策措施，提升健康扶贫整体效果。

——坚持问题导向、深化改革。针对贫困地区医疗卫生事业发展和农村贫困人口看病就医的重点难点问题，加大改革创新力度，加快建立完善基本医疗卫生制度，切实保障农村贫困人口享有基本医疗卫生服务。

（三）主要目标。到 2020 年，贫困地区人人享有基本医疗卫生服务，农村贫困人口大病得到及时有效救治保障，个人就医费用负担大幅减轻；贫困地区重大传染病和地方病得到有效控制，基本公共卫生指标接近全国平均水平，人均预期寿命进一步提高，孕产妇死亡率、婴儿死亡率、传染病发病率显著下降；连片特困地区县和国家扶贫开发工作重点县至少有一所医院（含中医院，下同）达到二级医疗机构服务水平，服务条件明显改善，服务能力和可及性显著提升；区域间医疗卫生资源配置和人民健康水平差距进一步缩小，因病致贫、因病返贫问题得到有效解决。

二、重点任务

（一）提高医疗保障水平，切实减轻农村贫困人口医疗费用负担。新型农村合作医疗覆盖所有农村贫困人口并实行政策倾斜，个人缴费部分按规定由财政给予补贴，在贫困地区全面推开门诊统筹，提高政策范围内住院费用报销比例。2016 年新型农村合作医疗新增筹资主要用于提高农村居民基本医疗保障水平，并加大对大病保险的支持力度，通过逐步降低大病保险起付线、提高大病保险报销比例等，实施更加精准的支付政策，提高贫困人口受益水平。加大医疗救助力度，将农村贫困人口全部纳入重特大疾病医疗救助范围，对突发重大疾病暂时无法获得家庭支持、基本生活陷入困境的患者，加大临时救助和慈善救助等帮扶力度。建立基本医疗保险、大病保险、疾病应急救助、医疗救助等制度的衔接机制，发挥协同互补作用，形成保障合力。将符合条件的残疾人医疗康复项目按规定纳入基本医疗保险支付范围，提高农村贫困残疾人医疗保障水平。扎实推进支付方式改革，强化基金预算管理，完善按病种、按人头、按床日付费等多种方式相结合的复合支付方式，有效控制费用。切实解决因病致贫、因病返贫问题。

（二）对患大病和慢性病的农村贫困人口进行分类救治。优先为每人建立 1 份动态管理的电子健康档案，建立贫困人口健康卡，推动基层医疗卫生机构为农村贫困人口家庭提供基本医疗、公共卫生和健康管理等签约服务。以县为单位，依靠基层卫生计生服务网络，进一步核准农村贫困人口中因病致贫、因病返贫家庭数及患病人员情况，对需要治疗的大病和慢性病患者进行分类救治。能一次性治愈的，组织专家集中力量实施治疗，2016 年起选择疾病负担较重、社会影响较大、疗效确切的大病进行集中救治，制订诊疗方案，明确临床路径，控制治疗费用，减轻贫困大病患者费用负担；需要住院维持治疗的，由就近具备能力的医疗机构实施治疗；需要长期治疗和康复的，由基层医疗卫生机构在上级医疗机构指导下实施治疗和康复管理。实施光明工程，为农村贫困白内障患者提供救治，救治费用通过现行医保制度等渠道解决，鼓励慈善组织参与。加强农村贫困残疾人健康扶贫工作，对贫困地区基层医疗卫生机构医务人员开展康复知识培训，加强县级残疾人康复服务中心建设，提升基层康复服务能力，建立医疗机构与残疾人专业康复机构有效衔接、协调配合的工作机制，为农村贫困残疾人提供精准康复服务。

（三）实行县域内农村贫困人口住院先诊疗后付费。贫困患者在县域内定点医疗机构住院实行先诊疗后付费，定点医疗机构设立综合服务窗口，实现基本医疗保险、大病保险、疾病应急救助、医疗救助“一站式”信息交换和即时结算，贫困患者只需在出院时支付自负医疗费用。有条件的地方要研究探索市域和省域内农村贫困人口先诊疗后付费的结算机制。推进贫困地区分级诊疗制度建设，加强贫困地区县域内常见病、多发病相关专业和有关临床专科建设，探索通过县乡村一体化医疗联合体等方式，提高基层服务能力，到2020年使县域内就诊率提高到90%左右，基本实现大病不出县。

（四）加强贫困地区医疗卫生服务体系建设。落实《国务院办公厅关于印发全国医疗卫生服务体系规划纲要（2015—2020年）的通知》（国办发〔2015〕14号），按照“填平补齐”原则，实施贫困地区县级医院、乡镇卫生院、村卫生室标准化建设，使每个连片特困地区县和国家扶贫开发工作重点县达到“三个一”目标，即每个县至少有1所县级公立医院，每个乡镇建设1所标准化的乡镇卫生院，每个行政村有1个卫生室。加快完善贫困地区公共卫生服务网络，以重大传染病、地方病和慢性病防治为重点，加大对贫困地区疾控、妇幼保健等专业公共卫生机构能力建设的支持力度。加强贫困地区远程医疗能力建设，实现县级医院与县域内各级各类医疗卫生服务机构互联互通。积极提升中医药（含民族医药，下同）服务水平，充分发挥中医医疗预防保健特色优势。在贫困地区优先实施基层中医药服务能力提升工程“十三五”行动计划，在乡镇卫生院和社区卫生服务中心建立中医馆、国医堂等中医综合服务区，加强中医药设备配置和人员配备。

（五）实施全国三级医院与连片特困地区县和国家扶贫开发工作重点县县级医院一对一帮扶。从全国遴选能力较强的三级医院（含军队和武警部队医院），与连片特困地区县和国家扶贫开发工作重点县县级医院签订一对一帮扶责任书，明确帮扶目标任务。采取“组团式”帮扶方式，向被帮扶医院派驻1名院长或副院长及相关医务人员进行蹲点帮扶，重点加强近三年县外转出率前5－10个病种的相关临床和辅助科室建设，推广适宜县级医院开展的医疗技术。定期派出医疗队，为农村贫困人口提供集中诊疗服务。采取技术支持、人员培训、管理指导等多种方式，提高被帮扶医院的服务能力，使其到2020年达到二级医疗机构服务水平（30万人口以上县的被帮扶医院达到二级甲等水平）。建立帮扶双方远程医疗平台，开展远程医疗服务。贫困地区政府及相关部门、单位要提供必要条件和支持。

（六）统筹推进贫困地区医药卫生体制改革。深化贫困地区公立医院综合改革，协同推进医疗服务价格调整、医保支付方式改革、医疗机构控费、公立医院补偿机制改革，加强医院成本管理。拓展深化军民融合发展领域，驻贫困地区军队医疗机构要融入贫困地区分级诊疗服务体系。创新县级公立医院机构编制管理方式，逐步实行编制备案制。贫困地区可先行探索制订公立医院绩效工资总量核定办法，合理核定医疗卫生机构绩效工资总量，结合实际确定奖励性绩效工资的比例，调动医务人员积极性。制订符合基层实际的人才招聘引进办法，落实贫困地区医疗卫生机构用人自主权。加强乡村医生队伍建设，分期分批对贫困地区乡村医生进行轮训，2017年前完成培训。各地要结合实际，通过支持和引导乡村医生按规定参加职工基本养老保险或城乡居民基本养老保险，以及采取补助等多种形式，进一步提高乡村医生的养老待遇。加快健全贫困地区药品供应保障机制，统筹做好县级医院与基层医疗卫生机构的药品供应配送管理工作。按照远近结合、城乡联动的原则，提高采购、配送集中度，探索县乡村一体化配送，发挥邮政等物流行业服务网络优势，支持其按规定参与药品配送。

（七）加大贫困地区慢性病、传染病、地方病防控力度。加强肿瘤随访登记及死因监测，扩大癌症筛查和早诊早治覆盖面。加强贫困地区严重精神障碍患者筛查登记、救治救助和服务管理。完成已查明氟、砷超标地区降氟降砷改水工程建设，基本控制地方性氟、砷中毒危害。采取政府补贴运销费用或补贴消费者等方式，让农村贫困人口吃得上、吃得起合格碘盐，继续保持消除碘缺乏病状态。综合防治大骨节病和克山病等重点地方病。加大人畜共患病防治力度，基本控制西部农牧区包虫病流行，有效遏制布病流行。加强对结核病疫情严重的贫困地区防治工作的业务指导和技术支持，开展重点人群结核病主动筛查，规范诊疗服务和全程管理，进一步降低贫困地区结核病发病率。在艾滋病疫情严重的贫困地区建立防治联系点，加大防控工作力度。

（八）加强贫困地区妇幼健康工作。在贫困地区全面实施免费孕前优生健康检查、农村妇女增补叶酸预防神经管缺陷、农村妇女“两癌”（乳腺癌和宫颈癌）筛查、儿童营养改善、新生儿疾病筛查等项目，推进出生缺陷综合防治，做到及早发现、及早治疗。建立残疾儿童康复救助制度，逐步实现0－6岁视力、听力、言语、智力、肢体残疾儿童和孤独症儿童免费得到手术、辅助器具配置和康复训练等服务。加强贫困地区孕产妇和新生儿急危重症救治能力建设，加强农村妇女孕产期保健，保障母婴安全。加大对贫困地区计划生育工作的支持力度，坚持和完善计划生育目标管理责任制，加大对计划生育特殊困难家庭的扶助力度。

（九）深入开展贫困地区爱国卫生运动。加强卫生城镇创建活动，持续深入开展环境卫生整洁行动，统筹治理贫困地区环境卫生问题，实施贫困地区农村人居环境改善扶贫行动，有效提升贫困地区人居环境质量。将农村改厕与农村危房改造项目相结合，加快农村卫生厕所建设进程。加强农村饮用水和环境卫生监测、调查与评估，实施农村饮水安全巩固提升工程，推进农村垃圾污水治理，综合治理大气污染、地表水环境污染和噪声污染。加强健康促进和健康教育工作，广泛宣传居民健康素养基本知识和技能，提升农村贫困人口健康意识，使其形成良好卫生习惯和健康生活方式。

三、保障措施

（一）落实投入政策。落实中央和省级财政扶贫投入责任。中央财政继续加大贫困地区卫生计生专项资金的转移支付力度，推动健康扶贫工程顺利实施。国家在贫困地区安排的公益性卫生计生建设项目取消县级和西部连片特困地区地市级配套资金。省市两级财政安排的卫生计生项目资金要进一步向贫困地区倾斜，连片特困地区县和国家扶贫开发工作重点县要通过统筹整合使用相关财政资金，加大健康扶贫投入。东部省（市）要在东西部扶贫协作框架内，加大对贫困地区医疗卫生事业的支持力度。

（二）强化人才综合培养。支持贫困地区高等医学教育发展，引导贫困地区根据需求，合理确定本地区医学院校和医学类专业招生计划。综合采取住院医师规范化培训、助理全科医生培训、订单定向免费培养、全科医生和专科医生特设岗位计划等方式，加强贫困地区医疗卫生人才队伍建设。探索县乡人才一体化管理。根据贫困地区需求，组织开展适宜技术项目推广，依托现有机构建立示范基地，开展分级培训，规范技术应用。接收贫困地区、革命老区、民族地区和边疆地区基层医疗卫生人员到军队医学院校、医疗机构进修学习、联训代培。有针对性地加强中医药适宜技术推广，到2020年使贫困地区每个乡镇卫生院至少有2名医师、每个村卫生室至少有1名乡村医生掌握5项以上中医药适宜技术，为常见病、多发病患者提供简便验廉的中医药服务。充分发挥国家临床医学研究中心和协同研究网络的作用，构建推广培训服务平台，提高基层医疗卫生人员的技术水平。各地要制订政策措施，鼓励优秀卫生人才到贫困地区服务；探索基层卫生人才激励机制，对长期在贫困地区基层工作的卫生技术人员在职称晋升、教育培训、薪酬待遇等方面给予适当倾斜。

（三）充分动员社会力量。完善鼓励企业、社会组织、公民个人参与健康扶贫工程的政策措施，贡献突出的，在尊重其意愿前提下可给予项目冠名等激励措施。支持各类企业进行社会捐赠、基金会设立专项基金参与健康扶贫工程，按规定落实扶贫捐赠税前扣除、税收减免等优惠政策，鼓励更多社会资本投向贫困地区，加强捐赠资金使用监管。充分发挥协会、学会等社会组织作用，整合社会资本、人才技术等资源，为贫困地区送医、送药、送温暖。搭建政府救助资源、社会组织救助项目与农村贫困人口救治需求对接的信息平台，引导支持慈善组织、企事业单位和爱心人士等为患大病的贫困人口提供慈善救助。

四、组织实施

（一）加强组织领导和考核督查。按照中央统筹、省（自治区、直辖市）负总责、市（地）县抓落实的工作体制，各地要结合贫困地区实际制订具体实施方案，明确时间表、路线图，层层落实责任，精心组织实施健康扶贫工程。县级政府要承担主体责任，将实施健康扶贫工程作为打赢脱贫攻坚战的重要举措，统筹做好资金安排、政策衔接、项目落地、人力调配、推进实施等工作，确保政策落实到位。各地要将健康扶贫工程纳入脱贫攻坚工作领导责任制和贫困地区政府目标考核管理，作为重要考核内容，细化职责分工，明确任务要求，对实施情况定期检查督促。

（二）明确部门职责。国家卫生计生委、国务院扶贫办负责统筹协调、督促落实健康扶贫工程实施工作，制订具体方案和考核办法，定期组织考核评估。国家卫生计生委、国家中医药管理局、中央军委政治工作部、中央军委后勤保障部负责协调落实全国三级医院与连片特困地区县和国家扶贫开发工作重点县县级医院对口帮扶任务，将对口支援任务落实情况作为三级医院绩效考核的重要内容。国务院扶贫办、民政部、中国残联会同国家卫生计生委负责开展农村贫困人口因病致贫、因病返贫情况核实核准工作。国家发展改革委负责将健康扶贫工程有关内容纳入国民经济和社会发展总体规划，加大贫困地区卫生计生基础设施建设支持力度。教育部负责支持贫困地区高等医学教育发展，引导地方教育行政部门落实医疗卫生人才培养任务。科技部负责加强以国家临床医学研究中心为核心的转化推广体系建设，大力推进先进适宜技术的推广应用。民政部负责制订完善医疗救助政策，全面开展重特大疾病医疗救助工作，提高贫困地区医疗救助水平。财政部根据工作需要和财力可能，通过现行渠道对健康扶贫工程提供资金支持。国家卫生计生委会同人力资源社会保障部负责提出完善贫困地区医疗卫生人才招聘引进的政策意见。环境保护部负责农村环境综合整治。住房城乡建设部负责牵头实施贫困地区农村人居环境改善扶贫行动。水利部负责指导农村饮水安全巩固提升工程实施工作。审计署负责加大对健康扶贫工程资金投入和使用情况的审计监督力度，跟踪检查健康扶贫相关政策措施落实情况。国务院医改办负责统筹推进贫困地区深化医药卫生体制改革工作。中国残联负责会同国家卫生计生委、民政部开展残疾人基本康复服务，加强残疾人基本康复服务能力建设。中央军委政治工作部、中央军委后勤保障部负责统筹推进军队参与健康扶贫工程相关工作，支援贫困地区医疗卫生服务能力建设。

（三）加强宣传引导。坚持正确舆论导向，开展健康扶贫系列宣传活动，通过新闻报道、事迹报告会、公益广告等形式，宣传健康扶贫工程及各项政策措施取得的进展和成效，宣传广大医疗卫生工作者深入贫困地区为群众解除病痛的生动事迹，营造良好舆论氛围。

（四）鼓励各地因地制宜创新健康扶贫形式和途径。各地要以解决因病致贫、因病返贫问题为重点，结合实际积极探索，统筹配置和使用相关资金、项目，提高使用效率，推动实施健康扶贫工程。通过深化改革，激发实施健康扶贫工程的动力，通过健康扶贫与相关特色产业脱贫、劳务输出脱贫等措施的衔接，形成合力，提高脱贫攻坚实际效果。

民政部　国务院扶贫办　中央农办　财政部　国家统计局　中国残联关于做好农村最低生活保障制度与扶贫开发政策有效衔接的指导意见

为贯彻落实党中央、国务院关于打赢脱贫攻坚战的决策部署，切实做好农村最低生活保障（以下简称低保）制度与扶贫开发政策有效衔接工作，确保到2020年现行扶贫标准下农村贫困人口实现脱贫，制定本意见。

一、总体要求

（一）指导思想。全面贯彻党的十八大和十八届三中、四中、五中全会精神，深入贯彻习近平总书记系列重要讲话精神特别是关于扶贫开发重要指示精神，认真落实党中央、国务院决策部署，紧紧围绕“五位一体”总体布局和“四个全面”战略布局，牢固树立创新、协调、绿色、开放、共享的发展理念，坚持精准扶贫精准脱贫基本方略，以制度有效衔接为重点，加强部门协作，完善政策措施，健全工作机制，形成制度合力，充分发挥农村低保制度在打赢脱贫攻坚战中的兜底保障作用。

（二）基本原则。

坚持应扶尽扶。精准识别农村贫困人口，将符合条件的农村低保对象全部纳入建档立卡范围，给予政策扶持，帮助其脱贫增收。

坚持应保尽保。健全农村低保制度，完善农村低保对象认定办法，加强农村低保家庭经济状况核查，及时将符合条件的建档立卡贫困户全部纳入农村低保范围，保障其基本生活。

坚持动态管理。做好农村低保对象和建档立卡贫困人口定期核查，建立精准台账，实现应进则进、应退则退。建立健全严格、规范、透明的贫困户脱贫和低保退出标准、程序、核查办法。

坚持资源统筹。统筹各类救助、扶贫资源，将政府兜底保障与扶贫开发政策相结合，形成脱贫攻坚合力，实现对农村贫困人口的全面扶持。

（三）主要目标。通过农村低保制度与扶贫开发政策的有效衔接，形成政策合力，对符合低保标准的农村贫困人口实行政策性保障兜底，确保到2020年现行扶贫标准下农村贫困人口全部脱贫。

二、重点任务

（一）加强政策衔接。在坚持依法行政、保持政策连续性的基础上，着力加强农村低保制度与扶贫开发政策衔接。对符合农村低保条件的建档立卡贫困户，按规定程序纳入低保范围，并按照家庭人均收入低于当地低保标准的差额发给低保金。对符合扶贫条件的农村低保家庭，按规定程序纳入建档立卡范围，并针对不同致贫原因予以精准帮扶。对返贫的家庭，按规定程序审核后，相应纳入临时救助、医疗救助、农村低保等社会救助制度和建档立卡贫困户扶贫开发政策覆盖范围。对不在建档立卡范围内的农村低保家庭、特困人员，各地统筹使用相关扶贫开发政策。贫困人口参加农村基本医疗保险的个人缴费部分由财政给予补贴，对基本医疗保险和大病保险支付后个人自负费用仍有困难的，加大医疗救助、临时救助、慈善救助等帮扶力度，符合条件的纳入重特大疾病医疗救助范围。对农村低保家庭中的老年人、未成年人、重度残疾人、重病患者等重点救助对象，要采取多种措施提高救助水平，保障其基本生活，严格落实困难残疾人生活补贴制度和重度残疾人护理补贴制度。

（二）加强对象衔接。县级民政、扶贫等部门和残联要密切配合，加强农村低保和扶贫开发在对象认定上的衔接。完善农村低保家庭贫困状况评估指标体系，以家庭收入、财产作为主要指标，根据地方实际情况适当考虑家庭成员因残疾、患重病等增加的刚性支出因素，综合评估家庭贫困程度。进一步完善农村低保和建档立卡贫困家庭经济状况核查机制，明确核算范围和计算方法。对参与扶贫开发项目实现就业的农村低保家庭，在核算其家庭收入时，可以扣减必要的就业成本，具体扣减办法由各地根据实际情况研究制定。“十三五”期间，在农村低保和扶贫对象认定时，中央确定的农村居民基本养老保险基础养老金暂不计入家庭收入。

（三）加强标准衔接。各地要加大省级统筹工作力度，制定农村低保标准动态调整方案，确保所有地方农村低保标准逐步达到国家扶贫标准。农村低保标准低于国家扶贫标准的地方，要按照国家扶贫标准综合确定农村低保的最低指导标准。农村低保标准已经达到国家扶贫标准的地方，要按照动态调整机制科学调整。进一步完善农村低保标准与物价上涨挂钩的联动机制，确保困难群众不因物价上涨影响基本生活。各地农村低保标准调整后应及时向社会公布，接受社会监督。

（四）加强管理衔接。对农村低保对象和建档立卡贫困人口实施动态管理。乡镇人民政府（街道办事处）要会同村（居）民委员会定期、不定期开展走访调查，及时掌握农村低保家庭、特困人员和建档立卡贫困家庭人口、收入、财产变化情况，并及时上报县级民政、扶贫部门。县级民政部门要将农村低保对象、特困人员名单提供给同级扶贫部门；县级扶贫部门要将建档立卡贫困人口名单和脱贫农村低保对象名单、脱贫家庭人均收入等情况及时提供给同级民政部门。健全信息公开机制，乡镇人民政府（街道办事处）要将农村低保和扶贫开发情况纳入政府信息公开范围，将建档立卡贫困人口和农村低保对象、特困人员名单在其居住地公示，接受社会和群众监督。

三、工作要求

（一）制定实施方案。按照中央统筹、省负总责、市县抓落实的工作机制，各省（区、市）民政、扶贫部门要会同有关部门抓紧制定本地区实施方案，各市县要进一步明确衔接工作目标、重点任务、实施步骤和行动措施，确保落到实处。2016 年 11 月底前，各省（区、市）民政、扶贫部门要将实施方案报民政部、国务院扶贫办备案。

（二）开展摸底调查。2016 年 12 月底前，县级民政、扶贫部门和残联要指导乡镇人民政府（街道办事处）抓紧开展一次农村低保对象和建档立卡贫困人口台账比对，逐户核对农村低保对象和建档立卡贫困人口，掌握纳入建档立卡范围的农村低保对象、特困人员、残疾人数据，摸清建档立卡贫困人口中完全或部分丧失劳动能力的贫困家庭情况，为做好农村低保制度与扶贫开发政策有效衔接奠定基础。

（三）建立沟通机制。各地要加快健全低保信息系统和扶贫开发信息系统，逐步实现低保和扶贫开发信息系统互联互通、信息共享，不断提高低保、扶贫工作信息化水平。县级残联要与民政、扶贫等部门加强贫困残疾人和重度残疾人相关信息的沟通。县级民政、扶贫部门要定期会商交流农村低保对象和建档立卡贫困人口变化情况，指导乡镇人民政府（街道办事处）及时更新农村低保对象和建档立卡贫困人口数据，加强信息核对，确保信息准确完整、更新及时，每年至少比对一次台账数据。

（四）强化考核监督。各地要将农村低保制度与扶贫开发政策衔接工作分别纳入低保工作绩效评价和脱贫攻坚工作成效考核体系。加大对农村低保制度与扶贫开发政策衔接工作的督促检查力度，加强社会监督，建立第三方评估机制，增强约束力和工作透明度。健全责任追究机制，对衔接工作中出现的违法违纪问题，要依法依纪严肃追究有关人员责任。

四、保障措施

（一）明确职责分工。各地民政、扶贫、农村工作、财政、统计等部门和残联要各负其责，加强沟通协调，定期会商交流情况，研究解决存在的问题。民政部门牵头做好农村低保制度与扶贫开发政策衔接工作；扶贫部门落实扶贫开发政策，配合做好衔接工作；农村工作部门综合指导衔接政策设计工作；财政部门做好相关资金保障工作；统计部门会同有关部门组织实施农村贫困监测，及时提供调整低保标准、扶贫标准所需的相关数据；残联会同有关部门及时核查残疾人情况，配合做好对农村低保对象和建档立卡贫困人口中残疾人的重点帮扶工作。

（二）加强资金统筹。各地财政部门要按照国务院有关要求，结合地方实际情况，推进社会救助资金统筹使用，盘活财政存量资金，增加资金有效供给；优化财政支出结构，科学合理编制预算，提升资金使用效益。中央财政安排的社会救助补助资金，重点向保障任务重、地方财政困难、工作绩效突出的地区倾斜。各地财政、民政部门要加强资金使用管理情况检查，确保资金使用安全、管理规范。

（三）提高工作能力。加强乡镇人民政府（街道办事处）社会救助能力建设，探索建立村级社会救助协理员制度，在乡镇人民政府（街道办事处）现有编制内，根据社会救助对象数量等因素配备相应工作人员，加大业务培训力度，进一步提高基层工作人员服务和管理能力。通过政府购买服务等方式，引入社会力量参与提供农村低保服务。充分发挥第一书记和驻村工作队在落实农村低保制度和扶贫开发政策中的骨干作用。进一步健全社会救助“一门受理、协同办理”工作机制，为农村低保对象和建档立卡贫困人口提供“一站式”便民服务。

（四）强化舆论引导。充分利用新闻媒体和基层政府便民服务窗口、公园广场、医疗机构、村（社区）公示栏等，组织开展有针对性的农村低保制度和扶贫开发政策宣传活动，在全社会努力营造积极参与和支持的浓厚氛围。坚持正确舆论导向，积极弘扬正能量，着力增强贫困群众脱贫信心，鼓励贫困群众在政府扶持下依靠自我奋斗实现脱贫致富。

国家统计局关于贯彻落实《中共中央国务院关于打赢脱贫攻坚战的决定》精神 进一步做好全国农村贫困监测工作的通知

各省、自治区、直辖市统计局，新疆生产建设兵团统计局，国家统计局各调查总队：

《中共中央国务院关于打赢脱贫攻坚战的决定》明确要求，加强农村贫困统计监测体系建设，提高监测能力和数据质量，实现数据共享。为进一步做好全国农村贫困监测，更好地服务精准扶贫、精准脱贫，现就有关工作通知如下：

一、高度重视，认真履职，把做好农村贫困监测工作作为重大政治任务

消除贫困、改善民生、实现共同富裕是社会主义的本质要求，也是全面建成小康社会的必要条件。农村贫困监测是扶贫工作的重要基础性工作，对于打赢脱贫攻坚战至关重要。各级统计调查部门要认真学习、深入贯彻习近平总书记关于扶贫工作的系列重要讲话精神，认真落实中央扶贫开发工作会议决策部署，以高度的政治责任感和历史使命感，切实做好全国农村贫困监测工作，为打赢脱贫攻坚战提供准确的统计调查数据和信息支持。

各级统计调查机构要认真履行农村贫困监测职责任务。要以全国农村特别是贫困地区农村为监测范围，进一步完善方法制度，扎实开展统计调查，深入了解致贫原因和风险，及时监测贫困分布和变化，全面反映“两不愁、三保障”的实现程度，客观衡量贫困地区农村居民收入及基本公共服务与全国农村平均水平的差距，为科学测算贫困规模和程度、精准实施扶贫措施、客观评估扶贫成效提供可靠依据。

贫困监测必须实事求是、科学规范。各级统计调查机构要依法依规开展调查，严格规范执行国家调查制度，确保不打折扣、不走样。要坚持深入基层直接调查，完整收集基础数据，真正做到数出于户、数出有据。要坚持独立调查独立上报，坚决反对统计弄虚作假，严守统计底线，严防“数据脱贫”。

二、多措并举，强化管理，确保农村贫困监测调查数据质量

全国住户收支与生活状况调查和国家农村贫困监测调查是建设农村贫困统计监测体系的重要基础。各级统计调查机构要多措并举，对两项调查的栏本管理维护、数据采集上报、数据处理发布等环节实施严格的数据质量控制，确保调查数据真实准确。

一是要完善落实现场调查质量管理制度。各级统计调查机构要认真学习《国家统计质量保证框架》（国统字〔2013〕53号），贯彻执行住户调查工作规范，结合实际情况，制订具体的基础工作和数据质量管理办法，建立完善数据质量责任制。要强化制度贯彻执行，确保各项质量控制管理措施落到实处。

二是要切实加强调查样本管理。各级统计调查机构要严格执行住户调查《现场抽样工作实施细则》和《调查样本轮换评估细则》，科学抽选调查样本，依规开展样本轮换工作，严格按程序进行样本维护，严禁虚造样本，严禁随意换户，切实保证调查样本代表性。

三是要扎实做好数据采集上报。基层统计调查人员要积极收集调查背景资料，深入了解当地生产、市场和政策实施情况；要按时进村入户、直接采集掌握第一手资料；要坚持包点包户、辅导调查户记好记实日记账；要耐心宣传动员、提高调查对象配合程度；要做到账实一致、机账一致，确保源头数据真实准确。基层统计调查机构要将所有原始数据直接及时上报国家统计局各调查总队，经调查总队审核后，直接及时上报国家统计局，确保基础数据在上报过程中不走样、不失真。

四是要进一步规范数据处理与发布。要严格遵守住户调查数据处理与发布规定。编码录入要由符合要求的调查人员负责，严禁委托调查户编码。审核修订要尊重事实，依规进行。数据发布要先上后下，依次发布。全国和分省、分片区数据由国家统计局统一发布。

五是继续加大数据检查力度。要定期开展数据质量自查和抽查，有条件的地方可定期开展电话回访。要深入实地，到村入户，高标准，严要求，重点检查基础工作的规范性、样本选取的科学性、调查资料的完整性和源头数据的真实性。对弄虚作假搞“数据脱贫”的，要严肃追究责任。

三、深化改革，推动创新，不断提高农村贫困监测能力和服务水平

精准扶贫、精准脱贫的扶贫工作新方略对农村贫困监测提出了新要求。各级统计调查机构要在确保数据质量的基础上，适应扶贫工作新要求，改革创新，主动作为，不断提高农村贫困监测能力和服务水平。

一是要进一步完善以“两不愁、三保障”为核心的农村贫困监测指标体系。农村贫困监测以住户收支数据测算生活在现有标准以下的贫困人口，从住户生产生活条件、农村基础设施和公共服务情况等方面多维度反映贫困状况。国家统计局将进一步完善调查和汇总指标，更加准确反映因病致贫、因学致贫对贫困人口的影响，更加完整反映“两不愁、三保障”，特别是住房安全的实现程度，及时预警不稳定脱贫人口的返贫风险。各地要结合本地实际，研究探索适合本地区的多维贫困分析指标体系。

二是要改进贫困监测调查手段。国家统计局目前正加快推进住户调查应用系统建设，各地要主动适应信息化时代的新要求，改进调查手段，积极推动电子化数据采集在本地区的使用，探索建立电子记账工作流程和质量管理办法，切实减轻基层调查人员和调查对象负担，不断提高数据采集效率和数据质量。

三是要加强调查人员业务培训。农村贫困监测调查专业性强、难度大、调查条件艰苦，要加大业务培训力度，努力打造一支责任心强、业务熟练的高素质人才队伍。

要建立对基层工作人员的定期培训制度，采用多种方式，确保调查人员准确理解调查方案，熟练掌握现场调查方法和技能、熟练操作数据处理软件。

四是要强化分析优化服务。要加强与扶贫相关部门的联系，及时掌握相关政策和社会经济形势的发展变化，依托调查网点，结合入户深入访谈、典型调查，加强数据挖掘分析，研究制约贫困地区发展的突出问题及原因，充分发挥农村贫困监测服务精准扶贫的功能。加强与部门数据共享，为贫困退出、扶贫考核、扶贫和低保两项制度衔接等政策实施提供及时、准确的数据，改进数据发布渠道，及时做好统计信息公布、解读和宣传工作，全面正确解读扶贫成效。

四、加强领导，密切配合，全力做好农村贫困监测保障工作

贫困监测任务重，要求高，涉及面广。相关统计调查机构要尽职尽责，通力合作，相互支持，积极配合，切实加强农村贫困监测各项保障。

一是要加强组织领导。国家统计局高度重视农村贫困监测工作，在住户调查办公室专设了贫困监测处，加强了人员力量。各级统计调查部门要将农村贫困监测放到更加重要的位置，积极做好组织协调，切实强化队伍建设和业务力量，尤其是要采取多种措施，保障非国家调查县农村贫困监测调查力量。坚持国家调查优先，进一步理顺农村贫困监测体系中两项调查与分市县住户调查的关系，保证农村贫困监测工作顺利开展。

二是要加强局队合作。在国家统计局的统一领导下，各调查总队具体负责本地区的农村贫困监测调查工作，各省（自治区、直辖市）统计局要积极配合，共同完成调查任务。有国家调查队的县，现场调查工作由县级调查队承担；没有国家调查队的县，由县级统计局或市级调查队承担。所有基础数据由市县调查队、县统计局直接上报调查总队，经调查总队审核后，上报国家统计局住户调查办公室。各调查总队应及时将经国家统计局审核评估的调查结果共享给各省（自治区、直辖市）统计局。

三是要强化资金及必要的调查工具保障。各级统计调查机构要积极争取加大对农村贫困监测的资金保障力度，确保经费向基层倾斜。要加强资金使用监管，提高使用效率，确保资金用于调查。贫困地区多数山高路远，交通不便，各级统计调查部门要切实保障入户访问必需的交通工具和条件，按时完成调查任务。

国家统计局各调查总队要在每年 10 月 20 日之前将工作落实情况和下一年计划安排报送国家统计局，国家统计局将按要求向党中央、国务院及相关部门报告。

“十三五”脱贫攻坚总体目标解读

一、《决定》关于总体目标的表述

到 2020 年，稳定实现农村贫困人口不愁吃、不愁穿，义务教育、基本医疗和住房安全有保障。实现贫困地区农民人均可支配收入增长幅度高于全国平均水平，基本公共服务主要领域指标接近全国平均水平。确保我国现行标准下农村贫困人口实现脱贫，贫困县全部摘帽，解决区域性整体贫困。

二、总体目标的含义

总体目标可以概括为“两不愁、三保障、一高于、一接近、两确保”，可以分为农村贫困人口脱贫目标和 14 个连片特困地区以及扶贫重点县脱贫目标两个层次，是中华民族伟大复兴两个百年目标中第一个百年目标的重要组成部分，到 2020 年要全部实现。

“两不愁”是要稳定解决农村贫困人口的温饱问题。吃不饱、穿不暖是贫困的基本问题。从上个世纪 80 年代以来，我国一直将解决贫困人口的温饱问题作为政府扶贫开发工作的基础性目标，扶贫标准也从基本温饱标准转向稳定温饱标准。1986 年，我国确定国家扶贫标准为 1985 年不变价每人每年 206 元。该标准所代表的基本生活需求中，食物支出比重占 85%，可保证维持人体生存需要的每人每天 2100 大卡热量，但食物质量很差，主食中粗粮比重较高，副食中肉蛋比重很低，只能免于饥饿。2008 年，我国将扶贫标准提高至当年不变价每人每年 1196 元。其中食物支出仍只保证每人每天 2100 大卡热量，但食物支出比重降低到 60%，可基本保证“有吃、有穿”。2011 年，我国再次提高扶贫标准，达到 2010 年不变价每人每年 2300 元。现行标准是结合“三保障”措施制定的稳定温饱标准。在“三保障”的前提下，现行标准包括的食物支出比重为 53.5%，可按农村住户农产品出售和购买综合平均价，每天消费 1 斤米面、1 斤蔬菜和 1 两肉或 1 个鸡蛋，获得每天 2100 大卡热量和 60 克左右的蛋白质，以满足维持健康生存的需要，做到”吃饱，适当吃好”，不再仅仅是满足生存需要。其中的非食物支出可满足与健康生存同等重要的衣、住、用、行以及义务教育、基本医疗等非食物需求，从而实现“不愁吃、不愁穿”的稳定温饱要求。扶贫标准每年用农村贫困人口面对的物价指数更新，2014 年是 2800 元 / 年，2015 年是 2855 元 / 年。

“三保障”是要提高农村人口的发展和抗风险能力，为稳定解决温饱创造条件。贫困问题不仅仅是吃不饱、穿不暖的问题，还是发展能力不足、抗风险能力弱容易返贫的问题。“三保障”，既是广义的脱贫目标，也是实现“两不愁”的重要措施。保障“住房安全”既提高居住质量，也避免群众因改造危房、修建基本住房举债而影响基本生活消费。保障“义务教育”既直接提高了以知识获得衡量的生活质量，也有利于切断“贫困代际传递”、有利于群众有能力自主达到较好生活水平。保障“基本医疗”既显著减少群众对于因病致贫的担忧、使大家更有安全感，也实实在在避免因病、因残返贫。

“一高于、一接近”就是要有效缩小贫困地区与发达地区的差距。贫困地区农民人均可支配收入水平远低于全国平均水平，如果其增长速度不能高于全国平均水平，将导致贫困地区农民收入与全国的差距越来越大，实现贫困地区农民收入保持高于全国平均水平的增长速度，可以有效缩小地区间的收入差距。同样，贫困地区包括水、电、路、气、网、医、教、文、卫、保等领域的基本公共服务建设水平也落后于其他地区，“十三五”时期国家在基本公共服务建设项目上将进一步向贫困地区倾斜，就是要加快基本公共服务建设速度，缩小贫困地区与发达地区的差距，反映在数据上就是确保基本公共服务主要指标接近全国平均水平。

确保现行标准下贫困人口脱贫就是要让扶贫对象都跨过小康门槛。现行标准是与“三保障”相结合的稳定温饱标准，符合农村居民对于摆脱贫困、迈向小康的基本期待，是农村居民跨入小康的门槛。因为，对于普通百姓而言，摆脱贫困后的生活，其基本内涵是指一种能安稳度日、不愁吃穿的比较宽裕的经济状态。这正与现行标准所代表的生活水平相一致。从国际上看，世界银行常用的两条国际贫困标准，一条是每天 1.9 美元，是 15 个最穷国家贫困标准的平均值，大致相当于基本温饱水平，另一条是每天 3.1 美元，大致相当于稳定温饱水平。我国现行标准按购买力平价并考虑中国城乡物价直接换算，约为每天 2.3 美元，是低标准的 1.21 倍，是高标准的 74.2%，若将“三保障”考虑在内，我国现行标准比较接近高标准。所以，要全面建成小康社会，就要在精准扶贫过程中，努力将贫困人口都纳入建档立卡，使建档立卡贫困人口都迈过现行标准、实现“两不愁、三保障”稳定脱贫目标。

确保贫困县全部摘帽、解决区域性整体贫困就是不让一个地区掉队。要在解决区域性整体贫困的基础上实现贫困县全部摘帽， 让全国所有地区都迈入小康社会。贫困县的确定是一个历史现象，在过去，成为贫困县意味着能够享受到各种优惠政策和国家专项扶贫资金，贫困帽子愿戴不愿摘，在《决定》出台后，按照党中央、国务院决策部署，以脱贫实效为依据，以群众认可为标准，建立了严格、规范、透明的贫困县退出机制，确保贫困县在 2020 年以前有序退出。中共中央办公厅、国务院办公厅印发《关于建立贫困退出机制的意见》中明确规定：原则上贫困县贫困发生率降至 2%以下（西部地区降至 3%以下），由县级扶贫开发领导小组提出退出，市级扶贫开发领导小组初审，省级扶贫开发领导小组核查，确定退出名单后向社会公示征求意见。公示无异议的，由各省（自治区、直辖市）扶贫开发领导小组审定后向国务院扶贫开发领导小组报告。

三、在实际工作中如何把握总体目标

按现行标准脱贫是稳定实现“两不愁、三保障”的基本条件。

从国家层面看，现行标准是结合“三保障”的策略制定的“不愁吃、不愁穿”

的稳定温饱标准。换句话说，按现行标准脱贫是“不愁吃、不愁穿”目标得以实现的必要条件。在到村到户的层面上，要判断贫困户能不能吃饱、能不能穿暖，有没有满足其他基本需求，需要有一个综合性尺度。判断会不会因灾、因病、因学返贫，也需要一个尺度，就是要看看上学费用、医疗费会不会挤占家庭基本生活费。这个综合尺度就是现行标准。到村到户精准扶贫工作中，按现行标准脱贫至少要做到人均收入超过现行标准。

按现行标准脱贫不仅仅是收入超过扶贫标准。虽然人们经常用收入来衡量贫困，但贫困的实质是基本生活需求不能得到满足的问题。所以世界银行用居民家庭的消费支出衡量贫困，我国在宏观上也用居民消费支出反映农村人口的生活水平有没有超过贫困标准。在到村到户识别贫困人口过程中，也不能仅仅看农户的收入，要充分考虑到一些农户收入虽然较高，但因病、因灾、因学使相关支出过大，挤占基本生活消费支出，出现“愁吃、愁穿”现象，对于这种农户，未纳入建档立卡的，一定要及时纳入，已纳入的，要继续扶持，直到其生活水平能实实在在超过扶贫标准。

“两不愁、三保障”是一个整体性的脱贫目标，要做到“两不愁”，除了按现有标准脱贫外，“三保障”也是必须的基本条件。国家层面上要建立反映“两不愁、三保障”实现情况的指标体系。各地在实际工作中，创造出了很多切实有效的方法，不仅反映农户收入，而且反映农户的实际生活水平，比如贵州的“四看法”，即一看房、二看粮、三看劳动力强不强、四看家中有没有读书郎。甘肃省创造的“12345法”，即一核（农户收支状况），二看（家庭生产、生活条件），三比（收入、住房、财产状况），四评议（农户申请、小组初评、村两委审议和村民代表决议），五公示（村、乡两级公示和县级公告）等。

现行标准以及“两不愁、三保障”是农村居民跨入小康的门槛，而不是小康标准、更不是富裕标准。一方面是指按现行标准脱贫、实现“两不愁、三保障”是全面建成小康社会的必要条件之一，而不是指一个地区农村居民平均收支水平达到现行标准就算实现小康。另一方面，这些保障标准都是比较基本的，在吃穿方面只是维持健康生存，而不是顿顿鱼肉、天天时尚，住房只是解决危房或质量很差、面积很小的问题，不是建大房子、更不是建高标准的大房子，教育方面主要保障义务教育，医疗保障总体也较为基本。

各地扶贫标准要考虑实际情况，为尽快实现按国家标准脱贫服务。国家标准是测算全国贫困状况、衡量贫困程度和变化的统一尺度。用于客观比较各地的贫困程度、准确衡量扶贫成效、对外参与国际标准的制定。由于各地的情况不同，需要制定考虑到本地区的经济发展水平、收入分布、居民消费生活方式等因素的地方扶贫工作标准，用于满足当地实施扶贫工作、界定具体扶贫对象和帮扶强度的具体要求。较发达地区率先提高标准有助于加快全国减贫步伐、推动全国减贫事业持续发展。中西部地区的扶贫标准要逐步提高到国家标准以上，但也要切合实际。要防止标准过高、资源不足，出现不能聚焦现行贫困人口的现象。

实现“整体脱贫”并不是现行标准下的贫困人口为零。2020 年现行标准下贫困人口脱贫、贫困县全部摘帽是总体而言、长期而言，并不是指任何一个时点上都绝对不存在贫困人口。从国家和整个区域看，因天灾人祸偶然返贫现象总是会发生的，发现并帮助这些偶然返贫的农户再脱贫是需要时间的，在这个时间段内，就会有贫困人口存在。过了这个时段，这个帮扶的贫困对象脱贫了，但还有可能又出现另一个返贫人口。这种零星返贫人口数量不多但会长期存在，不需要回避。按国际上惯例来说，只要这种贫困发生率始终低于3%，可以认定实现了区域性的“整体脱贫目标”。需要强调的是，在到村到户层面，不能以为可以留下 2% 或 3% 的贫困人口不予帮扶，一定要及时对返贫人口进行帮扶，要坚决消除贫困特别是长时间陷入贫困无法脱贫的现象。

（国家统计局住户调查办公室 王萍萍）

第八部分　统计资料

资料使用说明

一、数据来源

本报告的数据主要有四个来源：

（一）全国住户收支与生活状况调查：该调查由国家统计局住户调查办公室负责组织实施，按照分层随机抽样方法在全国共抽取约16万调查户开展抽样调查。样本规模和分布经过科学测算，抽样结果经过严格评估，对全国、分省有代表性。统计资料第一部分主要来自该调查。

（二）国家农村贫困监测调查：该调查由国家统计局住户调查办公室负责组织实施。抽样方法同全国住户收支与生活状况调查，样本覆盖我国贫困地区的592个扶贫重点县及14个连片特困地区县，调查村委会5000多个，近6万户，抽样结果对全国贫困地区、连片特困地区和扶贫重点县有代表性。统计资料第二部分、第三部分、第四部分主要来自该调查。

（三）县（市）社会经济基本情况统计：该项统计由国家统计局农村司负责组织实施。统计资料第二部分、第三部分、第四部分中的综合资料来自该项统计。

（四）部门统计调查。

二、其他说明

（一）本报告中的全国数据未包括香港、澳门特别行政区和台湾省；

（二）空栏代表数据缺失，使用“--”表示；

（三）由于小数点原因，部分分项数据加总与汇总数据不完全一致，本报告未做调整。

一、全国农村

表 8-1-1 历年全国农村贫困状况

年 份	1978 年标准		2008 年标准		2010 年标准	
	贫困人口（万人）	贫困发生率(%)	贫困人口（万人）	贫困发生率(%)	贫困人口（万人）	贫困发生率(%)
1978	25000	30.7			77039	97.5
1980	22000	26.8			76542	96.2
1981	15200	18.5				
1982	14500	17.5				
1983	13500	16.2				
1984	12800	15.1				
1985	12500	14.8			66101	78.3
1986	13100	15.5				
1987	12200	14.3				
1988	9600	11.1				
1989	10200	11.6				
1990	8500	9.4			65849	73.5
1991	9400	10.4				
1992	8000	8.8				
1994	7000	7.7				
1995	6540	7.1			55463	60.5
1997	4962	5.4				
1998	4210	4.6				
1999	3412	3.7				
2000	3209	3.5	9422	10.2	46224	49.8
2001	2927	3.2	9029	9.8		
2002	2820	3.0	8645	9.2		
2003	2900	3.1	8517	9.1		
2004	2610	2.8	7587	8.1		
2005	2365	2.5	6432	6.8	28662	30.2
2006	2148	2.3	5698	6.0		
2007	1479	1.6	4320	4.6		
2008			4007	4.2		
2009			3597	3.8		
2010			2688	2.8	16567	17.2
2011					12238	12.7
2012					9899	10.2
2013					8249	8.5
2014					7017	7.2
2015					5575	5.7

数据来源：国家统计局农村住户调查和住户收支与生活状况调查。

注：①1978 年标准：1978—1999 年称为农村贫困标准，2000—2007 年称为农村绝对贫困标准。

②2008 年标准：2000—2007 年称为农村低收入标准，2008—2010 年称为农村贫困标准。

③2010 年标准：是新确定的农村扶贫标准。

表 8-1-2　2010-2015 年全国分地区农村贫困人口规模

单位：万人

地　区	2010 年	2011 年	2012 年	2013 年	2014 年	2015 年
全　国	16567	12238	9899	8249	7017	5575
北　京	1	2	1	0	0	.
天　津	8	5	1	0	0	.
河　北	872	561	437	366	320	241
山　西	574	444	359	299	269	223
内蒙古	258	160	139	114	98	76
辽　宁	213	157	146	126	117	86
吉　林	216	140	103	89	81	69
黑龙江	239	155	130	111	96	86
上　海	0	0	0	0	0	.
江　苏	187	123	106	95	61	.
浙　江	148	94	83	72	45	.
安　徽	839	710	543	440	371	309
福　建	167	114	87	73	50	36
江　西	538	438	385	328	276	208
山　东	544	345	313	264	231	172
河　南	1461	955	764	639	565	463
湖　北	678	488	395	323	271	216
湖　南	1006	908	767	640	532	434
广　东	314	166	128	115	82	47
广　西	1012	950	755	634	540	452
海　南	133	88	65	60	50	41
重　庆	363	202	162	139	119	88
四　川	1409	912	724	602	509	400
贵　州	1521	1149	923	745	623	507
云　南	1468	1014	804	661	574	471
西　藏	117	106	85	72	61	48
陕　西	756	592	483	410	350	288
甘　肃	862	722	596	496	417	325
青　海	118	108	82	63	52	42
宁　夏	77	77	60	51	45	37
新　疆	469	353	273	222	212	180

数据来源：国家统计局住户收支与生活状况调查。

注："."表示数值较小，统计上不显著，下同。

表 8-1-3　2010-2015 年全国分地区农村贫困发生率

单位：%

地　区	2010 年	2011 年	2012 年	2013 年	2014 年	2015 年
全　国	17.2	12.7	10.2	8.5	7.2	5.7
北　京	0.3	0.3	0.2	0	0	.
天　津	2.0	1.2	0.2	0	0	.
河　北	15.8	10.1	7.8	6.5	5.6	4.3
山　西	24.1	18.6	15.0	12.4	11.1	9.2
内蒙古	19.7	12.2	10.6	8.5	7.3	5.6
辽　宁	9.1	6.8	6.3	5.4	5.1	3.8
吉　林	14.7	9.5	7.0	5.9	5.4	4.6
黑龙江	12.7	8.3	6.9	5.9	5.1	4.6
上　海	0.1	0	0	0	0	.
江　苏	3.8	2.5	2.1	2.0	1.3	.
浙　江	3.9	2.5	2.2	1.9	1.1	.
安　徽	15.7	13.2	10.1	8.2	6.9	5.8
福　建	6.2	4.2	3.2	2.6	1.8	1.3
江　西	15.8	12.6	11.1	9.2	7.7	5.8
山　东	7.6	4.8	4.4	3.7	3.2	2.4
河　南	18.1	11.8	9.4	7.9	7.0	5.8
湖　北	16.9	12.1	9.8	8.0	6.6	5.3
湖　南	17.9	16.0	13.5	11.2	9.3	7.6
广　东	4.6	2.4	1.9	1.7	1.2	0.7
广　西	24.3	22.6	18.0	14.9	12.6	10.5
海　南	23.8	15.5	11.4	10.3	8.5	6.9
重　庆	15.1	8.5	6.8	6.0	5.3	3.9
四　川	20.2	13.0	10.3	8.6	7.3	5.7
贵　州	45.1	33.4	26.8	21.3	18.0	14.7
云　南	40.0	27.3	21.7	17.8	15.5	12.7
西　藏	49.2	43.9	35.2	28.8	23.7	18.6
陕　西	27.3	21.4	17.5	15.1	13.0	10.7
甘　肃	41.3	34.6	28.5	23.8	20.1	15.7
青　海	31.5	28.5	21.6	16.4	13.4	10.9
宁　夏	18.3	18.3	14.2	12.5	10.8	8.9
新　疆	44.6	32.9	25.4	19.8	18.6	15.8

数据来源：国家统计局住户收支与生活状况调查。

表 8-1-4　2013-2015 年全国分地区农村常住居民人均可支配收入

单位：元

地　区	2013 年	2014 年	2015 年
全　国	9430	10489	11422
北　京	17101	18867	20569
天　津	15353	17014	18482
河　北	9188	10186	11051
山　西	7949	8809	9454
内蒙古	8985	9976	10776
辽　宁	10161	11191	12057
吉　林	9781	10780	11326
黑龙江	9369	10453	11095
上　海	19208	21192	23205
江　苏	13521	14958	16257
浙　江	17494	19373	21125
安　徽	8850	9916	10821
福　建	11405	12650	13793
江　西	9089	10117	11139
山　东	10687	11882	12930
河　南	8969	9966	10853
湖　北	9692	10849	11844
湖　南	9029	10060	10993
广　东	11068	12246	13360
广　西	7793	8683	9467
海　南	8802	9913	10858
重　庆	8493	9490	10505
四　川	8381	9348	10247
贵　州	5898	6671	7387
云　南	6724	7456	8242
西　藏	6553	7359	8244
陕　西	7092	7932	8689
甘　肃	5589	6277	6936
青　海	6462	7283	7933
宁　夏	7599	8410	9119
新　疆	7847	8724	9425

数据来源：国家统计局住户收支与生活状况调查。

表 8-1-5　2013-2015 年全国分地区农村常住居民人均消费支出

单位：元

地　区	2013 年	2014 年	2015 年
全　国	7485	8383	9223
北　京	13564	14535	15811
天　津	12491	13739	14739
河　北	7377	8248	9023
山　西	6458	6992	7421
内蒙古	9080	9972	10637
辽　宁	7032	7801	8873
吉　林	7523	8140	8783
黑龙江	7192	7830	8391
上　海	13016	14820	16152
江　苏	10759	11820	12883
浙　江	12803	14498	16108
安　徽	7200	7981	8975
福　建	9986	11056	11961
江　西	6807	7548	8486
山　东	6877	7962	8748
河　南	6359	7277	7887
湖　北	7850	8681	9803
湖　南	7833	9025	9691
广　东	8938	10043	11103
广　西	6035	6675	7582
海　南	6376	7029	8210
重　庆	6971	7983	8938
四　川	7365	8301	9251
贵　州	5291	5970	6645
云　南	5247	6030	6830
西　藏	4102	4822	5580
陕　西	6488	7252	7901
甘　肃	5654	6148	6830
青　海	7506	8235	8566
宁　夏	6740	7676	8415
新　疆	7103	7365	7698

数据来源：国家统计局住户收支与生活状况调查。

表 8-1-6　2011-2015 年全国农村常住居民收入消费增长情况

单位：%

年 份	人均可支配收入名义增速	人均可支配收入实际增速	人均消费支出名义增速	人均消费支出实际增速
2011	17.9	11.4	19.2	12.6
2012	13.5	10.7	13.2	10.4
2013	12.4	9.3	12.1	9.0
2014	11.2	9.2	12.0	10.0
2015	8.9	7.5	10.0	8.6

数据来源：国家统计局全国农村住户调查、住户收支与生活状况调查。

注：2012 年国家统计局开始实施城乡一体化住户调查改革。全国农村贫困资料中 2011—2012 年数据来源于改革之前的全国农村住户调查，2013—2015 年数据来源于改革之后的全国住户收支与生活状况调查，下同。

表 8-1-7　2013-2015 年全国农村常住居民人均可支配收入及构成

指 标	收入水平（元 / 人）			构成（%）		
	2013 年	2014 年	2015 年	2013 年	2014 年	2015 年
可支配收入	9430	10489	11422	100.0	100.0	100.0
一、工资性收入	3653	4152	4600	38.7	39.6	40.3
二、经营净收入	3935	4237	4504	41.7	40.4	39.4
（一）第一产业净收入	2840	2999	3154	30.1	28.6	27.6
1. 农业	2160	2307	2412	22.9	22.0	21.1
2. 牧业	460	443	489	4.9	4.2	4.3
（二）第二产业经营净收入	253	259	276	2.7	2.5	2.4
（三）第三产业经营净收入	843	980	1074	8.9	9.3	9.4
三、财产净收入	195	222	252	2.1	2.1	2.2
四、转移净收入	1648	1877	2066	17.5	17.9	18.1

数据来源：国家统计局住户收支与生活状况调查。

表 8-1-8　2013-2015 年全国农村常住居民消费支出及构成

指　标	水平（元/人）			构成（%）		
	2013 年	2014 年	2015 年	2013 年	2014 年	2015 年
消费支出	7485	8383	9223	100.0	100.0	100.0
（一）食品烟酒	2554	2814	3048	34.1	33.6	33.0
（二）衣着	454	510	550	6.1	6.1	6.0
（三）居住	1580	1763	1926	21.1	21.0	20.9
（四）生活用品及服务	455	507	546	6.1	6.0	5.9
（五）交通通信	875	1013	1163	11.7	12.1	12.6
（六）教育文化娱乐	755	860	969	10.1	10.3	10.5
（七）医疗保健	668	754	846	8.9	9.0	9.2
（八）其他用品及服务	144	163	174	1.9	1.9	1.9

数据来源：国家统计局全国住户收支与生活状况调查。

表 8-1-9　2010-2015 年农村居民年末每百户主要耐用消费品拥有量

指　标	单 位	2010 年	2013 年	2014 年	2015 年
家用汽车	辆	2.8	9.9	11.0	13.3
电动助力车	台	--	40.3	45.4	50.1
洗衣机	台	57.3	71.2	74.8	78.8
电冰箱（柜）	台	45.2	72.9	77.6	82.6
微波炉	台	--	14.1	14.7	15.0
彩色电视机	台	111.8	112.9	115.6	116.9
空调	台	16.0	29.8	34.2	38.8
热水器	台	28.3	43.6	48.2	52.5
排油烟机	台	11.1	12.4	13.9	15.3
移动电话	部	136.5	199.5	215.0	226.1
计算机	台	10.4	20.0	23.5	25.7

数据来源：国家统计局全国农村住户调查、全国住户收支与生活状况调查。

二、贫困地区

（一）2011-2014年贫困地区综合资料

表 8-2-1 贫困地区经济社会发展情况

指标	单位	2011 年	2012 年	2013 年	2014 年
一、基本情况					
行政区域面积	万平方公里	--	--	--	452
乡个数	个	6917	6920	6796	6515
镇个数	个	5271	5347	5554	5671
户籍人口	万人	--	--	--	30469
二、财政金融资料					
地区生产总值	亿元	36637	42491	47773	52357
#第一产业增加值	亿元	8979	10197	11108	11910
第二产业增加值	亿元	16019	18804	21082	22560
第三产业增加值	亿元	11641	13490	15583	17887
公共财政收入	亿元	1833	2345	2987	3348
公共财政支出	亿元	10427	13023	14612	16172
居民储蓄存款余额	亿元	23414	28729	33710	38771
年末金融机构各项贷款余额	亿元	16759	20889	25863	30557

数据来源：国家统计局县（市）社会经济基本情况统计。

注：贫困地区综合资料包括贫困地区 811 个县数据，不包括区数据。

表 8-2-2 贫困地区居民生产生活情况

指标	单位	2011 年	2012 年	2013 年	2014 年
一、农业生产情况					
农业机械总动力	万千瓦特	20945	22441	23427	24662
粮食总产量①	万吨	--	--	13689	13813
油料产量	万吨	803	833	885	890
棉花产量	万吨	101	95	86	113
肉类总产量	万吨	2077	2302	2318	2423
二、工业生产情况					
规模以上工业企业单位数	个	19993	22467	25287	27226
规模以上工业总产值	亿元	32248	38111	45125	51809
三、生产生活条件					
固定电话用户	万户	2577	2415	2212	2394

①粮食总产量中未包括黑龙江、新疆数据。

数据来源：国家统计局县（市）社会经济基本情况统计。

表 8-2-3　贫困地区文化教育、医疗保健、绿化环保情况

指标	单位	2011 年	2012 年	2013 年	2014 年
一、文化教育情况					
普通中学在校学生数	万人	1660	1577	1474	1460
小学在校学生数	万人	2512	2523	2222	2198
二、医疗保健					
医疗卫生机构床位数	万床	67	76	86	96
各种社会福利收养性单位数	个	9239	9385	9372	10202
各种社会福利收养性单位床位数	万床	58	60	69	78

数据来源：国家统计局县（市）社会经济基本情况统计。

（二）2015 年贫困地区贫困状况

表 8-2-4　2015 年贫困地区农村贫困人口变化情况

地区	贫困人口			贫困发生率	
	数量（万人）	下降（万人）	下降幅度（%）	水平（%）	下降（百分点）
合　计	3490	827	19.2	13.3	3.3
河　北	197	68	25.7	14.2	4.8
山　西	83	24	22.4	14.6	4.3
内蒙古	66	29	30.5	9.3	4.1
吉　林	12	2	14.3	10.8	2.1
黑龙江	68	14	17.1	12.7	2.7
安　徽	209	43	17.1	10.7	2.2
江　西	141	35	19.9	11.6	3.3
河　南	287	41	12.5	9.5	1.7
湖　北	148	32	17.8	12.2	2.7
湖　南	279	64	18.7	14.0	4.3
广　西	135	29	17.7	13.1	2.6
海　南	11	1	8.3	14.4	1.5
重　庆	68	15	18.1	7.9	1.7
四　川	203	70	25.6	12.1	4.1
贵　州	444	101	18.5	15.3	3.6
云　南	448	88	16.4	17.4	2.9
西　藏	48	13	21.8	18.6	5.1
陕　西	180	47	20.7	13.6	3.6
甘　肃	296	85	22.3	18.3	5.1
青　海	42	10	19.4	10.9	2.5
宁　夏	23	7	23.3	11.1	3.3
新　疆	101	10	9.0	15.8	2.9

数据来源：国家统计局农村贫困监测调查。

表 8-2-5　2015 年贫困地区农村常住居民收入情况

地　区	人均可支配收入（元）	名义增速（%）
合　计	7653	11.7
河　北	7575	10.0
山　西	6078	11.9
内蒙古	8201	11.2
吉　林	7045	9.8
黑龙江	7174	11.2
安　徽	8952	11.0
江　西	7759	13.6
河　南	8865	11.0
湖　北	8682	10.9
湖　南	7222	11.8
广　西	7927	12.5
海　南	8284	11.2
重　庆	9120	13.4
四　川	7966	12.3
贵　州	7171	12.4
云　南	7070	12.0
西　藏	8244	12.0
陕　西	7692	10.5
甘　肃	5782	13.3
青　海	7933	8.9
宁　夏	7255	10.7
新　疆	7341	10.6

数据来源：国家统计局农村贫困监测调查。

注：2012 年国家统计局实施了城乡住户调查一体化改革，贫困地区开始使用农村常住居民人均可支配收入。

表 8-2-6　2015 年贫困地区农村常住居民消费支出

地　区	人均消费支出（元）	名义增速（%）
合　计	6656	10.8
河　北	6738	8.5
山　西	5455	7.4
内蒙古	7886	9.0
吉　林	6607	11.1
黑龙江	5930	5.7
安　徽	8227	14.9
江　西	6763	12.1
河　南	6529	11.7
湖　北	7798	7.6
湖　南	7054	11.0
广　西	6991	7.3
海　南	7091	7.0
重　庆	8170	11.2
四　川	6903	13.2
贵　州	6498	10.2
云　南	5686	14.7
西　藏	5580	15.7
陕　西	6934	8.2
甘　肃	5452	11.0
青　海	8566	4.0
宁　夏	7060	15.0
新　疆	5434	4.4

数据来源：国家统计局农村贫困监测调查。

注：2012 年国家统计局实施了城乡住户调查一体化改革，贫困地区开始使用农村常住居民人均消费支出。

表 8-2-7　2015 年贫困地区农村常住居民收入消费结构

指标	水平（元）	构成（%）	名义增速（%）
一、人均可支配收入	7653	100.0	11.7
1. 工资性收入	2556	33.4	14.1
2. 经营净收入	3282	42.9	8.2
3. 财产净收入	93	1.2	15.2
4. 转移净收入	1722	22.5	15.0
二、人均消费支出	6656	100.0	10.8
1. 食品烟酒	2411	36.2	9.8
2. 衣着	405	6.1	9.4
3. 居住	1376	20.7	10.7
4. 生活用品及服务	411	6.2	7.4
5. 交通通信	693	10.4	12.6
6. 教育文化娱乐	680	10.2	15.2
7. 医疗保健	567	8.5	11.0
8. 其他商品和服务	114	1.7	15.1

表 8-2-8　2015 年贫困地区农户住房及家庭设施状况

地 区	1. 居住竹草土坯房的农户比重（%）	2. 使用照明电的农户比重（%）	3. 使用管道供水的农户比重（%）
合 计	5.7	99.8	61.5
河 北	4.3	99.9	64.7
山 西	8.9	99.9	69.1
内蒙古	19.4	99.9	39.2
吉 林	12.9	99.9	80.0
黑龙江	17.9	99.9	43.0
安 徽	0.2	99.9	41.4
江 西	2.9	99.9	47.7
河 南	1.3	99.9	46.3
湖 北	9.3	99.5	57.4
湖 南	1.2	99.9	56.6
广 西	1.2	99.9	82.3
海 南	0.1	99.9	80.3
重 庆	4.2	99.7	56.8
四 川	10.5	99.0	41.1
贵 州	0.9	99.8	73.7
云 南	5.5	99.6	72.3
西 藏	2.5	93.8	50.0
陕 西	10.2	99.6	73.6
甘 肃	11.3	99.8	65.7
青 海	4.3	96.4	80.1
宁 夏	13.4	98.7	66.9
新 疆	16.3	99.7	84.7

数据来源：国家统计局农村贫困监测调查。

表 8-2-8 2015 年贫困地区农户住房及家庭设施状况（续）

地 区	4. 使用经过净化处理自来水的农户比重 (%)	5. 饮水无困难的农户比重 (%)	6. 独用厕所的农户比重 (%)	7. 炊用柴草的农户比重 (%)
合 计	36.4	85.3	93.6	54.9
河 北	40.5	85.9	98.6	44.5
山 西	28.0	76.8	94.8	33.5
内蒙古	32.5	91.6	91.4	75.1
吉 林	65.0	91.2	98.9	83.2
黑龙江	30.9	87.0	99.9	97.3
安 徽	34.2	95.4	96.3	72.8
江 西	22.5	93.3	90.3	63.4
河 南	37.3	93.3	98.0	44.6
湖 北	30.9	83.3	91.7	72.7
湖 南	30.0	88.7	96.6	51.2
广 西	37.7	87.3	95.9	63.8
海 南	55.4	81.2	61.7	72.8
重 庆	34.3	78.6	98.7	61.0
四 川	18.4	75.8	92.8	73.9
贵 州	34.5	81.4	93.2	29.4
云 南	28.3	75.1	81.0	52.6
西 藏	25.5	65.8	71.5	64.9
陕 西	40.8	86.7	96.1	61.1
甘 肃	52.5	79.9	98.1	43.5
青 海	54.7	84.9	93.0	31.1
宁 夏	50.7	89.5	98.7	23.3
新 疆	79.4	83.1	97.4	56.3

数据来源：国家统计局农村贫困监测调查。

表 8-2-9　2015 年贫困地区农村每百户耐用消费品拥有量

地　区	1. 汽车（辆）	2. 洗衣机（台）	3. 电冰箱（台）	4. 移动电话（部）	5. 计算机（台）
合　计	8.3	75.6	67.9	208.9	13.2
河　北	10.5	83.3	72.5	182.0	18.0
山　西	4.7	73.4	40.8	149.5	13.4
内蒙古	15.3	83.2	84.0	200.2	19.9
吉　林	9.4	80.7	76.9	164.7	24.9
黑龙江	5.8	85.5	74.6	172.8	11.6
安　徽	6.7	70.3	81.8	185.3	11.3
江　西	7.3	34.6	71.6	217.5	14.1
河　南	7.4	89.3	70.0	204.2	14.9
湖　北	8.1	68.2	73.2	213.5	19.4
湖　南	5.2	63.8	74.1	218.1	15.9
广　西	8.1	64.8	89.5	245.6	16.6
海　南	3.9	28.0	44.0	252.1	7.0
重　庆	7.3	79.3	83.3	206.6	17.4
四　川	5.0	71.5	66.2	189.8	8.0
贵　州	10.7	81.0	62.3	240.5	13.0
云　南	10.5	69.8	47.3	224.1	6.0
西　藏	17.1	44.0	44.6	173.4	0.2
陕　西	5.8	82.9	57.9	219.8	15.3
甘　肃	8.3	83.8	48.0	221.9	9.6
青　海	19.9	91.4	86.9	249.6	11.9
宁　夏	18.2	94.7	74.6	286.3	20.3
新　疆	6.2	77.2	66.5	122.8	3.9

数据来源：国家统计局农村贫困监测调查。

表 8-2-10　2015 年贫困地区基础设施状况

地　区	1. 通电的自然村比重（%）	2. 通电话的自然村比重（%）	3. 通宽带的自然村比重（%）	4. 主干道路面经过硬化处理的自然村比重（%）	5. 通客运班车的自然村比重（%）
合　计	99.7	97.6	56.3	73.0	47.8
河　北	100.0	98.8	75.1	83.8	66.1
山　西	99.8	96.2	70.5	94.0	81.4
内蒙古	99.7	93.7	53.2	65.4	67.6
吉　林	100.0	100.0	90.8	95.2	74.9
黑龙江	99.3	99.5	87.1	87.0	76.5
安　徽	99.8	99.9	84.7	80.1	37.8
江　西	99.7	97.9	70.5	79.1	49.2
河　南	100.0	100.0	76.1	82.5	45.4
湖　北	99.8	95.1	61.6	73.0	48.4
湖　南	100.0	97.1	63.9	76.5	54.8
广　西	99.9	93.0	38.3	64.0	38.5
海　南	100.0	82.7	40.2	83.1	41.8
重　庆	100.0	99.4	47.4	55.0	37.1
四　川	97.3	95.5	40.7	74.0	40.1
贵　州	100.0	95.9	36.6	73.2	50.1
云　南	100.0	99.1	32.4	58.5	41.3
西　藏	92.1	89.5	8.5	57.7	29.1
陕　西	99.6	98.3	68.4	84.0	65.5
甘　肃	99.2	99.1	50.3	72.4	66.3
青　海	94.5	93.9	53.8	93.4	74.7
宁　夏	99.4	96.9	29.7	73.7	73.1
新　疆	99.3	98.1	50.2	90.8	89.7

数据来源：国家统计局农村贫困监测调查。

表 8-2-11　2015 年贫困地区文化教育卫生情况

地　区	1. 有卫生站（室）的行政村比重（%）	2. 拥有合法行医证医生/卫生员的行政村比重（%）	3. 有幼儿园或学前班的行政村比重（%）	4. 有小学且就学便利的行政村比重（%）
合　计	95.2	91.2	56.7	63.6
河　北	98.4	95.9	65.8	54.5
山　西	93.2	88.1	42.4	41.5
内蒙古	92.0	94.7	39.1	25.3
吉　林	79.5	81.0	32.9	30.1
黑龙江	91.7	98.5	32.1	41.0
安　徽	99.6	99.5	63.9	80.7
江　西	98.9	95.6	65.0	75.2
河　南	99.8	99.8	77.7	88.4
湖　北	95.2	93.0	43.8	45.2
湖　南	88.5	84.7	45.4	43.0
广　西	98.4	89.1	71.8	85.3
海　南	84.7	67.6	28.9	44.0
重　庆	98.4	99.6	42.8	45.3
四　川	88.3	77.8	44.9	44.5
贵　州	95.6	88.0	56.4	72.4
云　南	96.9	95.5	60.2	82.1
西　藏	73.0	76.0	34.1	27.9
陕　西	95.5	89.4	41.6	38.8
甘　肃	92.0	89.9	51.3	73.9
青　海	88.4	84.1	40.7	43.6
宁　夏	99.2	99.0	38.8	78.0
新　疆	85.9	71.3	77.3	81.3

数据来源：国家统计局农村贫困监测调查。

表 8-2-12　2015 年贫困地区扶贫资金来源与投向

单位：亿元

指标	金额
一、扶贫投资总额	1897.1
1. 中央扶贫贴息贷款累计发放额	290.1
2. 中央财政专项扶贫资金	440.4
# 以工代赈资金	39.0
少数民族发展资金	21.6
3. 中央专项退耕还林还草工程补助	102.3
4. 中央拨付的低保资金	343.9
5. 省级财政安排的扶贫资金	171.3
6. 国际扶贫资金	2.1
7. 其他资金	551.5
二、扶贫资金投向	1897.1
1. 农业	172.3
2. 林业	101.7
3. 畜牧业	101.9
4. 农产品加工业	26.8
5. 农村饮水安全工程	51.6
6. 小型农田水利及农村水电	50.0
7. 病险水库除险加固	15.6
8. 村通公路（通畅、通达工程等）	277.5
9. 农网完善及无电地区电力设施建设	64.6
10. 村村通电话、互联网覆盖等农村信息化建设	34.1
11. 农村沼气等清洁能源建设	5.6
12. 农村危房改造	145.0
13. 乡卫生院、村卫生站（室）建设及设施	20.9
14. 卫生技术人员培训	1.5
15. 劳动力职业技能培训	11.0
16. 易地扶贫搬迁	87.1
17. 农村中小学建设	189.4
18. 农村中小学营养餐计划	84.8
19. 其他	458.9

数据来源：国家统计局农村贫困监测调查。

（三）2015年贫困地区分组收入消费情况

表 8-2-13　按人均可支配收入五等份分组的贫困地区农村常住居民收入消费

单位　元

指标	合计	低收入组	中低收入组	中等收入组	中高收入组	高收入组
一、人均可支配收入	7653	2273	4853	6687	9000	15450
1. 工资性收入	2556	975	1713	2416	3212	4462
2. 经营净收入	3282	641	2022	2728	3769	7250
3. 财产净收入	93	26	47	72	101	222
4. 转移净收入	1722	630	1072	1471	1919	3516
二、人均消费支出	6656	4827	5321	6215	7177	9742
1. 食品烟酒	2411	1818	2006	2289	2624	3319
2. 衣着	405	303	327	386	440	568
3. 居住	1376	998	1114	1259	1480	2030
4. 生活用品及服务	411	281	315	385	454	619
5. 交通通信	693	477	527	595	716	1148
6. 教育文化娱乐	680	483	552	717	772	876
7. 医疗保健	567	380	397	484	575	1001
8. 其他用品和服务	114	87	85	100	115	181

数据来源：国家统计局农村贫困监测调查。

表 8-2-14　按家庭规模分组的贫困地区农村常住居民收入消费

单位：元

指标	合计	1 人户	2 人户	3 人户	4 人户	5 人户	6 人以上户
一、人均可支配收入	7653	12606	10088	8497	7254	6205	5481
1. 工资性收入	2556	2790	2645	2865	2695	2262	1992
2. 经营净收入	3282	4301	3991	3524	3181	2873	2665
3. 财产净收入	93	249	142	98	90	59	63
4. 转移净收入	1722	5265	3309	2010	1288	1011	760
二、人均消费支出	6656	12476	8473	7457	6386	5394	4644
1. 食品烟酒	2411	4997	3381	2620	2195	1908	1703
2. 衣着	405	748	450	466	401	337	300
3. 居住	1376	2931	1907	1572	1277	1037	874
4. 生活用品及服务	411	822	539	475	386	322	266
5. 交通通信	693	1170	778	791	668	588	550
6. 教育文化娱乐	680	504	393	804	854	658	492
7. 医疗保健	567	1074	877	589	504	462	372
8. 其他用品和服务	114	229	148	139	100	82	85

数据来源：国家统计局农村贫困监测调查。

表 8-2-15　按照地势分组的贫困地区农村常住居民收入消费

单位：元

指标	合计	平原	丘陵	山地
一、人均可支配收入	7653	8098	7942	7204
1. 工资性收入	2556	2448	2768	2481
2. 经营净收入	3282	3672	3239	3081
3. 财产净收入	93	98	114	77
4. 转移净收入	1722	1880	1821	1564
二、人均消费支出	6656	6649	7058	6399
1. 食品烟酒	2411	2296	2510	2415
2. 衣着	405	482	397	365
3. 居住	1376	1396	1557	1247
4. 生活用品及服务	411	407	427	402
5. 交通通信	693	719	701	671
6. 教育文化娱乐	680	611	757	670
7. 医疗保健	567	610	581	533
8. 其他用品和服务	114	128	128	96

数据来源：国家统计局农村贫困监测调查。

表 8-2-16　按家庭成员最高文化程度分组的贫困地区农村常住居民收入消费

单位：元

指标	合计	未上学	小学	初中	高中	大学专科	本科及以上
一、人均可支配收入	7653	7419	7105	7470	7723	8356	8705
1. 工资性收入	2556	1428	1875	2428	2649	3355	3308
2. 经营净收入	3282	3188	3334	3243	3235	3263	3709
3. 财产净收入	93	99	94	86	101	97	109
4. 转移净收入	1722	2704	1802	1713	1737	1642	1579
二、人均消费支出	6656	6685	5785	6319	6905	7688	8219
1. 食品烟酒	2411	3192	2577	2397	2339	2424	2390
2. 衣着	405	400	348	402	420	436	423
3. 居住	1376	1444	1142	1367	1410	1503	1536
4. 生活用品及服务	411	390	335	406	428	473	425
5. 交通通信	693	396	537	670	744	772	852
6. 教育文化娱乐	680	133	203	419	877	1263	1905
7. 医疗保健	567	634	556	551	569	664	555
8. 其他用品和服务	114	96	88	107	118	153	135

数据来源：国家统计局农村贫困监测调查。

表 8-2-17　按照东中西分组的贫困地区农村常住居民收入消费

单位：元

指标	合计	东部	中部	西部
一、人均可支配收入	7653	7611	8114	7356
1. 工资性收入	2556	3669	2675	2352
2. 经营净收入	3282	2449	3249	3398
3. 财产净收入	93	98	96	91
4. 转移净收入	1722	1395	2094	1516
二、人均消费支出	6656	6755	6999	6421
1. 食品烟酒	2411	2220	2423	2425
2. 衣着	405	462	428	383
3. 居住	1376	1467	1581	1232
4. 生活用品及服务	411	353	437	400
5. 交通通信	693	711	677	701
6. 教育文化娱乐	680	651	702	669
7. 医疗保健	567	767	608	518
8. 其他用品和服务	114	125	143	93

数据来源：国家统计局农村贫困监测调查。

注：东部贫困地区包括河北、海南的贫困地区；中部贫困地区包括山西、吉林、黑龙江、安徽、江西、河南、湖北、湖南的贫困地区；西部贫困地区包括内蒙、广西、重庆、四川、贵州、云南、西藏、陕西、甘肃、青海、宁夏、新疆的贫困地区。

表 8-2-18 按不同类型县分组的贫困地区农村常住居民收入消费

单位：元

指标	合计	民族地区县	陆地边境县	沙漠化县	较少民族聚集村所在县
一、人均可支配收入	7653	7235	7562	7419	6993
1. 工资性收入	2556	2131	1747	2620	1842
2. 经营净收入	3282	3657	4431	3304	3862
3. 财产净收入	93	87	131	103	92
4. 转移净收入	1722	1359	1254	1392	1197
二、人均消费支出	6656	6301	5859	6254	5829
1. 食品烟酒	2411	2420	2353	2205	2182
2. 衣着	405	368	335	462	351
3. 居住	1376	1186	1085	1268	1056
4. 生活用品及服务	411	366	329	309	331
5. 交通通信	693	739	736	717	762
6. 教育文化娱乐	680	655	515	598	584
7. 医疗保健	567	482	440	591	486
8. 其他用品和服务	114	86	66	104	77

数据来源：国家统计局农村贫困监测调查。

表 8-2-19　2015 年贫困地区分地区收入结构

单位：元

地区	人均可支配收入	一、工资性收入	二、经营净收入	三、财产净收入	四、转移净收入
合　计	7653	2556	3282	93	1722
河　北	7575	3695	2372	102	1406
山　西	6078	2663	2003	77	1336
内蒙古	8201	1465	4881	206	1649
吉　林	7045	1267	4640	343	795
黑龙江	7174	708	5147	370	949
安　徽	8952	2869	3434	103	2546
江　西	7759	3164	3109	114	1372
河　南	8865	2336	3905	63	2560
湖　北	8682	2914	3052	72	2644
湖　南	7222	3179	2156	49	1839
广　西	7927	2166	3776	65	1919
海　南	8284	3186	3893	18	1187
重　庆	9120	2493	3820	164	2644
四　川	7966	2896	3282	94	1694
贵　州	7171	2860	2946	70	1296
云　南	7070	1902	4047	59	1062
西　藏	8244	1873	4938	147	1286
陕　西	7692	3130	2699	105	1759
甘　肃	5782	1779	2401	84	1519
青　海	7933	2235	3058	326	2315
宁　夏	7255	2776	2781	55	1644
新　疆	7341	2241	3684	66	1350

数据来源：国家统计局农村贫困监测调查。

表 8-2-20　2015 年贫困地区分地区消费结构

单位：元／人

地　区	消费支出	一、食品烟酒	二、衣着	三、居住	四、生活用品及服务
合　计	6656	2411	405	1376	411
河　北	6738	2182	472	1477	355
山　西	5455	1957	393	1099	259
内蒙古	7886	2396	499	1345	350
吉　林	6607	2407	460	1241	259
黑龙江	5930	1823	460	1357	285
安　徽	8227	2985	462	1911	483
江　西	6763	2580	324	1686	447
河　南	6529	2197	514	1391	477
湖　北	7798	2576	442	1899	474
湖　南	7054	2382	341	1541	420
广　西	6991	2595	251	1525	428
海　南	7091	2917	280	1272	312
重　庆	8170	3144	491	1538	617
四　川	6903	3162	432	1201	445
贵　州	6498	2495	379	1300	432
云　南	5686	2274	263	1002	337
西　藏	5580	2912	507	702	290
陕　西	6934	2059	436	1605	440
甘　肃	5452	1847	389	1056	402
青　海	8566	2564	627	1462	445
宁　夏	7060	2189	529	1257	423
新　疆	5434	2407	546	1066	210

数据来源：国家统计局农村贫困监测调查。

表 8-2-20　2015 年贫困地区分地区消费结构（续）

单位：元／人

地　区	五、交通通信	六、教育文化娱乐	七、医疗保健	八、其他用品和服务
合　计	693	680	567	114
河　北	712	643	769	127
山　西	523	539	590	94
内蒙古	1215	1086	838	158
吉　林	536	705	878	122
黑龙江	669	621	600	115
安　徽	710	747	743	186
江　西	550	585	441	148
河　南	737	580	482	151
湖　北	844	747	656	160
湖　南	607	931	724	109
广　西	670	851	569	101
海　南	689	816	729	77
重　庆	772	885	613	110
四　川	583	472	477	131
贵　州	701	779	326	85
云　南	712	586	456	55
西　藏	719	179	136	135
陕　西	659	812	817	106
甘　肃	586	573	508	92
青　海	1278	807	1191	194
宁　夏	885	896	749	131
新　疆	527	241	376	62

数据来源：国家统计局农村贫困监测调查。

（四）2012-2015 年贫困地区发展情况

表 8-2-21　2012-2015 年贫困地区贫困人口变动情况

年份	贫困人口（万人）	贫困发生率（%）	贫困人口下降（万人）	贫困人口下降幅度（%）
2012 年	6039	23.2	--	--
2013 年	5070	19.3	969	16.1
2014 年	4317	16.6	753	14.8
2015 年	3490	13.3	827	19.2

数据来源：国家统计局农村贫困监测调查。

表 8-2-22　2012-2015 年贫困地区农村居民收入增长情况

年份	农村居民人均纯收入（元）	农村常住居民人均可支配收入（元）	名义增速（%）	实际增速（%）
2012 年	4732	--	--	--
2013 年	5519	6079	16.6	13.4
2014 年	6221	6852	12.7	10.7
2015 年	6948	7653	11.7	10.3

数据来源：国家统计局农村贫困监测调查。
注：2012 年国家统计局实施了城乡住户调查一体化改革，贫困地区开始使用农村常住居民人均可支配收入。2013-2015 年老口径人均纯收入根据新口径人均可支配收入和增速推算得出。

表 8-2-23　2012-2015 年贫困地区农村居民消费增长情况

年份	农村居民人均生活消费支出（元）	农村常住居民人均消费支出（元）	名义增速（%）	实际增速（%）
2012 年	4058	--	--	--
2013 年	4665	5404	14.9	11.8
2014 年	5185	6007	11.2	9.2
2015 年	5746	6656	10.8	9.4

数据来源：国家统计局农村贫困监测调查。
注：2012 年国家统计局实施了城乡住户调查一体化改革，贫困地区开始使用农村居民人均消费支出。2013-2015 年老口径人均生活消费支出根据新口径人均消费支出和增速推算得出。

表 8-2-24　2012-2015 年贫困地区分地区农村贫困人口

单位：万人

地　区	2012 年	2013 年	2014 年	2015 年
合　计	6039	5070	4317	3490
河　北	354	304	265	197
山　西	157	126	107	83
内蒙古	134	110	95	66
吉　林	16	15	14	12
黑龙江	104	89	82	68
安　徽	333	301	252	209
江　西	255	215	176	141
河　南	444	370	328	287
湖　北	286	216	180	148
湖　南	501	423	343	279
广　西	249	196	164	135
海　南	10	9	12	11
重　庆	103	97	83	68
四　川	399	331	273	203
贵　州	756	654	545	444
云　南	744	607	536	448
西　藏	85	72	61	48
陕　西	312	271	227	180
甘　肃	540	451	381	296
青　海	82	63	52	42
宁　夏	36	33	30	23
新　疆	138	117	111	101

数据来源：国家统计局农村贫困监测调查。

表 8-2-25　2012-2015 年贫困地区分地区农村贫困发生率

单位：%

地　区	2012 年	2013 年	2014 年	2015 年
合　计	23.2	19.3	16.6	13.3
河　北	23.8	20.4	19.0	14.2
山　西	27.3	21.7	18.9	14.6
内蒙古	19.7	16.1	13.4	9.3
吉　林	14.6	13.6	12.9	10.8
黑龙江	20.4	17.3	15.5	12.7
安　徽	18.7	15.6	12.9	10.7
江　西	22.0	18.1	14.9	11.6
河　南	15.9	13.3	11.3	9.5
湖　北	23.5	17.7	14.9	12.2
湖　南	24.8	20.8	18.3	14.0
广　西	24.4	19.1	15.7	13.1
海　南	12.2	12.5	15.9	14.4
重　庆	12.3	10.3	9.7	7.9
四　川	22.5	19.7	16.3	12.1
贵　州	27.2	23.6	19.0	15.3
云　南	26.7	21.9	20.3	17.4
西　藏	35.2	28.8	23.7	18.6
陕　西	22.1	19.4	17.2	13.6
甘　肃	32.8	27.5	23.4	18.3
青　海	21.6	16.4	13.4	10.9
宁　夏	17.4	16.1	14.4	11.1
新　疆	24.5	20.0	18.7	15.8

数据来源：国家统计局农村贫困监测调查。

表 8-2-26　2013-2015 年贫困地区分地区农村常住居民人均可支配收入

单位：元

地　区	2013 年	2014 年	2015 年
合　计	6079	6852	7653
河　北	6150	6886	7575
山　西	4875	5430	6078
内蒙古	6545	7375	8201
吉　林	5798	6414	7045
黑龙江	5896	6450	7174
安　徽	7119	8062	8952
江　西	6053	6830	7759
河　南	7070	7983	8865
湖　北	6971	7831	8682
湖　南	5715	6461	7222
广　西	6252	7044	7927
海　南	7145	7449	8284
重　庆	7131	8044	9120
四　川	6282	7091	7966
贵　州	5557	6381	7171
云　南	5616	6314	7070
西　藏	6553	7359	8244
陕　西	6162	6963	7692
甘　肃	4487	5106	5782
青　海	6462	7283	7933
宁　夏	5840	6555	7255
新　疆	5986	6635	7341

数据来源：国家统计局农村贫困监测调查。

注：2012 年国家统计局实施了城乡住户调查一体化改革，贫困地区开始使用农村常住居民人均可支配收入。

表 8-2-27　2013-2015 年贫困地区分地区农村常住居民人均消费支出

单位：元

地　区	2013 年	2014 年	2015 年
合　计	5404	6007	6656
河　北	5767	6210	6738
山　西	4630	5080	5455
内蒙古	6467	7232	7886
吉　林	5344	5948	6607
黑龙江	5005	5612	5930
安　徽	6375	7159	8227
江　西	5443	6035	6763
河　南	5296	5845	6529
湖　北	6507	7249	7798
湖　南	5633	6355	7054
广　西	5764	6517	6991
海　南	6319	6626	7091
重　庆	6442	7345	8170
四　川	5527	6100	6903
贵　州	5327	5897	6498
云　南	4413	4958	5686
西　藏	4102	4822	5580
陕　西	5840	6406	6934
甘　肃	4313	4912	5452
青　海	7506	8235	8566
宁　夏	5616	6132	7060
新　疆	4925	5203	5434

数据来源：国家统计局农村贫困监测调查。

注：2012 年国家统计局实施了城乡住户调查一体化改革，贫困地区开始使用农村居民人均消费支出。

表 8-2-28 2012-2015 年贫困地区农户生产生活条件改善情况

指标	单位	2012 年	2013 年	2014 年	2015 年
一、农户生产生活条件					
1. 居住竹草土坯房的农户比重	%	7.8	7.0	6.6	5.7
2. 使用照明电的农户比重	%	—	99.3	99.5	99.8
3. 使用管道供水的农户比重	%	56.4	53.6	55.9	61.5
4. 使用经过净化处理自来水的农户比重	%	33.1	30.6	33.1	36.4
5. 饮水无困难的农户比重	%	—	81.0	82.3	85.3
6. 独用厕所的农户比重	%	91.0	92.7	93.1	93.6
7. 炊用柴草的农户比重	%	61.1	58.6	57.8	54.9
二、农户耐用消费品拥有情况					
1. 百户汽车拥有量	辆	2.7	5.5	6.7	8.3
2. 百户洗衣机拥有量	台	52.3	65.8	71.1	75.6
3. 百户电冰箱拥有量	台	47.5	52.6	60.9	67.9
4. 百户移动电话拥有量	部	158.3	172.9	194.8	208.9
5. 百户计算机拥有量	台	5.4	7.9	11.1	13.2

数据来源：国家统计局农村贫困监测调查。

表 8-2-29　2012-2015 年贫困地区乡村基础设施发展情况

单位：%

指标	2012 年	2013 年	2014 年	2015 年
一、自然村情况				
1. 通电的自然村比重	98.5	99.2	99.5	99.7
2. 通电话的自然村比重	93.3	93.3	95.2	97.6
3. 通有线电视信号的自然村比重	69.0	70.7	75.0	79.3
4. 通宽带的自然村比重	38.3	41.5	48.0	56.3
5. 主干道路面经过硬化处理的自然村比重	--	59.9	64.7	73.0
6. 通客运班车的自然村比重	--	38.8	42.7	47.8
7. 饮用水经过集中净化处理的自然村比重	--	27.7	34.4	39.2
二、行政村情况				
1. 有文化活动室的村比重	74.5	75.6	81.5	83.8
2. 有卫生站（室）的村比重	86.8	92.6	94.1	95.2
3. 拥有合法行医证医生／卫生员的村比重	83.4	88.9	90.9	91.2
4. 有幼儿园或学前班的村比重	43.2	50.4	54.7	56.7
5. 有小学且就学便利的村比重	58.1	60.4	61.4	63.6
6. 拥有畜禽集中饲养区的村比重	16.0	23.9	26.7	26.9
三、乡镇情况				
1. 有综合文化站的乡镇比重	87.0	94.8	97.2	98.4
2. 有政府办卫生院的乡镇比重	92.1	97.1	98.2	99.4
3. 有全科医生的乡镇比重	69.0	77.8	83.2	87.1

数据来源：国家统计局农村贫困监测调查。

表 8-2-30　2012-2015 年扶贫资金投向变化情况

单位：%

指标	2012 年	2013 年	2014 年	2015 年
1、农业占扶贫投资的比重	8.9	10.0	9.2	9.1
2、林业占扶贫投资的比重	6.4	5.7	4.9	5.4
3、畜牧业占扶贫投资的比重	5.5	6.4	5.3	5.4
4、农产品加工业占扶贫投资的比重	2.5	2.6	1.6	1.4
5、农村饮水安全工程占扶贫投资的比重	2.7	2.7	2.7	2.7
6、小型农田水利及农村水电占扶贫投资的比重	3.3	4.0	4.1	2.6
7、病险水库除险加固占扶贫投资的比重	2.2	1.4	0.9	0.8
8、村通公路（通畅、通达工程等）占扶贫投资的比重	9.4	11.0	12.8	14.6
9、农网完善及无电地区电力设施建设占扶贫投资的比重	3.6	2.5	3.0	3.4
10、村村通电话、互联网覆盖等农村信息化建设占扶贫投资的比重	1.2	1.1	0.9	1.8
11、农村沼气等清洁能源建设占扶贫投资的比重	0.9	0.6	0.4	0.3
12、农村危房改造占扶贫投资的比重	9.3	9.0	7.7	7.6
13、乡卫生院、村卫生站（室）建设及设施占扶贫投资的比重	1.3	1.4	1.2	1.1
14、卫生技术人员培训占扶贫投资的比重	0.1	0.1	0.1	0.1
15、劳动力职业技能培训占扶贫投资的比重	0.8	1.1	0.8	0.6
16、易地扶贫搬迁占扶贫投资的比重	4.6	4.8	5.5	4.6
17、农村中小学建设占扶贫投资的比重	10.6	11.6	11.3	10.0
18、农村中小学营养餐计划占扶贫投资的比重	7.6	5.9	5.2	4.5
19、其他占扶贫投资的比重	19.0	18.3	22.5	24.2

数据来源：国家统计局农村贫困监测调查。

三、连片特困地区

（一）2011-2014 年连片特困地区综合资料

表 8-3-1　连片特困地区经济社会发展情况

指标	单位	2011 年	2012 年	2013 年	2014 年
一、连片特困地区基本情况					
行政区域面积	万平方公里	--	--	--	390
乡个数	个	5991	5996	5845	5622
镇个数	个	4218	4279	4460	4557
户籍人口	万人	--	--	--	24243
二、财政金融资料					
地区生产总值	亿元	26763	31212	35300	38968
# 第一产业增加值	亿元	6757	7696	8403	9035
第二产业增加值	亿元	11099	13142	14841	16077
第三产业增加值	亿元	8908	10374	12056	13856
公共财政收入	亿元	1399	1782	2302	2572
公共财政支出	亿元	8312	10454	11769	13088
居民储蓄存款余额	亿元	17618	21751	25684	29686
年末金融机构各项贷款余额	亿元	12966	16288	20446	24140

数据来源：国家统计局县（市）社会经济基本情况统计。

表 8-3-2　连片特困地区居民生产生活情况

指标	单位	2011 年	2012 年	2013 年	2014 年
一、农业生产情况					
农业机械总动力	万千瓦特	14650	15853	16758	17606
粮食总产量	万吨	7788	8744	9898	10055
油料产量	万吨	609	634	669	676
棉花产量	万吨	66	65	59	86
肉类总产量	万吨	1652	1834	1850	1934
二、工业生产情况					
规模以上工业企业单位数	个	14126	16199	18329	19798
规模以上工业总产值	亿元	20879	25053	29817	34469
三、生产生活条件					
固定电话用户	万户	1969	1835	1682	1692

数据来源：国家统计局县（市）社会经济基本情况统计。

表 8-3-3　连片特困地区文化教育、医疗保健、绿化环保情况

指标	单位	2011 年	2012 年	2013 年	2014 年
一、文化教育情况					
普通中学在校学生数	万人	1325	1264	1189	1185
小学在校学生数	万人	2022	2053	1796	1772
二、医疗保健					
医疗卫生机构床位数	万床	53	61	69	77
各种社会福利收养性单位数	个	7357	7402	7520	8233
各种社会福利收养性单位床位数	万床	44	46	51	58

数据来源：国家统计局县（市）社会经济基本情况统计。

（二）2015 年连片特困地区统计资料

表 8-3-4　2015 年连片特困地区农村贫困人口变动情况

片区	贫困人口			贫困发生率	
	数量（万人）	下降（万人）	下降幅度（%）	水平（%）	下降（百分点）
全部片区	2875	643	18.3	13.9	3.2
1. 六盘山区	280	69	19.8	16.2	3.0
2. 秦巴山区	346	98	22.1	12.3	4.1
3. 武陵山区	379	96	20.2	12.9	4.0
4. 乌蒙山区	373	69	15.6	18.5	3.0
5. 滇黔桂石漠化区	398	90	18.4	15.1	3.4
6. 滇西边境山区	192	48	20.0	15.5	3.6
7. 大兴安岭南麓山区	59	15	20.3	11.1	2.9
8. 燕山 - 太行山区	122	28	18.7	13.5	3.3
9. 吕梁山区	57	10	14.9	16.4	3.1
10. 大别山区	341	51	13.0	10.4	1.6
11. 罗霄山区	102	32	23.9	10.4	3.9
12. 西藏区	48	13	21.3	18.6	5.1
13. 四省藏区	88	15	14.6	16.5	7.7
14. 南疆三地州	90	9	9.1	15.7	3.1

数据来源：国家统计局农村贫困监测调查。

表 8-3-5 2015 年连片特困地区农村常住居民收入增长情况

片区	人均可支配收入（元）	名义增速（%）
全部片区	7525	11.9
1. 六盘山区	6371	13.4
2. 秦巴山区	7967	12.9
3. 武陵山区	7579	12.4
4. 乌蒙山区	6992	14.4
5. 滇黔桂石漠化区	7485	12.7
6. 滇西边境山区	6943	7.3
7. 大兴安岭南麓山区	7484	10.0
8. 燕山 - 太行山区	7164	14.4
9. 吕梁山区	6317	13.0
10. 大别山区	9029	9.6
11. 罗霄山区	7700	13.6
12. 西藏区	8244	12.0
13. 四省藏区	6457	12.8
14. 南疆三地州	7053	10.2

数据来源：国家统计局农村贫困监测调查。

注：2012 年国家统计局实施了城乡住户调查一体化改革，连片特困地区开始使用农村常住居民人均可支配收入。

表 8-3-6　2015 年连片特困地区农村常住居民消费增长情况

片区	人均消费支出（元）	名义增速（%）
全部片区	6573	11.4
1. 六盘山区	5875	9.6
2. 秦巴山区	7057	13.3
3. 武陵山区	6994	10.1
4. 乌蒙山区	6077	14.7
5. 滇黔桂石漠化区	6508	12.4
6. 滇西边境山区	5848	14.0
7. 大兴安岭南麓山区	6373	7.0
8. 燕山－太行山区	6538	5.8
9. 吕梁山区	5800	9.1
10. 大别山区	7631	12.2
11. 罗霄山区	6909	12.5
12. 西藏区	5580	15.7
13. 四省藏区	5437	8.5
14. 南疆三地州	5207	3.5

数据来源：国家统计局农村贫困监测调查。

注：2012 年国家统计局实施了城乡住户调查一体化改革，连片特困地区开始使用农村常住居民人均消费支出。

表 8-3-7　2015 年连片特困地区农村常住居民收入消费结构

指标	水平（元）	构成（%）	名义增速（%）
一、人均可支配收入	7525	100.0	11.9
1. 工资性收入	2503	33.3	14.4
2. 经营净收入	3264	43.4	8.1
#第一产业经营净收入	2565	34.1	5.2
3. 财产净收入	84	1.1	19.2
4. 转移净收入	1674	22.2	15.8
二、人均消费支出	6573	100.0	11.4
1. 食品	2428	36.9	10.1
2. 衣着	392	6.0	9.7
3. 居住	1342	20.4	10.1
4. 家庭设备及用品	407	6.2	8.8
5. 交通通信	681	10.4	14.5
6. 文教娱乐	672	10.2	16.9
7. 医疗保健	544	8.3	14.1
8. 其他	107	1.6	11.4

数据来源：国家统计局农村贫困监测调查。

表 8-3-8　2015 年连片特困地区农户住房及家庭设施状况

片区	1. 居住竹草土坯房的农户比重 (%)	2. 使用照明电的农户比重 (%)	3. 使用管道供水的农户比重 (%)
全部片区	6.1	99.8	61.2
1. 六盘山区	9.9	99.9	58.0
2. 秦巴山区	11.6	99.9	55.8
3. 武陵山区	2.6	99.9	61.6
4. 乌蒙山区	6.2	99.9	65.3
5. 滇黔桂石漠化区	1.7	99.9	78.8
6. 滇西边境山区	4.7	99.9	74.3
7. 大兴安岭南麓山区	17.5	99.9	40.2
8. 燕山－太行山区	12.0	99.9	50.5
9. 吕梁山区	3.5	99.9	56.3
10. 大别山区	1.3	99.9	37.9
11. 罗霄山区	2.8	99.9	56.6
12. 西藏区	2.5	93.8	50.0
13. 四省藏区	9.5	92.0	62.8
14. 南疆三地州	15.1	99.8	88.7

数据来源：国家统计局农村贫困监测调查。

表 8-3-8　2015 年连片特困地区农户住房及家庭设施状况（续）

片区	4. 使用经过净化处理自来水的农户比重（%）	5. 饮水无困难的农户比重（%）	6. 独用厕所的农户比重（%）	7. 炊用柴草的农户比重（%）
全部片区	34.7	84.0	93.0	55.5
1. 六盘山区	57.6	81.4	98.9	40.2
2. 秦巴山区	27.4	80.6	97.5	68.5
3. 武陵山区	32.9	84.6	97.6	58.5
4. 乌蒙山区	27.3	76.2	89.7	28.4
5. 滇黔桂石漠化区	41.0	82.7	92.7	49.4
6. 滇西边境山区	29.6	75.5	73.7	65.3
7. 大兴安岭南麓山区	30.6	91.1	98.9	96.8
8. 燕山－太行山区	25.3	91.2	98.6	46.6
9. 吕梁山区	20.1	78.1	89.1	25.6
10. 大别山区	32.2	94.7	94.0	64.6
11. 罗霄山区	28.0	94.5	89.0	57.6
12. 西藏区	25.5	65.8	71.5	64.9
13. 四省藏区	23.9	76.9	78.4	50.6
14. 南疆三地州	83.4	85.4	97.7	63.1

数据来源：国家统计局农村贫困监测调查。

表 8-3-9　2015 年连片特困地区每百户农户耐用消费品拥有量

片区	1. 汽车（辆）	2. 洗衣机（台）	3. 电冰箱（台）	4. 移动电话（部）	5. 计算机（台）
全部片区	7.9	75.0	65.8	210.5	12.0
1. 六盘山区	10.5	86.3	54.0	229.0	11.7
2. 秦巴山区	5.5	81.4	64.3	205.5	13.2
3. 武陵山区	6.8	74.5	74.6	224.3	16.0
4. 乌蒙山区	6.8	79.6	36.4	197.2	6.2
5. 滇黔桂石漠化区	11.3	78.3	77.9	249.1	14.2
6. 滇西边境山区	11.5	61.1	58.7	242.8	8.0
7. 大兴安岭南麓山区	8.6	84.9	74.4	178.5	12.7
8. 燕山－太行山区	7.2	73.9	65.6	166.1	13.7
9. 吕梁山区	5.7	78.5	46.0	173.9	13.3
10. 大别山区	5.6	74.5	79.3	192.0	11.6
11. 罗霄山区	8.0	40.3	76.6	231.1	17.5
12. 西藏区	17.1	44.0	44.6	173.4	0.2
13. 四省藏区	15.0	73.1	60.6	192.1	4.3
14. 南疆三地州	6.2	76.7	64.6	114.8	3.0

数据来源：国家统计局农村贫困监测调查。

表 8-3-10　2015 年连片特困地区基础设施状况

片区	1. 通电的自然村比重(%)	2. 通电话的自然村比重(%)	3. 通宽带的自然村比重(%)	4. 主干道路面经过硬化处理的自然村比重(%)	5. 通客运班车的自然村比重(%)
全部片区	99.7	97.7	53.2	71.7	47.5
1. 六盘山区	99.6	99.5	52.6	77.2	70.7
2. 秦巴山区	99.6	98.8	55.4	74.1	49.0
3. 武陵山区	100.0	96.5	50.1	71.7	50.1
4. 乌蒙山区	99.2	95.9	31.1	57.0	48.0
5. 滇黔桂石漠化区	99.9	95.2	34.4	67.7	42.7
6. 滇西边境山区	99.9	100.0	41.3	61.9	39.5
7. 大兴安岭南麓山区	99.3	99.2	82.4	85.4	72.8
8. 燕山－太行山区	100.0	99.3	69.8	79.4	65.7
9. 吕梁山区	100.0	96.8	53.4	86.3	64.4
10. 大别山区	100.0	99.5	78.8	80.3	38.1
11. 罗霄山区	99.9	98.3	73.7	78.9	54.6
12. 西藏区	92.1	89.5	8.5	57.7	29.1
13. 四省藏区	90.7	90.9	25.5	61.4	43.5
14. 南疆三地州	99.9	99.9	50.1	88.1	88.9

数据来源：国家统计局农村贫困监测调查。

表 8-3-11　2015 年连片特困地区文化教育卫生情况

片区	1. 有卫生站（室）的行政村比重（%）	2. 拥有合法行医证医生／卫生员的行政村比重（%）	3. 有幼儿园或学前班的行政村比重（%）	4. 有小学且就学便利的行政村比重（%）
全部片区	95.5	90.8	57.1	66.2
1. 六盘山区	96.1	92.5	51.4	74.4
2. 秦巴山区	96.3	90.0	52.7	55.0
3. 武陵山区	91.5	88.7	45.8	50.7
4. 乌蒙山区	93.7	89.4	58.7	74.5
5. 滇黔桂石漠化区	97.6	87.7	69.7	78.8
6. 滇西边境山区	98.2	96.4	63.1	78.4
7. 大兴安岭南麓山区	89.5	96.0	38.3	41.4
8. 燕山－太行山区	97.6	96.6	62.2	45.2
9. 吕梁山区	92.3	77.1	37.7	39.5
10. 大别山区	99.0	99.2	70.8	77.8
11. 罗霄山区	97.1	94.8	74.4	82.1
12. 西藏区	69.6	73.1	38.3	27.9
13. 四省藏区	78.0	76.5	30.5	35.4
14. 南疆三地州	83.4	68.2	78.5	79.8

数据来源：国家统计局农村贫困监测调查。

（三）2011-2015年连片特困地区统计资料

表 8-3-12　2011-2015 年连片特困地区农村贫困人口

单位：万人

片区	2011年	2012年	2013年	2014年	2015年
全部片区	6035	5067	4141	3518	2875
1. 六盘山区	642	532	439	349	280
2. 秦巴山区	815	684	559	444	346
3. 武陵山区	793	671	543	475	379
4. 乌蒙山区	765	664	507	442	373
5. 滇黔桂石漠化区	816	685	574	488	398
6. 滇西边境山区	424	335	274	240	192
7. 大兴安岭南麓山区	129	108	85	74	59
8. 燕山－太行山区	223	192	165	150	122
9. 吕梁山区	104	87	76	67	57
10. 大别山区	647	566	477	392	341
11. 罗霄山区	206	175	149	134	102
12. 西藏区	106	85	72	61	48
13. 四省藏区	206	161	117	103	88
14. 南疆三地州	159	122	104	99	90

数据来源：国家统计局农村贫困监测调查。

表 8-3-13　2011-2015 年连片特困地区农村贫困发生率

单位：%

片区	2011 年	2012 年	2013 年	2014 年	2015 年
全部片区	29. 0	24. 4	20. 0	17. 1	13. 9
1. 六盘山区	35. 0	28. 9	24. 1	19. 2	16. 2
2. 秦巴山区	27. 6	23. 1	19. 5	16. 4	12. 3
3. 武陵山区	26. 3	22. 3	18. 0	16. 9	12. 9
4. 乌蒙山区	38. 2	33. 0	25. 2	21. 5	18. 5
5. 滇黔桂石漠化区	31. 5	26. 3	21. 9	18. 5	15. 1
6. 滇西边境山区	31. 6	24. 8	20. 5	19. 1	15. 5
7. 大兴安岭南麓山区	24. 1	21. 1	16. 6	14. 0	11. 1
8. 燕山－太行山区	24. 3	20. 9	17. 9	16. 8	13. 5
9. 吕梁山区	30. 5	24. 9	21. 7	19. 5	16. 4
10. 大别山区	20. 7	18. 2	15. 2	12. 0	10. 4
11. 罗霄山区	22. 0	18. 8	15. 6	14. 3	10. 4
12. 西藏区	43. 9	35. 2	28. 8	23. 7	18. 6
13. 四省藏区	42. 8	38. 6	27. 6	24. 2	16. 5
14. 南疆三地州	38. 7	33. 6	20. 0	18. 8	15. 7

数据来源：国家统计局农村贫困监测调查。

表 8-3-14　2012-2015 年连片特困地区农村常住居民人均可支配收入

片区	水平（元）			名义增速（%）			
	2013 年	2014 年	2015 年	2012 年	2013 年	2014 年	2015 年
全部片区	5956	6724	7525	15.1	15.4	12.9	11.9
1. 六盘山区	4930	5616	6371	16.6	11.8	13.9	13.4
2. 秦巴山区	6219	7055	7967	15.7	15.9	13.4	12.9
3. 武陵山区	6084	6743	7579	14.0	21.0	10.8	12.4
4. 乌蒙山区	5238	6114	6992	9.5	13.5	16.7	14.4
5. 滇黔桂石漠化区	5907	6640	7485	17.3	15.3	12.4	12.7
6. 滇西边境山区	5775	6471	6943	25.8	18.4	12.1	7.3
7. 大兴安岭南麓山区	6244	6801	7484	17.1	15.1	8.9	10.0
8. 燕山 - 太行山区	5680	6260	7164	11.3	14.2	10.2	14.4
9. 吕梁山区	5259	5589	6317	19.0	14.5	6.3	13.0
10. 大别山区	7201	8241	9029	16.6	14.9	14.4	9.6
11. 罗霄山区	5987	6776	7700	12.2	12.2	13.2	13.6
12. 西藏区	6553	7359	8244	16.6	15.0	12.3	12.0
13. 四省藏区	4962	5726	6457	18.9	12.9	15.4	12.8
14. 南疆三地州	5692	6403	7053	21.4	14.5	12.5	10.2

数据来源：国家统计局农村贫困监测调查。

注：2012 年国家统计局实施了城乡住户调查一体化改革，连片特困地区开始使用农村常住居民人均可支配收入。

表 8-3-15　2012-2015 年连片特困地区农村常住居民人均消费支出

片区	人均消费支出（元）			名义增速（%）			
	2013 年	2014 年	2015 年	2012 年	2013 年	2014 年	2015 年
全部片区	5327	5898	6573	11.3	14.2	10.7	11.4
1. 六盘山区	4677	5362	5875	15.2	8.7	14.6	9.6
2. 秦巴山区	5739	6229	7057	12.5	12.4	8.5	13.3
3. 武陵山区	5701	6353	6994	11.8	14.6	11.4	10.1
4. 乌蒙山区	4718	5298	6077	9.1	17.6	12.3	14.7
5. 滇黔桂石漠化区	5186	5788	6508	11.1	20.8	11.6	12.4
6. 滇西边境山区	4547	5131	5848	16.2	15.5	12.8	14.0
7. 大兴安岭南麓山区	5191	5958	6373	12.5	7.7	14.8	7.0
8. 燕山-太行山区	5895	6181	6538	11.2	9.0	4.9	5.8
9. 吕梁山区	5537	5315	5800	16.8	30.6	-4.0	9.1
10. 大别山区	6107	6799	7631	12.4	14.9	11.3	12.2
11. 罗霄山区	5510	6140	6909	10.0	14.5	11.4	12.5
12. 西藏区	4102	4822	5580	8.2	20.4	17.6	15.7
13. 四省藏区	4691	5010	5437	19.2	12.5	6.8	8.5
14. 南疆三地州	4803	5033	5207	16.0	18.7	4.8	3.5

数据来源：国家统计局农村贫困监测调查。

注：2012 年国家统计局实施了城乡住户调查一体化改革，2013 年起连片特困地区开始使用农村居民人均消费支出。2013—2015 年老口径人均生活消费支出根据新口径人均消费支出和增速推算得出。

表 8-3-16　2012-2015 年连片特困地区农户生产生活条件

指标	单位	2012 年	2013 年	2014 年	2015 年
一、农户生产生活条件					
1. 居住竹草土坯房的农户比重	%	8.1	7.5	7.0	6.1
2. 使用照明电的农户比重	%	98.8	99.3	99.5	99.8
3. 使用管道供水的农户比重	%	—	53.6	55.9	61.2
4. 使用经过净化处理自来水的农户比重	%	—	29.3	31.7	34.7
5. 饮水无困难的农户比重	%	—	80.0	80.9	84.0
6. 独用厕所的农户比重	%	89.9	92.0	92.5	93.0
7. 炊用柴草的农户比重	%	62.6	59.6	58.8	55.5
二、农户耐用消费品拥有情况					
1. 百户汽车拥有量	辆	2.7	5.3	6.2	7.9
2. 百户洗衣机拥有量	台	51.4	65.1	70.1	75.0
3. 百户电冰箱拥有量	台	46.1	52.3	58.5	65.8
4. 百户移动电话拥有量	部	162.8	175.3	196.0	210.5
5. 百户计算机拥有量	台	4.5	7.7	9.8	12.0

数据来源：国家统计局农村贫困监测调查。

表 8-3-17　2012-2015 年连片特困地区农村基础设施

单位：%

指标	2012 年	2013 年	2014 年	2015 年
一、自然村情况				
1. 通电的自然村比重	98.4	99.2	99.5	99.7
2. 通电话的自然村比重	--	93.0	95.1	97.7
3. 通有线电视信号的自然村比重	66.4	68.1	72.6	77.5
4. 通宽带的自然村比重	36.4	41.4	44.4	53.2
5. 主干道路面经过硬化处理的自然村比重	--	57.9	62.8	71.7
6. 通客运班车的自然村比重	--	37.6	42.0	47.5
7. 饮用水经过集中净化处理的自然村比重	26.5	27.4	34.5	36.8
二、行政村情况				
1. 有文化活动室的村比重	74.7	76.6	82.4	83.6
2. 有卫生站（室）的村比重	86.7	92.0	93.4	95.5
3. 拥有合法行医证医生／卫生员的村比重	82.9	88.2	90.3	90.8
4. 有幼儿园或学前班的村比重	42.9	50.3	55.4	57.1
5. 有小学且就学便利的村比重	60.4	62.6	63.7	66.2
6. 拥有畜禽集中饲养区的村比重	15.0	23.7	26.7	27.0

数据来源：国家统计局农村贫困监测调查。

四、扶贫重点县统计资料

（一）2011–2014 年扶贫重点县综合统计资料

表 8-4-1　扶贫重点县经济社会发展情况

指标	单位	2011 年	2012 年	2013 年	2014 年
一、贫困地区基本情况					
行政区域面积	万平方公里	—	—	—	251
乡个数	个	4964	4976	4869	4668
镇个数	个	4165	4226	4410	4502
户籍人口	万人	--	--	--	24505
二、财政金融资料					
地区生产总值	亿元	28599	33095	37097	40702
# 第一产业增加值	亿元	7080	8036	8743	9354
第二产业增加值	亿元	12550	14692	16410	17628
第三产业增加值	亿元	8969	10366	11944	13721
公共财政收入	亿元	1448	1847	2296	2618
公共财政支出	亿元	8240	10282	11486	12610
居民储蓄存款余额	亿元	18400	22685	26452	30474
年末金融机构各项贷款余额	亿元	12778	16001	19883	23233

数据来源：国家统计局县（市）社会经济基本情况统计。

表 8-4-2　扶贫重点县居民生产生活情况

指标	单位	2011 年	2012 年	2013 年	2014 年
一、农业生产情况					
农业机械总动力	万千瓦特	16515	17733	18391	19287
粮食总产量	万吨	—	—	11338	11412
油料产量	万吨	630	653	703	703
棉花产量	万吨	73	69	63	83
肉类总产量	万吨	1626	1769	1779	1861
二、工业生产情况					
规模以上工业企业单位数	个	15641	17437	19742	21362
规模以上工业总产值	亿元	25501	30289	35528	41096
三、生产生活条件					
固定电话用户	万户	2041	1886	1725	1911

数据来源：国家统计局县（市）社会经济基本情况统计。

表 8-4-3　扶贫重点县文化教育、医疗保健、绿化环保情况

指标	单位	2011 年	2012 年	2013 年	2014 年
一、文化教育情况					
普通中学在校学生数	万人	1344	1268	1182	1166
小学在校学生数	万人	2028	2060	1787	1770
二、医疗保健					
医疗卫生机构床位数	万床	52	60	67	74
各种社会福利收养性单位数	个	7536	7666	7557	8222
各种社会福利收养性单位床位数	万床	48	50	58	66

数据来源：国家统计局县（市）社会经济基本情况统计。

（二）2015年扶贫重点县统计资料

表8-4-4 2015年扶贫重点县农村贫困人口变动情况

地区	农村贫困人口			农村贫困发生率	
	数量（万人）	下降（万人）	下降幅度（%）	水平（%）	下降（百分点）
合计	2893	756	20.7	13.7	4.8
河北	167	68	28.9	14.1	5.6
山西	79	25	24.0	14.3	4.5
内蒙古	66	29	30.5	9.3	4.1
吉林	12	2	14.3	10.8	2.1
黑龙江	61	12	16.4	17.9	3.7
安徽	205	43	17.3	10.8	2.3
江西	129	30	18.9	12.2	3.3
河南	218	46	17.4	9.6	2.5
湖北	137	32	18.9	12.0	2.8
湖南	168	40	19.2	16.6	5.8
广西	125	18	12.6	14.0	1.7
海南	11	1	8.3	14.4	1.5
重庆	68	15	18.1	7.9	1.7
四川	165	71	30.1	11.9	5.1
贵州	353	87	19.8	16.0	4.1
云南	380	89	19.0	18.7	4.1
陕西	151	37	19.7	13.7	3.4
甘肃	265	81	23.4	20.1	6.2
青海	27	9	25.0	15.6	1.2
宁夏	23	7	23.3	11.1	3.3
新疆	83	14	14.4	15.7	3.8

数据来源：国家统计局农村贫困监测调查。

表 8-4-5　2015 年扶贫重点县农村常住居民收入增长情况

地　区	人均可支配收入（元）	名义增速（%）
合　计	7543	12.3
河　北	7528	8.8
山　西	6346	12.1
内蒙古	8201	11.2
吉　林	7045	9.8
黑龙江	6007	12.8
安　徽	8944	10.9
江　西	7711	13.5
河　南	8740	11.5
湖　北	8480	10.1
湖　南	6818	11.0
广　西	7659	17.0
海　南	8284	11.2
重　庆	9120	13.4
四　川	7952	13.8
贵　州	6964	13.1
云　南	6846	14.5
陕　西	7624	11.8
甘　肃	5415	12.6
青　海	6953	16.9
宁　夏	7255	10.7
新　疆	7389	13.1

数据来源：国家统计局农村贫困监测调查。

注：2012 年国家统计局实施了城乡住户调查一体化改革，扶贫重点县开始使用农村常住居民人均可支配收入。

表 8-4-6　2015 年扶贫重点县农村常住居民消费支出增长情况

地　区	人均消费支出（元）	名义增速（%）
合　计	6616	11.0
河　北	6747	7.8
山　西	5610	9.0
内蒙古	7886	9.0
吉　林	6607	11.1
黑龙江	4952	6.1
安　徽	8190	14.4
江　西	6755	12.3
河　南	6476	11.8
湖　北	7713	6.9
湖　南	6851	13.1
广　西	6831	9.1
海　南	7091	7.0
重　庆	8170	11.2
四　川	6738	12.4
贵　州	6415	11.5
云　南	5576	14.9
陕　西	6948	7.4
甘　肃	5251	10.6
青　海	7338	10.0
宁　夏	7060	15.1
新　疆	5455	6.5

数据来源：国家统计局农村贫困监测调查。

注：2012 年国家统计局实施了城乡住户调查一体化改革，扶贫重点县开始使用农村常住居民人均消费支出。

表 8-4-7　2015 年扶贫重点县农村常住居民收入消费结构

指标	水平（元）	构成（%）	名义增速（%）
一、人均可支配收入	7543	100.0	12.3
1. 工资性收入	2480	32.9	14.1
2. 经营净收入	3212	42.6	9.1
3. 财产净收入	89	1.2	10.9
4. 转移净收入	1761	23.4	16.1
二、人均消费支出	6616	100.0	11.0
1. 食品烟酒	2430	36.7	10.4
2. 衣着	400	6.0	9.6
3. 居住	1358	20.5	10.8
4. 生活用品及服务	408	6.2	7.7
5. 交通通信	680	10.3	12.3
6. 教育文化娱乐	671	10.1	15.0
7. 医疗保健	560	8.5	9.8
8. 其他商品和服务	109	1.6	18.0

数据来源：国家统计局农村贫困监测调查。

表 8-4-8　2015 年扶贫重点县农户住房及家庭设施状况

地　区	1. 居住竹草土坯房的农户比重（%）	2. 使用照明电的农户比重（%）	3. 使用管道供水的农户比重（%）
合　计	6.2	99.8	61.2
河　北	4.9	100.0	68.1
山　西	9.2	99.9	68.2
内蒙古	19.4	99.9	39.2
吉　林	12.9	99.9	80.0
黑龙江	18.9	100.0	46.0
安　徽	0.2	99.9	40.5
江　西	3.0	100.0	44.2
河　南	1.6	100.0	51.5
湖　北	8.9	99.5	57.3
湖　南	0.9	100.0	55.2
广　西	1.3	99.9	82.5
海　南	0.1	99.9	80.3
重　庆	4.2	99.7	56.8
四　川	11.2	99.0	40.9
贵　州	0.6	99.8	70.7
云　南	6.6	99.6	72.5
陕　西	10.2	99.7	72.6
甘　肃	12.5	99.7	63.4
青　海	3.7	94.7	85.2
宁　夏	13.4	98.7	66.9
新　疆	14.2	99.7	91.4

数据来源：国家统计局农村贫困监测调查。

表 8-4-8　2015 年扶贫重点县农户住房及家庭设施状况（续）

地　区	4. 使用经过净化处理自来水的农户比重 (%)	5. 饮水无困难的农户比重 (%)	6. 独用厕所的农户比重 (%)	7. 炊用柴草的农户比重 (%)
合　计	36.5	85.2	93.7	56.5
河　北	45.9	85.6	98.4	47.6
山　西	25.3	76.0	94.8	33.6
内蒙古	32.5	91.6	91.4	75.1
吉　林	65.0	91.2	98.9	83.2
黑龙江	33.5	87.8	99.9	96.6
安　徽	33.0	95.4	96.6	72.4
江　西	23.3	93.1	91.2	61.3
河　南	41.7	92.1	97.9	44.0
湖　北	31.2	84.1	92.3	72.3
湖　南	29.5	88.6	96.6	56.8
广　西	38.6	87.2	96.3	62.0
海　南	55.4	81.2	61.7	72.8
重　庆	34.3	78.6	98.7	61.0
四　川	17.2	73.9	91.8	73.9
贵　州	30.1	79.6	92.3	33.0
云　南	29.1	75.8	81.1	57.6
陕　西	39.2	87.0	95.7	59.5
甘　肃	49.5	80.3	98.2	44.2
青　海	63.8	92.0	94.5	26.3
宁　夏	50.7	89.5	98.7	23.3
新　疆	90.5	90.9	97.1	56.9

数据来源：国家统计局农村贫困监测调查。

表 8-4-9　2015 年扶贫重点县农村每百户耐用消费品拥有量

地　区	1. 汽车（辆）	2. 洗衣机（台）	3. 电冰箱（台）	4. 移动电话（部）	5. 计算机（台）
合　计	8.1	75.3	67.5	207.0	13.3
河　北	11.0	83.2	72.4	183.7	18.5
山　西	4.7	73.5	40.6	150.5	12.8
内蒙古	15.3	83.2	84.0	200.2	19.9
吉　林	9.4	80.7	76.9	164.7	24.9
黑龙江	4.4	86.7	74.3	174.2	10.8
安　徽	6.7	71.5	81.6	185.3	11.2
江　西	7.6	34.4	70.5	217.8	15.1
河　南	8.2	87.7	71.0	201.6	15.2
湖　北	8.3	68.4	73.0	213.2	19.1
湖　南	4.2	66.0	68.5	209.5	14.0
广　西	8.0	66.7	90.0	248.5	17.5
海　南	3.9	28.0	44.0	252.1	7.0
重　庆	7.3	79.3	83.3	206.6	17.4
四　川	3.8	67.7	62.7	184.4	7.4
贵　州	10.4	78.7	61.1	240.0	12.9
云　南	9.8	68.7	46.1	224.3	6.0
陕　西	5.6	82.6	58.7	218.0	15.2
甘　肃	7.7	81.5	45.8	216.7	8.7
青　海	19.3	91.2	87.2	255.7	13.6
宁　夏	18.2	94.7	74.6	286.3	20.3
新　疆	6.4	77.7	66.4	122.2	3.6

数据来源：国家统计局农村贫困监测调查。

表 8-4-10　2015 年扶贫重点县基础设施状况

地　区	1. 通电的自然村比重 (%)	2. 通电话的自然村比重 (%)	3. 通宽带的自然村比重 (%)	4. 主干道路面经过硬化处理的自然村比重 (%)	5. 通客运班车的自然村比重 (%)
合　计	99.7	97.7	55.0	72.0	46.8
河　北	100.0	98.6	72.5	85.1	68.3
山　西	99.8	96.1	69.8	93.9	80.9
内蒙古	99.7	93.7	53.2	65.4	67.6
吉　林	100.0	100.0	90.8	95.2	74.9
黑龙江	99.5	97.7	90.2	84.2	76.2
安　徽	99.9	99.9	84.4	79.7	38.4
江　西	99.9	97.8	66.9	79.2	48.6
河　南	100.0	99.2	74.8	81.9	42.2
湖　北	99.7	95.0	61.1	72.4	48.7
湖　南	100.0	95.9	57.7	71.2	57.1
广　西	99.9	93.4	38.7	63.7	36.8
海　南	100.0	82.7	40.2	83.1	41.8
重　庆	100.0	99.4	47.4	55.0	37.1
四　川	97.0	95.6	40.0	73.2	39.0
贵　州	100.0	96.2	34.8	73.8	49.6
云　南	100.0	99.1	29.7	56.1	41.5
陕　西	99.6	98.1	66.1	82.0	62.4
甘　肃	99.9	99.4	46.8	70.2	65.3
青　海	93.9	91.7	60.6	92.3	73.2
宁　夏	99.4	96.9	29.7	73.7	73.1
新　疆	99.6	97.9	50.1	91.5	89.6

数据来源：国家统计局农村贫困监测调查。

表 8-4-11　2015 年扶贫重点县文化教育卫生情况

地　区	1. 有卫生站（室）的行政村比重（%）	2. 拥有合法行医证医生／卫生员的行政村比重（%）	3. 有幼儿园或学前班的行政村比重（%）	4. 有小学且就学便利的行政村比重（%）
合　计	96.4	92.0	57.9	55.5
河　北	98.3	97.9	66.0	58.2
山　西	92.9	89.4	42.4	40.7
内蒙古	92.5	95.3	40.3	27.8
吉　林	81.4	81.9	32.9	32.6
黑龙江	93.4	97.7	30.1	34.6
安　徽	99.9	99.6	66.2	80.2
江　西	97.7	94.9	68.5	75.2
河　南	99.9	99.7	84.5	89.4
湖　北	95.5	92.6	47.9	48.1
湖　南	92.6	89.6	44.1	49.0
广　西	98.2	88.6	73.8	84.6
海　南	81.0	67.6	28.6	44.0
重　庆	98.5	97.0	43.7	47.5
四　川	88.4	82.3	42.6	41.3
贵　州	97.3	86.4	58.5	74.6
云　南	98.4	95.3	65.7	87.0
陕　西	95.5	87.5	40.5	40.8
甘　肃	92.5	91.4	50.1	73.0
青　海	89.8	84.2	41.2	47.2
宁　夏	99.2	99.0	45.6	78.0
新　疆	85.8	70.5	83.0	84.0

数据来源：国家统计局农村贫困监测调查。

（三）2011-2015 年扶贫重点县贫困状况

表 8-4-12　2011-2015 年扶贫重点县分地区农村贫困人口

单位：万人

地　区	2011 年	2012 年	2013 年	2014 年	2015 年
合　计	6112	5105	4279	3649	2893
河　北	358	304	274	235	167
山　西	160	134	123	104	79
内蒙古	153	134	110	95	66
吉　林	22	16	15	14	12
黑龙江	93	79	70	73	61
安　徽	395	311	296	248	205
江　西	317	268	201	159	129
河　南	488	391	324	264	218
湖　北	326	278	203	169	137
湖　南	379	299	232	208	168
广　西	252	193	183	143	125
海　南	15	10	9	12	11
重　庆	116	103	97	83	68
四　川	384	320	275	236	165
贵　州	722	622	535	440	353
云　南	782	672	543	469	380
陕　西	312	266	231	188	151
甘　肃	602	514	395	346	265
青　海	61	53	46	36	27
宁　夏	47	36	33	30	23
新　疆	127	103	84	97	83

数据来源：国家统计局农村贫困监测调查。

表 8-4-13　2011-2015 年扶贫重点县分地区农村贫困发生率

单位：%

地　区	2011 年	2012 年	2013 年	2014 年	2015 年
合　计	29.2	24.4	20.2	17.5	13.7
河　北	28.5	24.1	21.7	19.8	14.1
山　西	28.8	23.8	21.8	18.8	14.3
内蒙古	24.5	19.7	16.1	13.4	9.3
吉　林	20.4	14.6	13.6	12.9	10.8
黑龙江	28.1	23.3	20.7	21.7	17.9
安　徽	20.7	18.1	15.9	13.0	10.8
江　西	31.9	26.4	19.4	15.5	12.2
河　南	22.5	18.0	15.1	12.1	9.6
湖　北	28.7	24.3	17.7	14.8	12.0
湖　南	37.5	29.2	22.6	22.4	16.6
广　西	28.7	22.0	20.7	15.8	14.0
海　南	19.2	12.2	12.5	15.9	14.4
重　庆	13.5	12.3	10.3	9.7	7.9
四　川	27.9	23.1	19.9	17.0	11.9
贵　州	35.4	29.2	25.1	20.1	16.0
云　南	36.2	30.7	24.9	22.8	18.7
陕　西	26.2	22.3	19.6	17.1	13.7
甘　肃	45.1	38.6	29.9	26.3	20.1
青　海	30.8	24.5	21.3	16.8	15.6
宁　夏	22.4	17.4	16.1	14.4	11.1
新　疆	30.7	24.0	17.1	19.5	15.7

数据来源：国家统计局农村贫困监测调查。

表 8-4-14　2012-2015 年扶贫重点县农户生产生活条件

指标	单位	2012 年	2013 年	2014 年	2015 年
一、农户生产生活条件					
1. 居住竹草土坯房的农户比重	%	8.4	7.7	7.0	6.2
2. 使用照明电的农户比重	%	99.0	99.2	99.5	99.8
3. 使用管道供水的农户比重	%	--	53.1	55.5	61.2
4. 使用经过净化处理自来水的农户比重	%	--	30.9	33.4	36.5
5. 饮水无困难的农户比重	%	--	80.4	82.3	85.2
6. 独用厕所的农户比重	%	91.6	92.3	93.2	93.7
7. 炊用柴草的农户比重	%	63.3	61.1	59.4	56.5
二、农户耐用消费品拥有情况					
1. 百户汽车拥有量	辆	2.4	5.6	6.6	8.1
2. 百户洗衣机拥有量	台	52.8	65.8	70.6	75.3
3. 百户电冰箱拥有量	台	47.0	54.4	60.5	67.5
4. 百户移动电话拥有量	部	159.7	172.1	193.0	207.0
5. 百户计算机拥有量	台	5.5	8.9	11.4	13.3

数据来源：国家统计局农村贫困监测调查。

表 8-4-15　2012-2015 年扶贫重点县农村基础设施发展情况

单位：%

指标	2012 年	2013 年	2014 年	2015 年
一、自然村情况				
1. 通电的自然村比重	98.8	99.3	99.5	99.7
2. 通电话的自然村比重	93.2	93.1	95.0	97.7
3. 通有线电视信号的自然村比重	69.0	70.4	74.6	79.8
4. 通宽带的自然村比重	37.9	43.0	46.9	55.0
5. 主干道路面经过硬化处理的自然村比重	--	58.7	63.5	72.0
6. 通客运班车的自然村比重	--	37.6	42.0	46.8
7. 饮用水经过集中净化处理的自然村比重	--	27.3	34.3	36.6
二、行政村情况				
1. 有文化活动室的村比重	73.6	74.8	80.9	82.9
2. 有卫生站（室）的村比重	87.1	92.9	94.5	96.4
3. 拥有合法行医证医生／卫生员的村比重	84.0	89.2	91.1	92.0
4. 有幼儿园或学前班的村比重	44.2	50.7	54.7	57.9
5. 有小学且就学便利的村比重	59.1	61.1	62.2	65.5
6. 拥有畜禽集中饲养区的村比重	15.9	25.1	27.2	26.7

数据来源：国家统计局农村贫困监测调查。